不動産ファイナンスの再生・回収実務

虎門中央法律事務所
編著 弁護士 今井 和男／弁護士 佐藤 亮

一般社団法人 金融財政事情研究会

序　文

　ファイナンスは、「実行」と「回収」が両輪をなすのであり、「実行」がなければ当然に「回収」もないが、「回収」が確保されていなければ、それはファイナンスの「実行」ではない。

　かつて、我が国の不動産ファイナンスにおいては、デフォルトなど起きないはず、という「神話」があったのではないか。デフォルトが起きたらどうなるのか、というテーマは、（意図的ではないにせよ）現実にデフォルトを経験するまで語られることはなかった。
　ところが、後述の通り、我が国の不動産ファイナンスは、デフォルトを経験するようになる。売却もリファイナンスもできないままマチュリティ（調達資金の返済期限）を迎えたり、アセット・マネージャーやマスター・レッシーが倒産したりするなど、「想定外」のことが次から次へと現実のものになった。
　しかし、われわれ不動産ファイナンスに携わる者は、ひとつずつこれを克服し、こうして今、再び不動産ファイナンスの隆盛の時機をうかがっている。これまで経験してきたことは無駄ではなく、これからの不動産ファイナンスをより優れたものに発展させてきた。

　本書は、以上の経緯のもと、今日における我が国の不動産ファイナンスの到達点を分析、検証し、もって不動産ファイナンスの更なる発展、普及を目的としている。
　これまで、回収をも踏まえて不動産ファイナンスの実務について体系的にまとめられた文献は、ほとんど存在しなかった。上記の背景からすれば、いわば当然のことであった。

　本書の特徴は、不動産ファイナンスの経験に富んだ実務家が共同して執筆している点にある。無論、本書において紹介される事例はいずれもフィクションであるが、それぞれの実体験を持ち寄って、その分

析、検証に基づき執筆されている。

　すなわち、本書は単なる解説書の類ではない。本書を手にする方々が、「ケーススタディ編」における擬似体験を通じて、「解説編」では語られない、語ることのできない何かを看取していただけることがあれば本望である。

　また、筆者らにおいては、2009年1月に「SPCを用いた不動産ファイナンスにおける有事の実践的対応」と題してクライアント各社に向けて発表し（佐藤稿）、また、2010年10月に「季刊事業再生と債権管理　2010年秋号」において「不動産NRLのデフォルト対応」と題する特集記事を担当させていただいた（今井、佐藤ほか稿）。これらの論稿についてはさまざまな立場の方々よりご意見・ご批判を頂戴し、また、これらの論稿を踏まえた論稿が公表されるなど、その後の議論も深化・発展をみることができた。

　本書は、その集大成に位置づけられる。この場を借りて、ご意見・ご批判を頂戴したり、論稿を発表されたりした方々に御礼申し上げたい。

　本書を手にされたきっかけはそれぞれ異なるも、その思いは1つ、我が国における不動産ファイナンスの隆盛にほかあるまい。本書がその一助になることを願う次第である。

執筆者を代表して
2012年5月
虎門中央法律事務所
弁護士　今井　和男
弁護士　佐藤　亮

執筆者一覧（五十音順／所属・肩書等は執筆当時のもの）

今井　和男（第1章3）
　　1983年4月　弁護士登録
　　虎門中央法律事務所　代表弁護士
　　『銀行窓口の法務対策3800講（V）』（共著）金融財政事情研究会
　　「債務名義の執行力強化〜あるべき民事司法の実現のために〜」法の支配（日本法律家協会）

佐藤　亮（第1章〜第4章）
　　2004年10月　弁護士登録・虎門中央法律事務所　入所
　　同所　弁護士
　　「不動産ノンリコース・ローンにおける担保権実行の実務」銀行法務21　717号（経済法令研究会）
　　『新訂　貸出管理回収手続双書　回収』（共著）　金融財政事情研究会

池田　守（第4章）
　　2004年12月　オリックス株式会社　入社
　　同社　不動産事業本部　ミドルオフィスグループ　契約統括課　主任

石川　純（第1章、第2章）
　　2003年9月　オリックス株式会社　入社
　　同社　不動産事業本部　ミドルオフィスグループ　オペレーション支援・管理課主任

伊藤　治（第2章3）
　　1998年4月　弁護士登録・虎門中央法律事務所　入所
　　同所　パートナー弁護士
　　「抵当権の物上代位と回収妨害の実態と対策」（共著）銀行法務21　567号（経済法令研究会）
　　「やさしく分かる法務の基礎講座〔本人確認〕」バンクビジネス2012年4月15日号（近代セールス社）

白川　睦子（第2章、第3章）
　　1988年4月　オリックス株式会社　入社
　　同社　不動産事業本部　ミドルオフィスグループ　契約統括課　課長

臺　庸子（第4章1）
　　2000年10月　弁護士登録・虎門中央法律事務所　入所
　　同所　パートナー弁護士
　　『執行妨害排除の手引き』（共著）金融財政事情研究会

髙橋　泰史（第3章3）
　　2007年10月　弁護士登録・虎門中央法律事務所　入所
　　同所　弁護士
　　『Q&A保険法と家族　－保険契約と結婚・離婚・遺言・相続－』（共著）日本加除出版株式会社

田村　剛史（第3章2）
　2007年5月　司法書士登録
　田村司法書士事務所　代表司法書士

九十九　由美（第3章、第4章）
　2007年8月　オリックス株式会社　入社
　同社　不動産事業本部　ミドルオフィスグループ　契約統括課　主任

坪井　靖博（第1章）
　1989年10月　オリックス株式会社　入社
　同社　不動産事業本部　ミドルオフィスグループ長

冨岡　慎一（第1章）
　2006年6月　オリックス株式会社　入社
　同社　不動産事業本部　営業第一部　第一課　主任

中村　克利（第3章1）
　2006年10月　弁護士登録・虎門中央法律事務所　入所
　同所　弁護士
　「倒産手続と保険」季刊　事業再生と債権管理　2008年秋号（金融財政事情研究会）

二宮　弘樹（第3章）
　1987年4月　オリックス株式会社　入社
　同社　グローバル統轄本部　海外事業統轄グループ　リスク管理チーム

浜本　匠（第3章4、第4章3）
　2000年10月　弁護士登録・虎門中央法律事務所　入所
　同所　パートナー弁護士
　『実務解説　信託法Ｑ＆Ａ』（共編）ぎょうせい
　「Ｑ＆Ａ法務　建物建築工事請負人の敷地に対する商事留置権」商工ジャーナル2011年4月号（商工中金経済研究所）

福真　清彦（第1章～第3章）
　2007年1月　オリックス株式会社　入社
　同社　不動産事業本部　ミドルオフィスグループ　契約統括課　主任

藤原　英樹（第3章、第4章）
　2004年6月　オリックス債権回収株式会社　入社
　同社　CMBSソリューション部　マネージャー（退職時）
　2012年3月　同社　退社

町田　敦（第2章）
　2005年1月　オリックス株式会社　入社
　同社　不動産事業本部　ミドルオフィスグループ　契約統括課

若林　信子（第2章2）
　2000年10月　弁護士登録・虎門中央法律事務所　入所
　同所　パートナー弁護士
　『Ｑ＆Ａ新しい担保・執行制度　解説』（共著）三省堂
　『銀行窓口の法務対策3800講（Ｖ）』（共著）金融財政事情研究会

前　注

・本書において紹介される事例は、いずれもフィクションです。執筆者又は執筆者が所属する団体が扱った案件とは、まったく関係がありません。

・格別の断りのない限り、2012年3月時点に施行されている法律に準拠していますが、「ケーススタディ編」においてはこの限りではありません。

・本書において見解にわたる部分は、それぞれの執筆者個人のものであり、その所属する団体のものではありません。

本書における略語

金商法・・・金融商品取引法（昭和23年法律第25号）

金商法施行令・・・金融商品取引法施行令（昭和40年政令第321号）

定義府令・・・金融商品取引法第二条に規定する定義に関する内閣府令（平成5年大蔵省令第14号）

業府令・・・金融商品取引業等に関する内閣府令（平成19年内閣府令第52号）

資産流動化法・・・資産の流動化に関する法律（昭和10年法律第105号）

資産流動化法施行令・・・資産の流動化に関する法律施行令（昭和12年政令第479号）

資産流動化法施行規則・・・資産の流動化に関する法律施行規則（昭和12年総理府令第128号）

特定目的会社社員総会規則・・・特定目的会社の社員総会に関する規則（平成18年内閣府令第53号）

特定目的会社計算規則・・・特定目的会社の計算に関する規則（平成18年内閣府令第44号）

投信法・・・投資信託及び投資法人に関する法律（昭和26年法律第198号）

投信法施行令・・・投資信託及び投資法人に関する法律施行令（平成12年政令第480号）

投信法施行規則・・・投資信託及び投資法人に関する法律施行規則（平成12年総理府令第129号）

不特法・・・不動産特定共同事業法（平成6年法律第77号）

不特法施行令・・・不動産特定共同事業法施行令（平成6年政令第413号）

不特法施行規則・・・不動産特定共同事業法施行規則（平成7年大蔵省・建設省令第2号）

社振法・・・社債、株式等の振替に関する法律（平成13年法律第75号）

社振法施行令・・・社債、株式等の振替に関する法律施行令（平成14年政令第362号）

社振命令・・・社債、株式等の振替に関する命令（平成14年内閣府・法務省令第5号）

サービサー法・・・債権管理回収業に関する特別措置法（平成10年法律第126号）

サービサー法施行令・・・債権管理回収業に関する特別措置法施行令（平成11年政令第14号）

サービサー法施行規則・・・債権管理回収業に関する特別措置法施行規則（平成11年法務省令第4号）

独禁法・・・昭和22年法律第54号（私的独占の禁止及び公正取引の確保に関する法律）

独禁法施行令・・・私的独占の禁止及び公正取引の確保に関する法律施行令（昭和52年政令第317号）

企業結合届出規則・・・私的独占の禁止及び公正取引の確保に関する法律第九条から第十六条までの規定による認可の申請、報告及び届出等に関する規則（昭和28年公正取引委員会規則第1号）

外為法・・・外国為替及び外国貿易法（昭和24年法律第228号）

直投令・・・対内直接投資等に関する政令（昭和55年政令第261号）

直投命令・・・対内直接投資等に関する命令（昭和55年総理府、大蔵省、文部省、厚生省、農林水産省、通商産業省、運輸省、郵政省、労働省、建設省令第1号）

不登法・・・不動産登記法（平成16年法律第123号）

不登令・・・不動産登記令（平成16年政令第379号）

不登規則・・・不動産登記規則（平成17年法務省令第18号）

民執法・・・民事執行法（昭和54年法律第4号）

民執規則・・・民事執行規則（昭和54年最高裁判所規則第5号）

不動産ファイナンスの再生・回収実務

スケルトン

序　文 ………………………………………………………………………… i
執筆者一覧 ………………………………………………………………… iii
前注 …………………………………………………………………………… v

第1章　不動産ファイナンスの現状

……………………………………………………………………………………… 2

1　レンダーの立場による現状認識と今後の展望 …………………… 3
(1)　"ノンリコース"であることについて …………………………… 3
(2)　リーマンショック以降の市場環境 ……………………………… 5
(3)　マーケットの現状 ………………………………………………… 7
(4)　今後の課題 ………………………………………………………… 10

2　不動産ファイナンスの現状分析 …………………………………… 12
(1)　REIT市場の創設と法律施行・改正の推移 …………………… 12
　①　REIT指数の原系列推移 ………………………………………… 12
　②　REIT市場と証券市場の関係 …………………………………… 13
　③　REIT市場と不動産市場の関係 ………………………………… 17
　④　小　括 …………………………………………………………… 19
(2)　REIT・不動産ファンドのリファイナンスのCorporate finance理論からの考察 ……………………………………………………… 20
　①　現状分析 ………………………………………………………… 20
　②　REIT・不動産ファンドの特性 ………………………………… 21
(3)　スポンサーのREIT及び不動産ファンドへの影響 …………… 23

① ニューシティ・レジデンス投資法人の破綻 ················· 23
　　② REIT A社・B社及びREIT A社・B社の各スポンサー株式の月次リ
　　　ターン ·· 23

3　不動産ノンリコース・ローンのストラクチャーとレンダーの保全

·· 26
(1)　GK-TKスキーム ·· 26
　　① 概　要 ·· 26
　　② 各プレイヤーの役割 ·· 28
　　③ レンダーの保全 ·· 29
(2)　TMKスキーム ··· 33
　　① 概　要 ·· 33
　　② 各プレイヤーの役割 ·· 34
　　③ レンダーの保全 ·· 35
(3)　双方のスキームに共通するその他のレンダーの保全 ············· 37
　　① 積立金・キャッシュトラップ ·· 37
　　② AMキックアウト ··· 38
　　③ 地位譲渡予約完結権 ·· 39
　　④ スポンサーレター ·· 40
(4)　税法上の導管性の要件を満たすためのストラクチャー ············ 40
　　① GK-TKスキームの場合 ·· 41
　　② TMKスキームの場合 ··· 42

第2章　不動産ファイナンスの再生実務

·· 50

1　レンダーによるリファイナンス ·· 51

【ケーススタディ編】 ··· 51
＜リファイナンスの条件として「TMKクロス化」をしたケース＞ ········ 51

(1) 経　緯	51
(2) スキーム検討の過程	52
① ヴィークル変更	52
② TMKの合併	52
③ 連帯債務化	53
④ 「TMKクロス化」	54
(3) 「TMKクロス化」の概要	54
① 資金還流に関する契約	55
② 共同質権	58

【解 説 編】 ……………………………………………………………… 61

(1) レンダーによるリファイナンスが行われる場合	61
(2) リファイナンスの条件	61
① ⅰマチュリティまでにLTVを下げられるようにするための条件	62
② ⅱマチュリティ後に物件処分等による回収を円滑に行えるようにするための条件	62
(3) リファイナンスの留意点	63
① 資産流動化法の制約	63
② 中小企業金融円滑化法の制約	63

2　スキーム当事者のデフォルトとそのキックアウトによるリストラクチャリング …………… 65

【ケーススタディ編】 …………………………………………………… 65

ケース❶
＜投資家サイドの協力を得られないまま、アセット・マネージャー及びマスター・レッシーを交代させたケース＞ …… 65

(1) 経　緯	65
(2) エクイティ投資家との話し合い	66
(3) 再生の手当て	67
① 社員持分質権の実行とアセット・マネージャーの変更	67
② マスター・レッシーの変更	68
(4) その後の経過	69

ケース❷
　　　＜AMキックアウトによりリストラクチャリンングをしたケース＞ ···· 70
(1) 経　緯 ··· 70
(2) S社の信用不安と特定社債のデフォルト ······················· 71
(3) AMキックアウトと特定出資及び優先出資の譲受け ··········· 72
(4) 偶発債務の発覚と販売代理人の再選任 ·························· 73

【解　説　編】 ··· 75
(1) スキーム当事者のデフォルトによるローンへの影響 ············ 75
　① はじめに ·· 75
　② 当事者のデフォルトを期限の利益喪失事由とする定めの有効性 ··· 75
　③ 各当事者ごとの合理性について ··································· 77
(2) アセット・マネージャーの交代によるリストラクチャリング ······ 78
　① アセット・マネージャーの役割 ··································· 78
　② AMキックアウト ·· 80
　③ バックアップアセット・マネージャー ·························· 84
(3) マスター・レッシーの倒産に伴う賃料・敷金のコミングルの回避 ··· 85
　① マスター・レッシー倒産時のML契約・テナント賃貸借契約の帰趨 ··· 85
　② マスター・レッシーの交代 ·· 88
　③ 賃料・敷金のコミングルの回避 ··································· 88
(4) その他のスキーム当事者のデフォルトへの対応 ················· 90
　① プロパティ・マネージャーのデフォルト ······················· 90
　② 匿名組合出資者のデフォルト ····································· 90
　③ スポンサーのデフォルト ·· 91
　④ オリジネーターのデフォルト ····································· 92

3　開発型案件の再生 ·· 93

【ケーススタディ編】 ·· 93
　　　＜レンダーとゼネコンが既存TMKを利用して共同事業化
　　　によるリストラクチャリングに成功したケース＞ ············ 93
(1) 経　緯 ··· 93
(2) 工事中断、引渡拒絶か ·· 94

- (3) レンダー・ゼネコンによる共同事業化 …………………………… 95
- (4) 既存優先出資及び特定出資の譲受け …………………………… 96
- (5) 請負代金債権・特定社債の特定目的借入れ（当時）に係る貸付債権への切替え …………………………… 97
  - ① 請負代金債権の貸付債権への切替え …………………………… 97
  - ② 特定社債の貸付債権への切替え …………………………… 98
- (6) その後 …………………………… 99

【解説編】 …………………………… 100

- (1) ゼネコンの商事留置権 …………………………… 100
  - ① 問題点の所在 …………………………… 100
  - ② ゼネコンの商事留置権に関する裁判例・執行実務 …………………………… 103
  - ③ 考え方と実務的対応 …………………………… 107
  - ④ 信託受益権の場合 …………………………… 109
- (2) リストラクチャリングの手法 …………………………… 110
  - ① リストラクチャリング前の権利関係 …………………………… 110
  - ② 土地の売却 …………………………… 111
  - ③ 建築請負契約の処理 …………………………… 111
  - ④ 土地・建物を取得するヴィークル …………………………… 113
- (3) 完工保証 …………………………… 115

4　不動産ファイナンスの再生に関わる税務 …………………………… 116

- (1) レンダーの税務との関わり …………………………… 116
- (2) キャッシュトラップの税務 …………………………… 116
  - ① 問題点の所在 …………………………… 116
  - ② GK-TKスキームの場合 …………………………… 118
  - ③ TMKスキームの場合 …………………………… 119
- (3) 減損会計における税務 …………………………… 120
- (4) レンダーによる社員持分取得の税務 …………………………… 120
  - ① 受取配当等の益金不算入の適否 …………………………… 120
  - ② 遅延損害金の処理 …………………………… 121

第3章 不動産ファイナンスの回収実務

.... 124

1 不動産信託受益権質権の私的実行 126

【ケーススタディ編】 126
　＜TK出資者の抵抗を排除して私的実行に及ぶことができたケース＞ ... 126
(1) 経　緯 126
(2) リストラクチャリングの模索から質権実行へ 127
(3) 不動産信託受益権質権の私的実行 128
(4) 質権実行禁止仮処分申立て 129

【解　説　編】 131
(1) 信託受益権質権の私的実行とは 131
　① 意　義 131
　② 換価（流質） 131
　③ 直接取立て 132
(2) 流質の手続 133
　① 開 始 事 由 133
　② 取得・処分価格 133
　③ 信託受託者の承諾 136
　④ 取得・処分の実行 138
　⑤ 不服申立ての方法 140
　⑥ 金融商品取引法との関係 141
(3) その他の信託受益権の私的な換価処分方法 142
　① 任 意 売 却 142
　② 質権者による強制売却 142
(4) ドキュメンテーション上の留意点 143
　① 質権設定契約 143
　② 債権者間協定 144
　③ プロジェクト契約 144

④　プロパティ・マネジメント契約（PM契約）、マスター・リース契約
　　　　（ML契約） ………………………………………………………………… 145

2　不動産信託受益権質権の私的実行に関する登記実務 …………… 146

【ケーススタディ編】 ……………………………………………………………… 146
＜サービサーにおいて私的実行がされたケース＞ ……………………………… 146
(1)　経　　緯 ………………………………………………………………………… 146
(2)　CMBS投資家の意向確認 …………………………………………………… 147
　　①　AMキックアウト …………………………………………………………… 148
　　②　債　権　譲　渡 …………………………………………………………… 149
(3)　回収方法の決定 ………………………………………………………………… 149
(4)　いざ実行 ………………………………………………………………………… 151
　　①　質権実行予告通知 …………………………………………………………… 151
　　②　入　札　手　続 …………………………………………………………… 151
　　③　質権の実行と決済 …………………………………………………………… 153

【解　説　編】 ……………………………………………………………………… 155
(1)　は　じ　め　に ………………………………………………………………… 155
(2)　私的実行登記の背景 …………………………………………………………… 156
　　①　一般的な受益者変更登記の実務運用と私的実行 ……………………… 156
　　②　私的実行登記の検討 ………………………………………………………… 156
(3)　私的実行登記の申請方法 ……………………………………………………… 157
　　①　申請に当たっての心構え …………………………………………………… 157
　　②　要　　件 ……………………………………………………………………… 158
　　③　登　記　原　因 …………………………………………………………… 159
　　④　添　付　書　類 …………………………………………………………… 160
(4)　今後の課題 ……………………………………………………………………… 162
　　①　旧受益者の印鑑証明書の原本還付請求の可否 ………………………… 162
　　②　期限の利益喪失の証明 …………………………………………………… 163

3　不動産信託受益権質権の法的実行 ································· 165

【ケーススタディ編】 ·· 165
＜不動産信託受益権質権の法的実行により回収したケース＞ ········· 165
(1)　経　緯 ·· 165
(2)　質権の法的実行へ ··· 166
　①　ローンデフォルト ·· 166
　②　法的実行の選択 ··· 167
　③　信託受託者との協議 ··· 167
(3)　法的実行の申立て ··· 169

【解　説　編】 ·· 170
(1)　不動産信託受益権質権の法的実行の概要 ·························· 170
(2)　差押命令の申立て ··· 170
　①　申　立　書 ·· 170
　②　管轄裁判所 ·· 174
　③　必要書類・費用等 ·· 174
(3)　差押命令の発令 ·· 175
　①　差押命令の効力 ··· 175
　②　関連契約上の差押えに関する規定の問題点 ··················· 176
(4)　換価手続（譲渡命令・売却命令） ································· 178
　①　発令要件等 ·· 179
　②　申立てから発令まで ··· 179
　③　評価及び換価 ··· 180
(5)　信託受益権質権の実行手続の選択 ·································· 182

4　一般担保の実行 ··· 184

【ケーススタディ編】 ·· 184
＜一般担保の実行により不動産を競売したケース＞ ···················· 184
(1)　経　緯 ·· 184
(2)　裁判所との協議 ·· 185
(3)　抵当権による競売申立てとの比較検討 ····························· 186

| (4) 一般担保による賃料差押え | 187 |
| (5) まとめ | 187 |

【解　説　編】 189
(1) 一般担保の特徴 189
　① 一般担保とは 189
　② 一般担保と一般先取特権の関係 190
　③ 他の債権との優劣 191
　④ 倒産手続における取扱い 193
(2) 一般担保の実行 194
　① 一般担保の実行の可否 194
　② 各資産ごとの一般担保の実行方法 196
(3) 一般担保の実行としての担保不動産競売の手続 197
　① 一般担保の存在を証する文書 197
　② その他の必要書類 199
　③ 申立てにかかる費用 200
　④ 民法335条1項との関係 201
　⑤ 申立て後の事件進行 202

第4章　不動産ノンリコース・ローンの債権譲渡、その他

208

1　SPC社員持分質権の実行

210

【ケーススタディ編】

ケース❶
＜GK社員持分質権を実行して物件を一時的に取得し、バリューアップを図ったケース＞ 210
(1) 経　緯 210
(2) 隠れ債務 211
(3) 劣後ローンの取扱い 212

| (4) | GK社員持分質権の実行 | 213 |

ケース❷
＜GK社員持分質権を実行して、借地上の建物の再開発を行ったケース＞ ················ 216
(1)	経　緯	216
(2)	現状有姿での売却の検討	217
	① 地主リスク	217
	② テナントリスク	218
	③ 耐震性及び遵法性リスク	219
(3)	GK社員持分質権の実行	219

【解 説 編】 ································ 221
(1)	SPC社員持分質権を実行する場面	221
(2)	SPC社員持分質権の実行手続	221
	① 私 的 実 行	222
	② 法 的 実 行	222
	③ 業務執行社員及び職務執行者の各変更登記について	225
(3)	特別法上の手続	226
	① 独占禁止法	226
	② 銀行法・保険業法	228
	③ 外 為 法	229
	④ 金融商品取引法	230
(4)	SPCの清算	230

2　不動産ノンリコース・ローンの債権譲渡 ·············· 234

【ケーススタディ編】 ································ 234
＜シニアローンを譲渡して早期に回収を図ったケース＞ ················ 234
(1)	経　緯	234
(2)	メザニンローン・レンダー、最下位CMBS受益者の権利	235
(3)	債権譲渡の検討	238
	① 担保権の実行との比較	238
	② 関連契約上の制限	238

③　法令上の制限 ………………………………………………… 239
(4)　債権譲渡の実行 …………………………………………………… 239
　【解説編】……………………………………………………………… 242
(1)　不動産ノンリコース・ローンの譲渡適性 ……………………… 242
(2)　適格機関投資家・機関投資家以外の者への譲渡の可否 ……… 242
(3)　NPLの譲受けと弁護士法 ……………………………………… 244
(4)　キャッシュフローの管理 ………………………………………… 245
(5)　ヴィークルの選択 ………………………………………………… 246
　　①　業務を開始するための手続 ………………………………… 247
　　②　構成員の責任 ………………………………………………… 247
　　③　担保権の登記 ………………………………………………… 247
　　④　裏付け資産の取得制限 ……………………………………… 249
　　⑤　SPC社員持分の取得制限 …………………………………… 250
(6)　スペシャル・サービシング業務の委託 ………………………… 251

3　スポンサーリコース ……………………………………………… 253

　【解説編】……………………………………………………………… 253
(1)　スポンサーリコースが問題となる場面 ………………………… 253
(2)　スポンサーレターの成立 ………………………………………… 254
　　①　成　立　要　件 ……………………………………………… 254
　　②　金融商品取引法との関係 …………………………………… 255
　　③　責任財産限定特約との関係 ………………………………… 256
(3)　スポンサーへの遡及 ……………………………………………… 257
　　①　レンダーに生じた「損失」 ………………………………… 257
　　②　ローン債権の回収との関係 ………………………………… 258
　　③　補充性の合意 ………………………………………………… 259
　　④　スポンサーリコースの手段 ………………………………… 260

第1章 不動産ファイナンスの現状

　本章では、本書の序論として、まず、本書が出版された背景として、レンダーの立場において、不動産ファイナンスの現状を解説する。

　また、我が国の不動産ファイナンスでは、多くは、いわゆる「GK-TKスキーム」と呼ばれるストラクチャーと、いわゆる「TMKスキーム」と呼ばれるストラクチャーが用いられているが、これらのストラクチャーは、我が国のさまざまな法規制をクリアするとともに、税務上のメリットを受けることができるようにできている。

　本書においてもこれらのストラクチャーを前提に論及するため、それぞれのストラクチャーの構成及び各プレイヤーの役割について、それぞれどのような法規制を受け、どのように税法上の導管性の要件を満たすのか、レンダーの保全の観点から解説する。

1　レンダーの立場による現状認識と今後の展望

(1)　"ノンリコース"であることについて

　リーマンショック後の景気混乱の中、ノンリコース・ローンの世界も、それ以前の市場拡大を謳歌した時代から、デフォルト対応に追われる状態へと環境が激変してしまった。

　その後のゼロ金利政策や、日銀によるJ-REITへの投資などの政策が功を奏し、不動産マーケットが回復の兆しを見せ始めていたちょうどそのころ、東日本大震災と、福島第一原子力発電所の事故という、まさに未曾有の事態が発生した。一時は、不動産取引そのものが鳴りを潜めてしまったが、それでも震災後1年以上を経過した今、不動産マーケットはさらなる回復の方向に向かって確実に動き始めている。ノンリコース・ローンのマーケットに関しても、とくにシニアローンの分野での貸出意欲は旺盛であり、不動産そのものの流通量の拡大を待っているような状況になっている。

　しかし、マーケットが回復基調にある今こそ、次のステージに進むためのステップとして、過去の経験値の整理をしておく必要があるのではないだろうか。

　ノンリコース・ローンのレンダーは、ノンリコース・ローンが日本に輸入されて以来、想定をしていなかった数々の事象に直面してきた。日本におけるノンリコース・ローンは、バブル崩壊の後、不動産価格の上昇時に導入されたものであり、リーマンショックまでの間、不動産価格の下落による資金回収を考える局面に至ることがなかったためであろうか、金融商品取引法、資産流動化法などへの対応を始め、マニアックな部分では精緻なものになってきているが、こと回収局面になった場合についての備えは、不足していたと思わざるをえない。信託受益権の競売の実例すらなく、ましてやTMKにおける一般担保の実行事例がない中で、すべて手探りで進めていかざるを得なかった。資産流動化法の数々の制約は、回収局面でレンダーを苦しめた。

　ノンリコースファイナンスの本格的な再開に向けては、今回経験をした回

収局面でのさまざまな問題点を一つ一つクリアにしていくべく、関係当事者の努力が必須である。

　ところで、ノンリコース・ローンという名称についてであるが、不動産ファイナンスの世界では、完全に定着した一般的な呼び方になっており、本書でも特段の断りなしに使用している。しかし、これはいわば商品名であって、ローンの性質を一言で表しているものではないことに注意を要する。

　「None recourse」は「非遡及」と訳されるが、ノンリコース・ローンはまったく何にも「遡及」しないという意味ではなく、「遡及する対象が限定されている」というのが正確な姿である。

　典型的には、担保物件自体の価値とそこから生まれるキャッシュフローに対しては「遡及」するが、アセット・マネージャーやエクイティ投資家には「遡及」しないという考え方であるが、実態はそこまで厳密なものではない。たとえば、土壌汚染のようなケースは、アセット・マネージャーやエクイティ投資家のリスクとされているケースが多い。これは、時間的な制約、コスト面での制約から、この種のデューデリジェンスをレンダーが自ら行うケースはほとんどなく、そのような場合にまでレンダーが負うべきリスクではないと考えられるからである。また、後述する開発型のローンの場合、担保物件が収益を生み出すようになるには、計画された建物が計画どおりに出来上がることが重要である。そして、計画どおりに進行しなかった場合には、アセット・マネージャーやエクイティ投資家が実質的なリスクを負担するという方式を取るのがむしろ一般的である。

　もちろん、どういう場合にアセット・マネージャーやエクイティ投資家に負担を求めるのかについては契約に明記されており、それ以外の場合は、原則として遡及はむずかしい。そういう意味では、Limited recourse loanと呼ぶほうが実態に近い。日本語の正式名称も、「責任財産限定特約付金銭消費貸借契約」である。

　しかし、「ノンリコース・ローン」という名称のイメージから、契約の文言に関わらず、リスクはすべてレンダーが負担するものであると誤解するケースも現実にある。あくまでも、契約の中身によるということをご理解い

ただきたい。

(2) リーマンショック以降の市場環境

　2008年9月のリーマンショック以降の世界的な景気停滞の影響により、とくに先進国において不動産の市況は、長期にわたって低迷し、多くの不動産ファンドが壊滅した。

　アメリカでは、ゴールドマンサックスの不動産ファンドが純資産のほぼすべてを失い、モルガンスタンレーのファンドも純資産の3分の2近くを失ったという報道すらなされた。日本でも、ダヴィンチホールディングが保有していたパシフィックセンチュリープレイスがレンダーによって処分されたことは記憶に新しい。その他にも、とくに多くの外資系ファンドにおいて、エクイティの全額毀損のケースが頻発している。

　しかし、2010年ころからようやく市況回復の兆しが見え始め、不動産ファンドのファンドレイズも行われるようになってきている（モルガンスタンレーは、2010年7月に4億7,000千万ドルの資金を集めたと発表した。）。日本においても、2011年1-3月においてREITが1,456億円の資金を調達、最盛期に迫る勢いを見せ始めていた（日銀による資産買入れの対象にREITが含まれたことも大きい。）。2011年3月11日に発生した、東日本大震災および福島第一原子力発電所の事故による市場マインドの冷え込みにより、REITが予定していた増資の延期を余儀なくされるなど、不動産マーケットも、期待された回復スピードからの減速を余儀なくされた。それでも、2011年4月末のREITの純資産が前月末比で56%増加し、初めて5兆円台に乗せるなど、市況回復のペースも元に戻りつつあると思われる。東日本大震災で延期となっていたREITの増資も散見され、不動産のマーケット全体でも震災以前のペースに戻りつつあるといってもよいだろう。

　では、**不動産ファイナンスのマーケットはどうであったか**。

　日本の不動産ファイナンスのマーケット、とくにノンリコース・ローンに関しては、2007年夏に発覚したサブプライム問題によって証券化市場が機能停止に陥り、リーマンショックでCMBS市場が消滅する事態に致った。これ

により外資系を中心とする、いわゆるCMBSレンダーが新規市場から退場せざるをえなくなった。それ以降は、メガバンクを中心とするシニアレンダーが中心的な役割を担い、案件を厳選しつつ、それでも継続的に新規資金を提供してきた。

　後述のように、日本銀行の統計によれば、2011年9月時点においても金融機関のSPC向けの貸付残高は、7.7兆円を越えており、これに発行済みCMBSの裏付けノンリコース・ローン残高、約1.8兆円を加えるとおよそ9.5兆円の巨大なマーケットとして存在している。東日本大震災の影響にも関わらず、シニアレンダーの融資スタンスは、積極的なものに転換しており、メザニンレンダーも総じて慎重姿勢を崩してはいないながら再開の動きを見せている。

　CMBSマーケットの再開が待たれるところではあるが（アメリカではすでに新規発行が始まっているが、日本ではいまだ動きが見られない）、ノンリコースファイナンスマーケットも徐々にではあるが、回復に向かっているといってよいと思われる。

(3) マーケットの現状

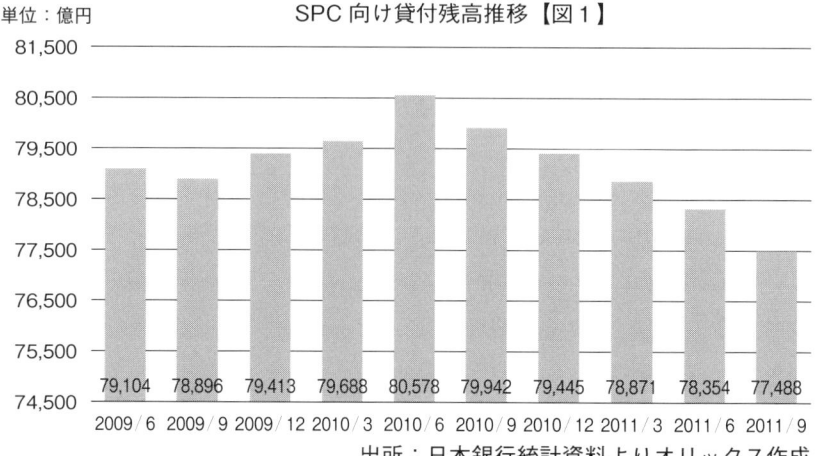

出所：日本銀行統計資料よりオリックス作成

前述のように、前頁の【図1】によれば、2011年9月末の金融機関のSPC向け貸付残高は、約7.7兆円となっている。【図2】のように、2011年9月末時点の発行済みCMBSの裏付けノンリコース・ローン残高は、約1.8兆円である。これらの合計の約9.5兆円がほぼノンリコース・ローンの残高と考えられる。

　ノンリコース・ローンは、基本的には資金の効率的な運用というニーズに資するものである。
　年金等の資金は、長期的安定的な運用方針が採られるべきものであるが、それだけでは将来の年金支払のために十分な収益を上げられない場合がある。このため、とくに欧米の年金基金の場合には伝統的な債権や株式といった運用対象ではない、いわゆるオルタナティブインベストメントに対して、一定金額を割り振るケースが多い。不動産に対する投資はその典型であるが、高度な専門知識を必要とするため不動産ファンドに資金を拠出して、運用を任せるのが通例となっている。

【図2】CMBSの裏付けノンリコース・ローンの償還スケジュール
単位：億円

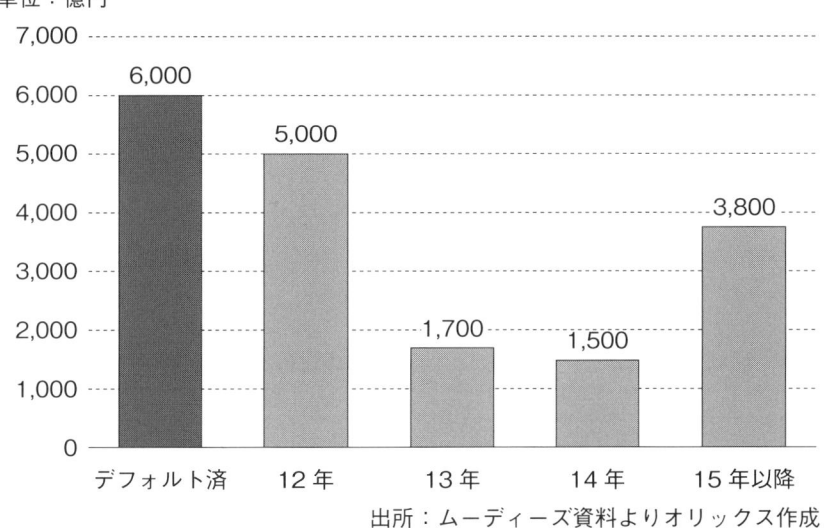

出所：ムーディーズ資料よりオリックス作成

こうした貴重な資金を預かり、運用する不動産ファンドは、その資金を最大限に活用し、最少の資金で最大の利回りを狙うため、かつリスク量を限定するためにノンリコース・ローンを活用する。
　ノンリコース・ローンは、年金などの資金運用というきわめて重要不可欠な社会的使命の一端を担っているといっても過言ではない。また、このような資金の効率的運用というニーズが存在する限り、ノンリコース・ローンの役割は、終わらないと思われる。短期的なマーケットに浮き沈みは避けられないにせよ、長期的にはマーケットは、確実に維持拡大されていくものと思う。リーマンショック後の混乱が収束していくにつれ、マーケットは、力強さを増していくものと確信する。

　とはいえ、現在、すでに融資残高として存在するローンについては、2007年、2008年の不動産価格が比較的高かった時期に実行されたものが多い。したがって、これらをどのように処理していくのかが現時点でも重要な課題である。
　ローンである以上、弁済の期日があるのが当然であって、7.7兆円のSPC向け貸付は、今後も粛々と弁済期日を迎えていく。弁済期日までに担保物件の売却ができれば問題はないが、残念ながら現状でも投資家の満足するレベルで物件売却が行われるケースはそれほど多くはないと思われる。弁済期日までに担保物件の売却ができない場合には、アセット・マネージャーないしエクイティ投資家は、ノンリコース・ローンの期日の延長を求めることになる。弁済期日を迎えた案件の担保物件の価格は、実行当時からは低下しているケースが大半なので、ローンのロールオーバーをする場合、LTVを下げるために、エクイティの追加出資が要求される。この要請に答えられる案件であれば、通常はロールオーバーに応じてノンリコース・ローンは継続される。
　筆者らの経験からいえば、担保物件の鑑定評価額が、借入総額を上回っていて、エクイティの価値が残っている場合には追加出資がなされるケースが多く、担保物件の価値が低下した結果、エクイティの価値が失われたケースでは、追加出資がされるケースは稀である。これは、リスクを限定した運用

のためにノンリコース・ローンを活用するという、需要者側の論理からいえば当然の帰結と考えざるを得ない（もちろん、後述するが、開発型ノンリコース・ローンの場合や、土壌汚染等そもそもレンダーが取るべきリスクではないものについては、スポンサーレターの差入れなどの手段により、アセット・マネージャーやエクイティ出資者が損失を負担すると規定しているケースも多く、そうした場合にはエクイティを放棄したからといっても責任から開放されないために、あえて追加出資をしてくるケースもあり、一概には論じられない。）。

そして、追加出資がなされない場合には、レンダーとしては物件売却等の手段によって、自ら資金回収に乗り出していく必要が生じる。

7.7兆円の貸出案件それぞれの弁済期日は不明であるが、すくなくとも今後しばらくの間は、こうした局面が継続する可能性があり、それぞれのレンダーは、それぞれのケースに従って適切に処理を進めていくことになる。

いうまでもなく、各レンダーもその株主に対する責任があるため、その場において考えられる最善の資金回収策を実行していく責務を負っており、安易な妥協は許されない。しかしながら、不動産マーケットの回復基調に伴ってエクイティの価値が復活してくるにつれ、レンダーとエクイティ投資家との交渉の余地は広がってきているものと思われる。今後の不動産市況の推移を見守りたい。

CMBSに関しては、CMBSを保有している投資家が多岐にわたり、お互いに連絡を取り合うことがない（そもそも、自社以外に誰が投資家なのか開示されていない）ため、さらには投資対象がCMBSのうちのどの部分なのか（"AAA"部分なのか、"BB"部分なのか）によって、各投資家の考え方がまったく異なってしまうことから、投資家間の意思統一が非常にむずかしく、ローンの期日延長はきわめて困難である。

また、それぞれの投資家が保有している割合は通常の場合、それほど大きくないので、一人の投資家が中心的役割を果たしてワークアウトしていくという事態は想定しづらい。したがって、アセット・マネージャーが新たなレンダーを見つけてきて、まったく新しいローンに借換えをする以外は、物件売却のステージに進んでしまう。

あくまでも、契約にのっとってサービサーが粛々と売却をすすめていくというイメージだ。

このため、デフォルト時の物件売却ルールが予め定められているが、多くのケースでは、デフォルト後、物件売却の権限がサービサーに移り、その後2年間程度の時間をかけてファイアーセールを極力避け、最大回収を目論む仕組みとなっている。

つまり、通常のノンリコース・ローンとは異なり、競売等で一気に解決を図ることは想定されておらず、時間をかけて、徐々に売却希望価格を引き下げていきながら、担保物件売却によって処理をしていく。たとえば、2012年に期日到来した案件については、2014年までは売却希望価格を一定以上の水準に保ちながらの売却活動が行われ、一気にディストレス市場に出回ることはない。一部の外資系ディストレスファンドがCMBSの担保物件の投売りを期待していたが、そのようなことはすぐには起こらない構造になっている。

現時点で、国内のCMBS新規発行が行われる気配は感じられないが、CMBSは、ノンリコース・ローンのマーケットに果たした役割は大きく、投資家マインドの回復が待たれるところである。

(4) 今後の課題

リーマンショック後の不動産市況の低迷期においても、メガバンクを中心にシニアローンの提供は継続しており、この分野においては東日本大震災の影響もあまり感じられなかった。主要銀行は、おおむね残高維持ないし拡大の方向といわれ、ホテル等の特殊なノウハウが必要なアセットを除いて、今後もシニアを中心に比較的資金調達がしやすい環境が続くものと思われる。

ノンリコース・ローンのマーケットにとって、むしろ課題となるのは、不動産取引そのもののボリュームの拡大であろう。現時点では、売手と買手の期待値にまだ若干の差異があるため、とくに大型案件の売買が盛り上がっているとはいえない。欧州情勢の不安定さ、円高傾向、少子高齢化による日本の相対的な地位の低下など、諸々の問題点はあるものの、マーケットの大きさ、法制面、税務面での透明性、資金調達の可能性、取引の安定性などを勘案すると、アジアにおいて東京に比肩しうる市場はないものと思われる。

ただし、不動産マーケットの一層の活性化を望む場合、メザニンファイナンスの不足が阻害要因になりうるのではないかと思う。資金運用の効率化を考えた場合、シニアローンのみでの資金調達ではなく、メザニンファイナンスの活用によって、より高い資金効率を求めるのは、むしろ当然である。

　メザニンファイナンスを提供して、より高いリスクを取っていくためには、単なるレンダーとしての視点から不動産を見るのではなく、不動産投資家と同水準の不動産を見る目を持つレンダーが増加していくことが必要であるが、それだけでなく、資金回収の観点からの法制度の充実も欠かせないものと思われる。

　レンダーが安心して資金を提供できる環境を整備していくことにより、投資家がよる幅広い資金源を選択できるようにすることは、不動産マーケットの拡大のために必須な取組みであると確信している。

2　不動産ファイナンスの現状分析

(1)　REIT市場の創設と法律施行・改正の推移

　REIT発足10年が経過し、日本でも実証分析に必要なデータは着実に積み上がってきている。

　それを眺めて、分析を行うことで、より多くの傾向、発見及び疑問点が生まれてくる。

①　REIT指数の原系列推移

　まず、不動産市場（REITや不動産ファンドビジネス）に関連する法律施行・改正がどのように推移をしていたかを振り返る。

　下記の【図1】は、2000年11月の投信法改正以降から2011年9月までの東証REIT指数（REIT指数）及び主要な法律施行・改正をプロットしたものである。

　2000年11月に、投信法が改正されたことにより日本でもREITの法整備が

REIT指数と法律施行、改正　【図1】

整い、翌2001年9月に日本ビルファンド投資法人とジャパンリアルエスティト投資法人の2社が上場するに至った。その後、2003年4月にREIT指数の公表が開始され、REIT指数は、公表開始後一貫して上昇基調が続き、2007年5月には最高値2,612を記録した。

2006年5月に、最高値2,612を記録して以降は、一転して下落基調になり、2008年9月の米国リーマンブラザーズが破綻、その1ヵ月後の2008年10月に、ニューシティ・レジデンス投資法人が民事再生手続開始を申し立て、そのころには、その指数は、800程度まで急落していた。

その後は、日本銀行によるREIT投資口の買入れなどのニュースはあるものの、REIT指数は上昇、下落を繰り返しながら、おおむね800から1,200のレンジで推移している。

② REIT市場と証券市場の関係

次に、REIT発足時には、REITは、「ミドルリスク・ミドルリターンの商品（株に比べて価格の乱高下が発生しにくい）」という特性がアピールされていたが、実際にはどのような特性を今まで持って推移してきたのであろうか。それについてREIT指数を中心に考えてみたい。

A REIT指数の月次リターン指標

REIT指数の原系列推移は、前頁の【図1】の通りであったが、それではREIT指数の推移は、何によって説明可能なのであろうか。REITは、そもそも不動産が裏付けとなっている商品であるため、不動産市場との関連性があるのであろうか。それとも、REITは上場されているという金融商品の特性上、たとえばTOPIXなどとの強い関連性があるのであろうか。

そこで、まず、月次リターンという指標を使用して分析を行うこととする。

REIT指数の月次リターン[1]とは、

---

1 ファイナンス理論では、リターンの計算は定常性の観点などからlogリターンを使用する場合が多いが、ここでは単純化のため、上記算式にてリターンを計算している。

（当月末のREIT指数―前月末のREIT指数）÷（前月末のREIT指数）×100
にて表されるものである（たとえば、当月末のREIT指数が1,100、前月末のREIT指数が1,000であれば、当月の月次リターンは10%（(1,100-1,000)/1,000×100という計算になる）。

すなわち、月次ベースでのREIT指数の騰落状況を数値化したものである。

REIT指数の月次リターンを時系列（2003年5月から2011年9月まで）にプロットすると、下記の【図2】になる。

ここで、Y軸が月次リターン、X軸が時点を表している。

2006年後半から2007年5月頃までは、プラスリターンの傾向が観測され、2007年5月のREIT最高値（2,612）を記録以降2008年後半までは、マイナスリターンの傾向などを示していることが特徴である。

また、2008年半ば頃、右下に大きく外れ値（-23%）が存在するが、これは2008年10月にニューシティ・レジデンス投資法人が民事再生の適用申請を行った月の月次リターンを示している。

B　TOPIX月次リターン指標

次に、証券市場の分析を行うため、REIT指数と同様にTOPIXの月次リ

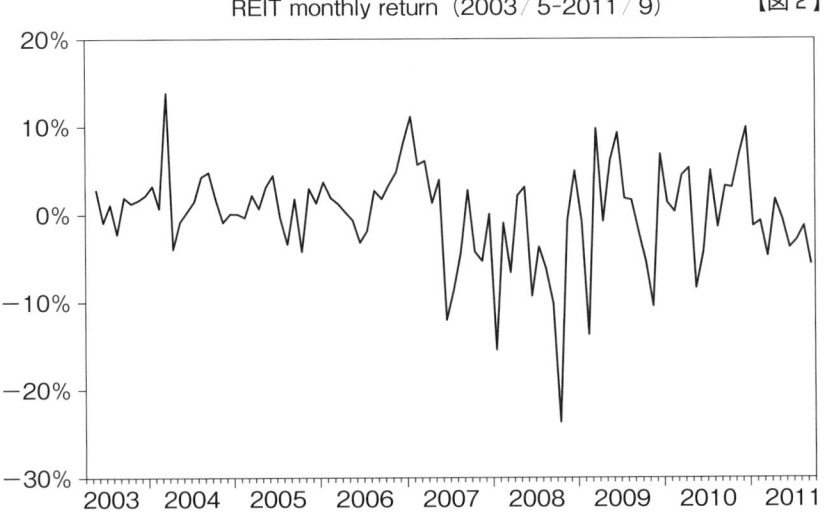

【図2】

ターンをプロットすると下段の【図3】になる。

ここでも、前記の【図2】と同様に、Y軸が月次リターン、X軸が時点を表している。

さらに、比較のため、【図2】と【図3】を1つのグラフに示すと、次頁の【図4】になる。

ここでは、濃い線がREITの月次リターン、薄い線がTOPIXの月次リターンを表しているが、この【図4】の解釈はどうなるであろうか。

2007年ころまでは、折れ線の形が相当に異なっているのに対し、2008年以降は、比較的同じような動きをしていることが分かるのではないだろうか。実際に、相関係数[2]を用いて両指標の関連性を分析した結果が次頁の【表1】である。

2003年から2005年までの月次リターンの相関係数は順番に-0.48、0.44、0.06であり、相関が低いのに対し、2008年以降は（2011年を除き）比較的強い相

【図3】

TOPIX monthly return（2003/5-2011/9）

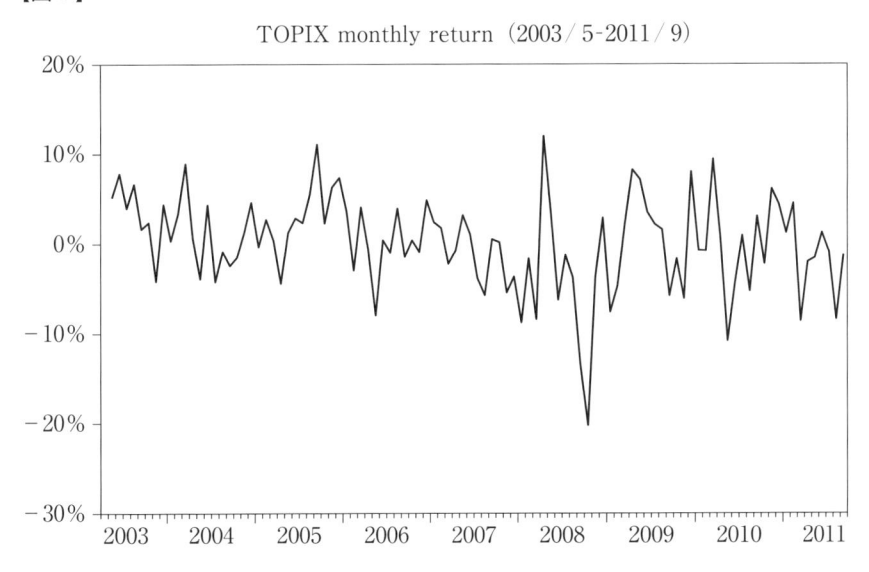

2　相関係数はデータ間の関係を表す指標。－1から1の値を示し、1であれば強い正の相関、－1であれば強い負の相関があることを示唆する。

【表1】

	相関係数
2003年5月～2003年12月	-0.48
2004年1月～2004年12月	0.44
2005年1月～2005年12月	0.06
2006年1月～2006年12月	0.48
2007年1月～2007年12月	0.47
2008年1月～2008年12月	0.88
2009年1月～2009年12月	0.66
2010年1月～20010年12月	0.84
2011年1月～20011年9月	0.19

関（順番に、0.88、0.66、0.84）を有している。

とくに、2008年度と2010年度は0.88と0.84であり、ほぼTOPIXの月次リターンと連動しているという結果である。

これは、REITが発足当時に「ミドルリスク・ミドルリターン」であり、TOPIXなどの資産との連動が低いことが報告されていた時を考えてみると、興味深い結果である[3]。

【図4】

REIT (monthly return) vsTOPIX (montly return)

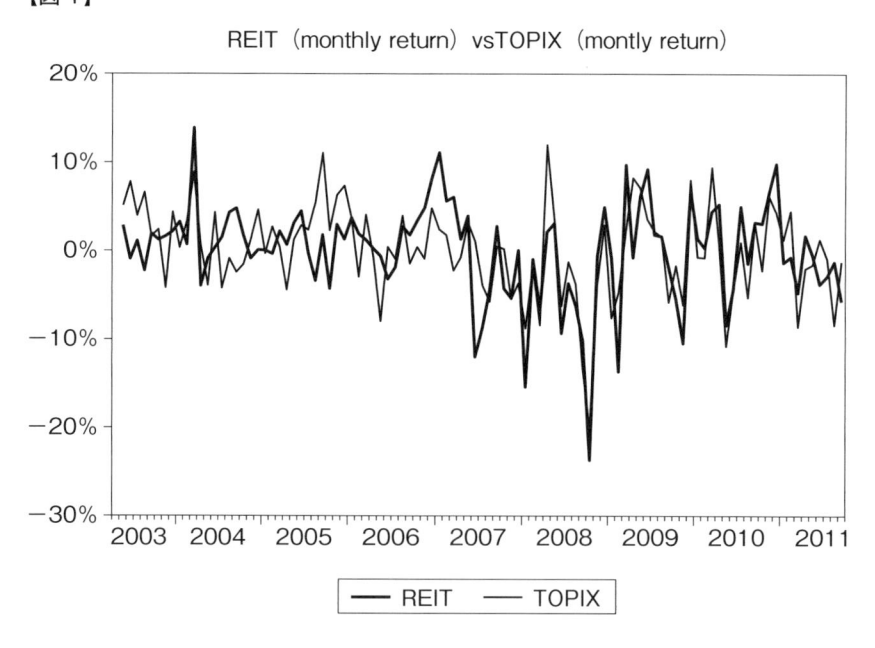

3　大橋・永井・八並『J-REITリターンの時系列分析―2001年9月から2004年10月までの週次及び月次データによる分析』（国土交通政策研究　第53号［2005］）などが既存研究として存在する。

では、何故このような相関係数の推移になっているのであろうか。2008年後半に相関が高まった理由としては、市場流動性の低下に伴い、本来の商品特性に関係なく換金性の高い資産から売却され、その結果、TOPIXとの連動性を高めたとも説明できるだろうが、今後も引き続き、REITとTOPIXの月次リターンの相関が強い状態で推移するかは注目である。

③　REIT市場と不動産市場の関係

　REIT市場と不動産市場の関連性を分析するに際し、ここでは、REIT指数、空室率及び賃料の原系列を使用する[4]。なお、空室率は、三鬼商事公表の東京ビジネス地区（新築ビル・既存ビルの平均）の空室率、賃料は、同三鬼商事公表の東京ビジネス地区（新築ビル・既存ビルの平均）のオフィス賃料を使用している。

A　空室率

　まず、空室率とREIT指数の原系列をプロットすると、次頁の【図5】になる。
　濃い線（右軸）がREIT指数、薄い線（左軸）が空室率、であり、結果として、「②　REIT市場と証券市場の関係」にて使用した相関係数を計算すると-0.77であり、強い負の相関を確認できる。

B　賃料

　次に、賃料とREIT指数の原系列をプロットすると、次頁の【図6】になる。濃い線（右軸）がREIT指数、薄い線（左軸）がオフィス賃料であり、こちらも関係がありそうだが、タイムラグが生じており、相関係数は、0.14と低い[5]。

---

[4] REIT指数は株価と同様に非定常過程（単位根過程）、空室率及びオフィス賃料は平均回帰的な性質を持っていることから定常過程ということになれば、本来であればREIT指数を差分系列などの定常過程に変換した上で分析すべきであろうが、ここでは、いずれも原系列にて分析を行っている。
[5] REIT指数を1年遅行させると、相関係数は0.81となり、強い正の相関を確認できる。

【図5】

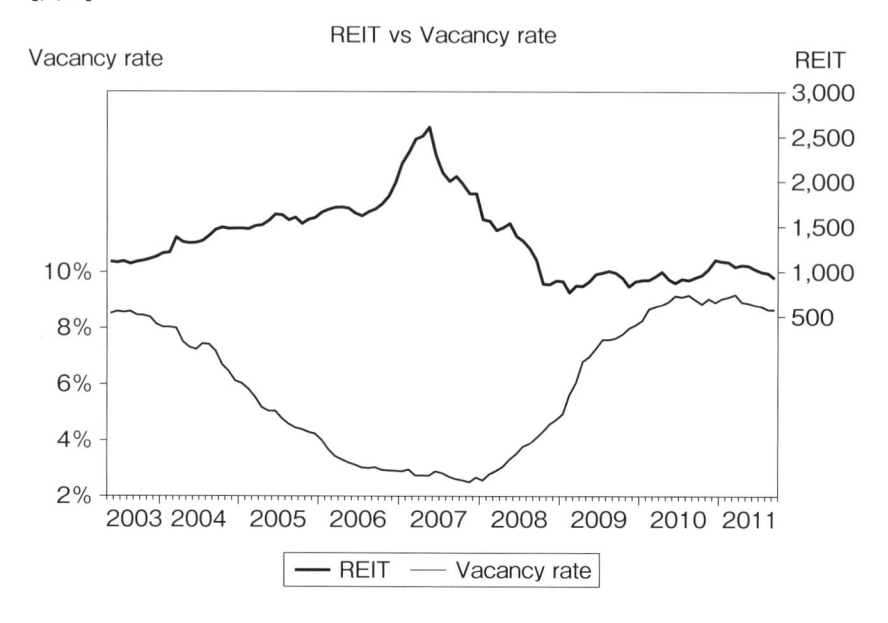

REIT vs Vacancy rate

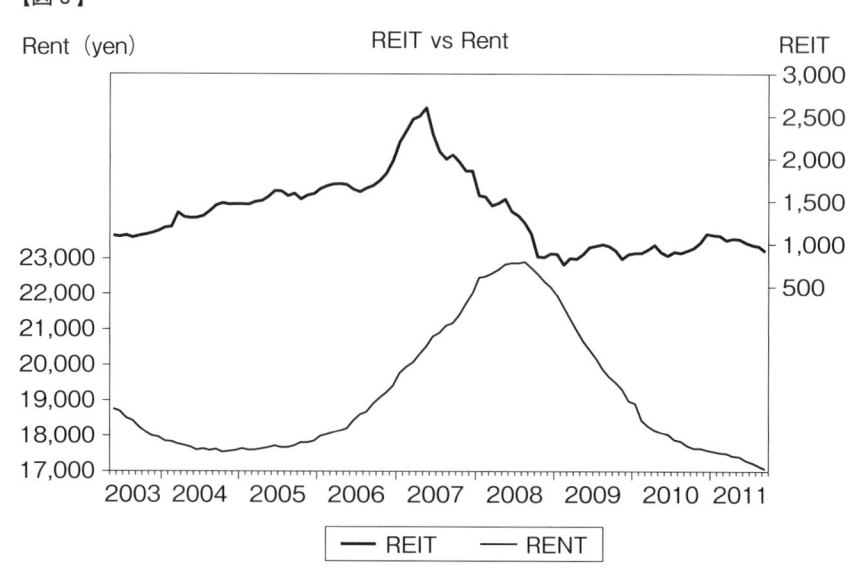

【図6】

REIT vs Rent

18　第1章　不動産ファイナンスの現状

この要因は、賃料は、REIT指数に対して遅効性の性質を持っていると捉えることもできるであろうし、証券市場が不動産市場のシグナルを先に取り込む要素を持っていると捉えることもできるであろう。

④　小　括

　このように、「②　REIT市場と証券市場の関係」では、REIT市場と証券市場の関係をTOPIXとREIT指数の月次リターンにて考察したところ、REIT指数の月次リターンとTOPIXの月次リターンは、2007年までは相関が低いが、2008年以降は比較的強い相関があることが確認できる。

　一方、「③　REIT市場と不動産市場の関係」にてREIT市場と不動産市場の関係を空室率と賃料にて考えてみても、両者には比較的強い相関が有ることが分かった。

　もちろん、②及び③は簡単な分析であり、他にもREIT指数に大きな影響を与えている指標は存在する。たとえば、下段の【図7】は、REIT指数及び東京証券取引所が公表している海外投資家のREIT投資口のネット買越し（売越し）金額をプロットしたものである。

【図7】

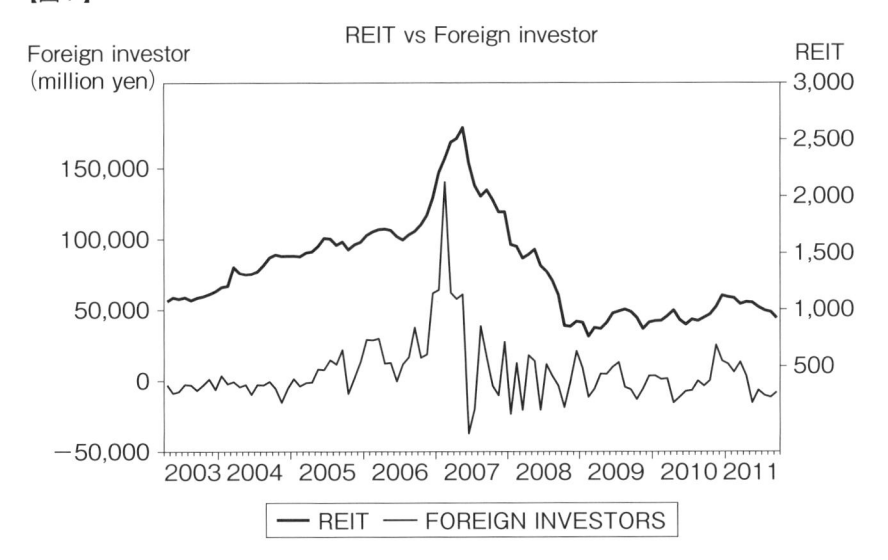

ここでは、濃い線（右軸）がREIT指数、薄い線（左軸）が海外投資家のネット買い越し（売越）金額、を表している。この図7を見ると、2007年前半から中頃（REIT指数が上昇期）には、海外投資家の買越し金額が多く、2007年後半（REIT指数の下落期）には一転して大幅な売越しがされていることが分かる。

　このように、海外投資家のキャピタルフローもREIT指数に影響を与えているのは明白である。

(2) REIT・不動産ファンドのリファイナンスのCorporate finance理論からの考察

　本節では、なぜREITや不動産ファンドがリファイナンスに苦戦していたのか、Corporate Finance理論から考察する。

　リファイナンスに苦戦した理由としては、「市況が悪化したから」、「不動産価値が下落したから」、「不景気だから」、「サブプライムショックが発生したから」を説明要因にすることも可能だろうし、事実でもあろう。しかし、それ以外にも、REITや不動産ファンドに独特の特性があり、それがリファイナンスを困難にしていたという側面があるのではないだろうか。

① 現状分析

　まず、具体的な分析に入る前にREIT及び不動産ファンドがリファイナンスに苦戦していた時期を把握してみる。

　以下、次頁の【図8】は、REIT指数を濃い線（右軸）、日本銀行の不動産業金融機関貸出DI指数（DI指数）を薄い線（左軸）にてプロットしたものである。DI指数は、「貸出態度が緩い」と回答した企業の割合から「貸出態度が厳しい」と回答した企業の割合を引いたものであり、貸出態度DIの値がマイナスになったときに、金融機関の貸出態度が厳しくなったと推定できる。

　この【図8】にて明らかなように、REIT指数が低下した頃には、金融機関の貸出姿勢が厳しかったことが分かる[6]。

【図8】 REIT vs DI

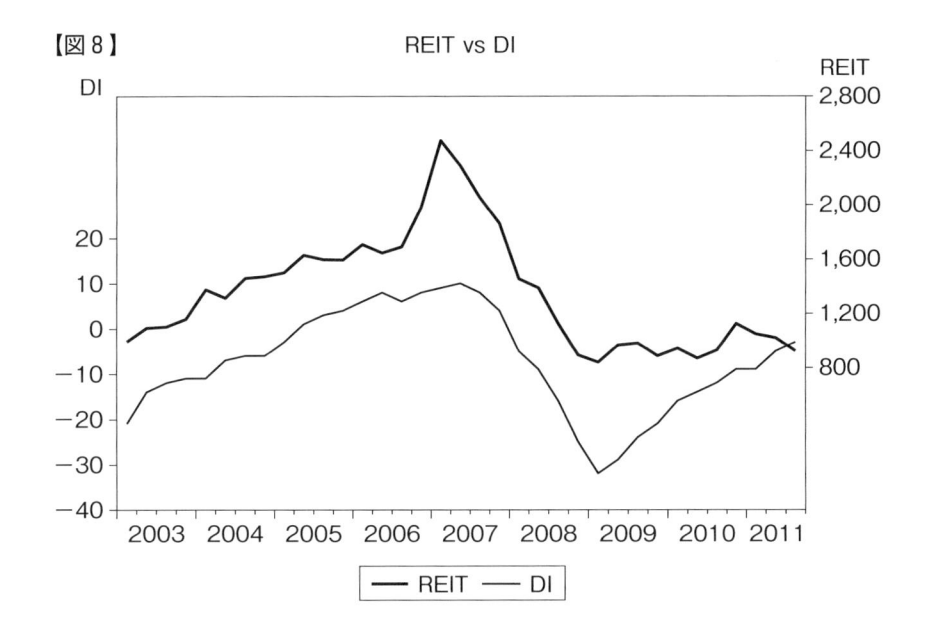

② REIT・不動産ファンドの特性

では、REITや不動産ファンドは、リファイナンスが困難になる独特な特性を持っていたのだろうか。

まず、Corporate finance 理論にて、負債調達は、①利息の節税効果によるプラス要因、②レバレッジによる倒産コストの発生であり、Adjusted Present Value法（APV法）によると、次頁の式にて企業価値の算出が可能であるとされている。

右辺第2項は、利息の節税効果、第3項は、倒産コストを示している。APV法は、企業価値の算出手法であるため、不動産価値にのみ焦点を当てたDCF法や収益還元法などとは異なるが、次頁の式の考えはREIT及び不動産ファンドの企業価値を算出する際にでも理論的に適用可能であると考え

6　REITの分析であれば、一般社団法人不動産証券化協会が発表しているDI指数も考えられるが、データ入手の容易さ、データ取得可能な時系列の長さから日本銀行のデータを使用している。

$$V = \frac{FCF \times (1+g)}{re - g} + tcD - \pi aBC$$

V：企業価値
FCF：free cash flow
re：株主資本コスト
g：成長率
tcD：負債の節税効果
πaBC：倒産コストの現在価値

る[7]。

ここで注目すべきは、右辺第3項のレバレッジによる倒産コストである。

まず、REITは、導管性要件を満たす必要性から内部留保の積立ては困難であり、一度倒産コストが上昇すると引き下げるのは容易ではなく、2008年10月にニューシティ・レジデンス投資法人の民事再生法の適用申請によりREITの不倒神話が崩壊すると、多くのREITは、期待倒産コストに直面し、既存ローンのリファイナンスに苦戦するREITも現れていた。

一方、不動産ファンドを考えてみても、REITと同様に一度「倒産コスト」が上昇すると引き下げるのは容易ではない構造になっていたのではないだろうか。

金融機関が既存ローンのリファイナンスを応諾する条件として追加出資を要求したのは、この上昇した「倒産コスト」を引き下げるためのものであり、債務不履行の可能性の高い企業の負債に対しては、高い利率（デフォルト・プレミアム）を強いるようになるか、あるいは資金調達そのものに応じないということになった。

なお、次項に議論する「スポンサー力」も、「倒産コスト」が上昇した状態において投資家は注目することになる。スポンサー力が強ければ有事の事態にスポンサーから金銭的支援などを得られるのではと、レンダーや投資家が期待するからであるが、この期待も「倒産コスト」を潜在的に下げる効果を持っていると考えられる。

7　上記のAPV法の方程式は、REITを対象とするには右辺第1項のFCFEをNOIやFFO（Funds from operations）などに置き換える必要があろう。
　同様に第2項は利息による節税効果なども修正が必要であろうが、ここでは、あくまでも第3項の倒産コストに焦点をあてているため、その点の議論は省略している。

(3) スポンサーのREIT及び不動産ファンドへの影響力

① ニューシティ・レジデンス投資法人の破綻

ニューシティ・レジデンス投資法人の破綻は、REIT及び不動産ファンドにスポンサーの影響力を意識させた。レンダーは、REITであればスポンサー銘柄、不動産ファンドであればエクイティ出資者やアセット・マネージャーなどの銘柄に、一層注目するようになった。後記の第4章3（253頁参照）で議論されるスポンサーレターの有効性の法律議論が活発になったのも同時期であろう。

では、スポンサー力の影響は、どのように計測すれば良いであろうか[8]。

REITがスポンサーの影響を受けるということであれば、REITの月次リターンとREITのスポンサー株式の月次リターンに相関があるのでは、との仮説が立てられる。

ここでは、個別銘柄のREITの月次リターンとREITのスポンサー株式の月次リターンの関係が2008年10月（ニューシティ・レジデンス投資法人が民事再生法の適用申請を行った時期）を境に変化しているか否かを考察する。

② REIT A社・B社及びREIT A社・B社の各スポンサー株式の月次リターン

REIT A社・B社及びREIT A社・B社の各スポンサー株式の月次リターンを次頁の【図9】及び【図10】に示した。

REIT A社及びREIT A社のスポンサー株式の月次リターンの相関関係は、【図9】からは、2008年10月の前後にてあまり違いは見られない（相関係数は、2008年9月まで0.39に対し2008年10以降は0.40である。）。一方、REIT B社及びREIT B社のスポンサー株式の月次リターンの相関関係は、【図10】から、2008年10月の前後にて違いが生じていることが分かる（相関係数は、2008年9月まで0.43に対し、2008年10月以降は、0.85と上昇している。）。

---

8 能登・森（「J-REIT市場に見る流動性リスクと価格形成」（証券アナリストジャーナル47巻6号61頁）では、REITのリターンがスポンサーの格付によって影響を受ける可能性を示している。

【図9】

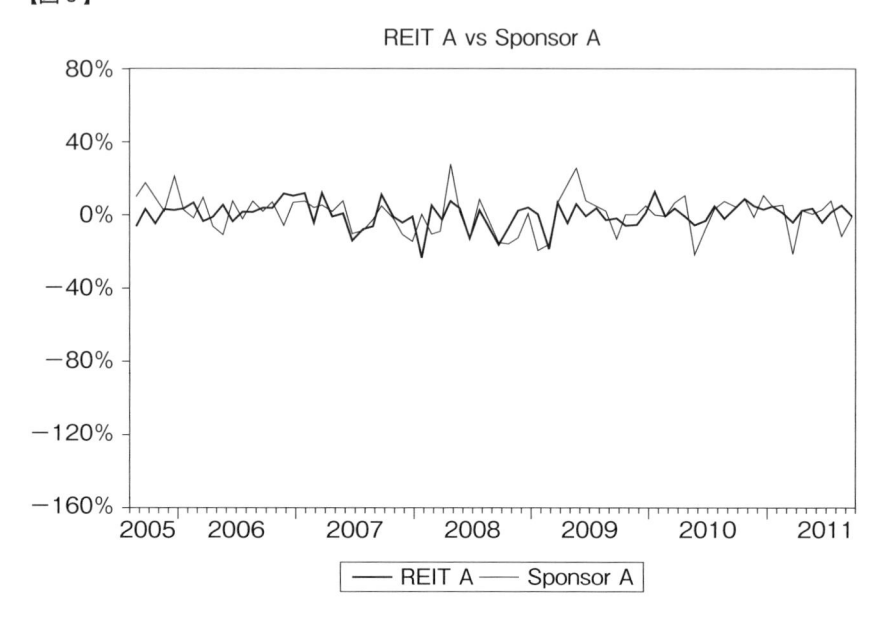

REIT A vs Sponsor A

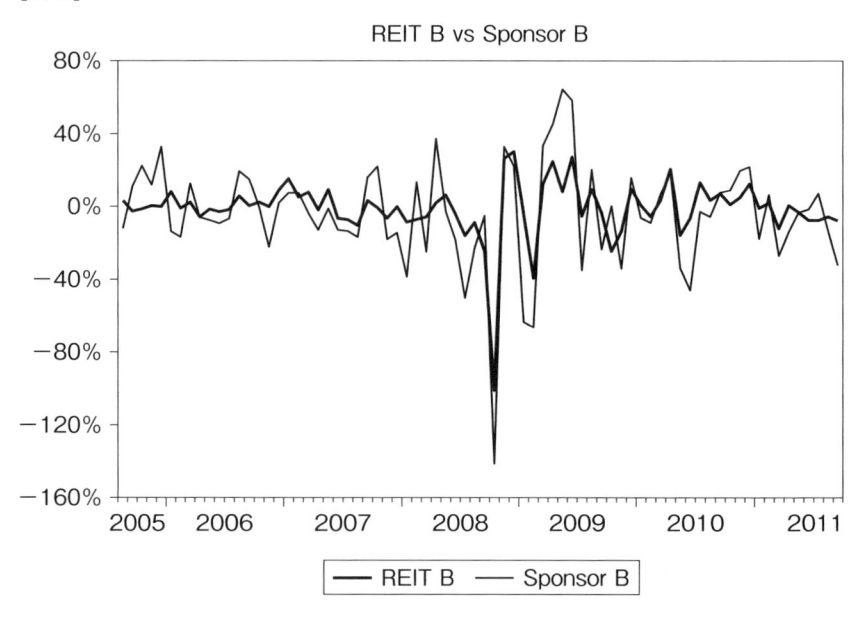

― REIT A ― Sponsor A

【図10】

REIT B vs Sponsor B

― REIT B ― Sponsor B

これは、2008年10月以降にREIT B社の投資口の価格変動がREIT B社スポンサー株式の価格変動と連動性を強めたことを意味しており、投資家は、REIT B社の投資を行う際にREIT B社スポンサー株式にも注意を払っていた（REIT B社のスポンサーリスクの意識を強めていた）、と解釈すべきであろう。

　このような例は他にも散見され、スポンサーによって、REIT投資口とスポンサー株式の相関度合いに差異が生じている理由は定かではないが、「スポンサーの信用力」が影響を及ぼしている可能性があるのではないだろうか。

3 不動産ノンリコース・ローンのストラクチャーとレンダーの保全

(1) GK-TKスキーム

① 概　要

　いわゆる、GK-TKスキームは、会社法上の合同会社（GK）（あるいは、特例有限会社（YK））が営業者として、投資家との間で匿名組合契約（TK契約）を締結して出資を受けた上、運用資産である不動産を信託財産とする信託の受益権（不動産信託受益権）に対する投資をするものである。

　ここに受益権とは、信託契約などの信託行為に基づいて信託受託者が受益者に対し負う債務であって、信託財産に属する財産の引渡しその他の信託財産に係る給付をすべきものに係る債権及びこれを確保するために信託法の規定に基づいて信託受託者その他の者に対し一定の行為を求めることができる権利（信託法2条7項）をいう。

　多くの場合、GKが取得するのは現物不動産ではなく、不動産信託受益権である。

　その理由の1つは、匿名組合出資をもってする現物不動産に対する投資については、不動産特定共同事業法が適用され（同法2条3項2号）、同法3条に定める許可を受けなければ行い得ず、GKがその許可を受けることは現実的に不可能である点にある[9]。なお、同法では、匿名組合出資者がGKの社員持分をすべて保有しているようなケース（同法施行令1条1号）では例外を認めているものの（同法2条3項柱書）、かかるケースでは、倒産隔離性が損なわれてしまうことからレンダーが応じない[10]。

　また、不動産信託受益権を取得する場合、信託受託者や金融商品取引業の登録を受けたアセット・マネージャーに対する期初・期中のフィーなどのコストが生じるものの、課税面でこれをはるかに上回るメリットがあり、現物

　9　本稿執筆時において、この点の規制を緩和する不動産特定共同事業法の改正法案が閣議決定されている。

不動産を取得するよりアクイジション・コストを抑えられることも、その理由の1つである。

課税面のメリットは、主に以下のとおりである。

	現物不動産	信託受益権
不動産取得税	土地（宅地等）：固定資産税評価額×1/2×3％ 土地（宅地等以外）：固定資産税評価額×3％ 建物（住宅）：固定資産税評価額×3％ 建物（住宅以外）：固定資産税評価額×4％	非課税
印紙税	譲渡金額に応じて課税（例：10億円以上であれば20万円）	200円
登録免許税（移転）	固定資産税評価額×1.5％	信託登記時：固定資産税評価額×0.3％ 受益権譲渡による信託原簿の受益者名変更：1件1000円
登録免許税（担保権設定）	被担保債権額又は極度額の0.4％	登記手続なく非課税（なお、質権設定契約書に貼付する印紙税200円）

（2012年4月現在）

そのほかにも、受託者が受託する際のスクリーニングによって、当該不動産の信用性が高めることができ、出資を集めやすい（とくに、海外の投資家には好まれる）点がメリットとして挙げられることもある。

本書においても、GK-TKスキームでは、断わりのない限り不動産信託受益権を保有する場合を念頭に置く。

---

10 倒産隔離を図るため、物件を保有するGKに匿名組合出資をするとともに、その社員持分をすべて保有する他のSPCを組成した上、当該SPCの社員持分は一般社団法人等の倒産隔離の図られたヴィークルが保有し、投資家は当該SPCに匿名組合出資のみをするケースもあるが、筆者が非公式に金融庁に照会したところ、当該SPCにマザーファンドとしての実態が伴わない場合には、不動産特定共同事業法3条の潜脱に当たりうるとのことであった。

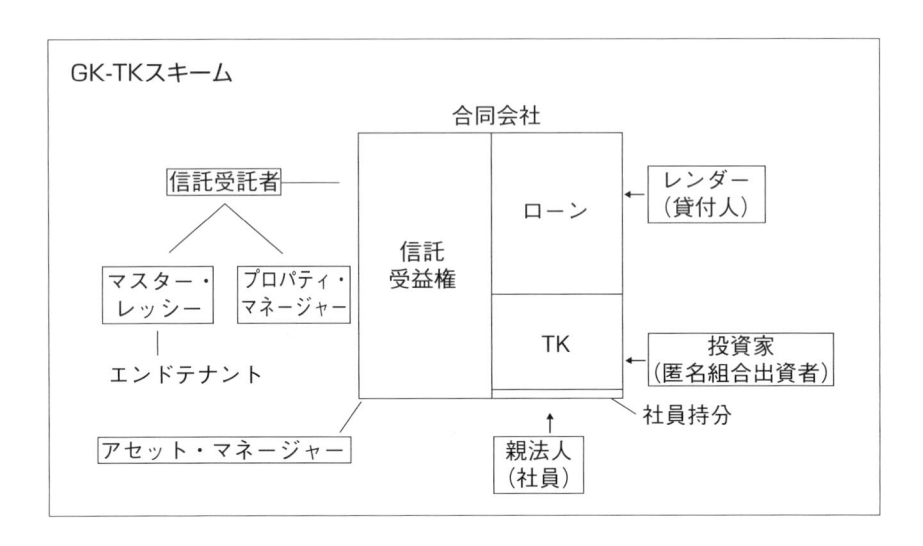

```
GK-TKスキーム
                            合同会社
        信託受託者                              レンダー
                                      ローン  ←（貸付人）
    マスター・  プロパティ・    信託
    レッシー   マネージャー   受益権
                                              投資家
        エンドテナント                 TK   ←（匿名組合出資者）
                                              社員持分
    アセット・マネージャー           親法人
                                  （社員）
```

② 各プレイヤーの役割

　不動産信託受益権を保有するGK-TKスキームにおいては、匿名組合出資をもってする不動産信託受益権に対する投資については金商法が適用され（同法2条8項15号）、同法8条4項、29条に定める投資運用業の登録を受けなければ行い得ないところ、GKがその登録を受けることは現実的に不可能であるのは、不動産特定共同事業法3条に定める許可と同様である。

　もっとも、不動産特定共同事業法3条に定める許可とは例外が認められる要件が異なり、投資運用業の登録を受けたアセット・マネージャーとの間で投資一任契約を締結し、当該契約に基づき匿名組合出資者のため運用を行う権限の全部を委託するか（同法2条8項、同法施行令1条の8の6第1項4号、定義府令16条1項10号）、適格機関投資家等特例業務（金商法63条1項2号）として行うか、いずれかを選択することができる。そして、後者についても、倒産隔離性を維持する観点からGKの職務執行者が自ら投資判断をすることは予定されておらず、また、適格機関投資家等特例業務を行うGKにおいて当該業務を委託することのできる者の資格に制限はないものの、受託する側においては、金融商品取引業の登録を受けている必要があるため、結果として、金融商品取引業の登録を受けている者をアセット・マネージャーとすることになる（金商法29条）。

そして、アセット・マネージャーが、不動産を所有する信託受託者に対し、受益者であるGKに信託指図をさせ、または自らGKの代理人として信託指図をする。当該信託指図に基づき、信託受託者は、プロパティ・マネージャーとの間でプロパティ・マネジメント契約（PM契約）を締結して、不動産の賃貸・管理業務を委託したり、マスター・レッシーとの間で賃貸借契約（ML契約）を締結して、不動産をテナントに転貸させたりすることにより不動産の管理・収益が行われる。

③ レンダーの保全

レンダーの資金拠出は、TMKスキームと異なり、あえて社債による必要がない。そのため、後述の社債（(2)②）におけるような担保設定に関する制限のないローンが多く用いられ、各種の担保権が設定されている。

A 信託受益権質権

信託法上、受益者は、その有する信託受益権に質権を設定することができる（信託法96条1項）。信託受益権の性質が許さない場合は、質権を設定することができないが（同項ただし書）、不動産信託受益権についてはこれに該当しないものと考えられる。

信託受益権は、他に資産のないGKに対する与信の引当てになるものであり、信託受益権質権は、GK-TKスキームにおけるもっとも基本的、かつ、重要な保全である。

信託法には、信託受益権質権の設定方法や対抗要件についての規定は置かれていないところ、信託受益権質権は権利質の一類型であり、権利質は、原則としてレンダー（質権者）及びGK（質権設定者）の間における信託受益権質権設定契約の締結によって成立する（民法363条参照）。もっとも、通常、信託契約において信託受託者の承諾のない質権の設定を禁止する旨が定められているため（かつ、レンダーが信託契約の内容を確認しないことは想定されないため）、信託受益権質権は、レンダー（質権者）及びGK（質権設定者）の間における信託受益権質権設定契約の締結に加え、信託受託者（第三債務者）の承諾によって成立する（信託法96条2項）。

また、権利質は、原則として、第三債務者に対する通知または第三債務者の承諾によって第三債務者に対する対抗力が備えられ（民法364条、467条1項）、かかる通知・承諾を確定日付ある証書をもってすることによって第三債務者以外の第三者に対する対抗力が備えられる（民法364条、467条2項）。受益権質権も、信託受託者（第三債務者）の承諾によって信託受託者に対する対抗力が備えられ、当該承諾に係る証書（「承諾依頼書兼承諾書」として、レンダー、GK及び信託受託者の三者が共同して作成する。）に公証人の日付ある印章の押捺を受ける（民法施行法5条1項2号）ことによって、信託受託者以外の第三者に対する対抗力が備えられるものと考えられる。

　なお、信託受益権を表示する証券（受益証券）を発行する旨が定められた受益証券発行信託において、受益証券が発行されているときは、受益証券の交付が効力発生要件であり（信託法199条）、交付を受けた受益証券の占有継続が信託受託者その他の第三者に対する対抗要件であるが（同法200条1項）、不動産ファイナンスのストラクチャーにおいて、一般に受益証券発行信託は用いられていない。

B　停止条件付抵当権、停止条件付保険金質権

　信託契約の解除などにより信託が終了すると、その清算の結了によって信託受益権は消滅する。こうして信託の終了に伴い、GKが信託財産である現物不動産を取得するのに備え、あらかじめ、当該GKによる現物不動産の取得を停止条件として、当該現物不動産について抵当権を設定したり、当該現物不動産に関して付された保険に係る保険金等請求権（責任保険契約に基づく保険金請求権を除く。保険法22条3項）について質権を設定したりすることを約しておくことがある[11]。

　いずれも停止条件の成就により効力を生じ、停止条件付抵当権について

11　もっとも、信託法97条1号により、信託受益権質権は、信託の終了に伴い、信託受託者が受益者に対して交付する現物不動産・保険金等請求権にも及ぶものと解される。ただ、この場合も、当該質権は、交付された財物につき当然に対抗要件を備えるものではないため、それぞれの契約において、レンダーがこれを備えるのに必要なGKや信託受託者の協力義務を規定しておくことが必要であろう。

は、抵当権設定登記を受けることにより（民法177条）停止条件付保険金質権については、保険者である保険会社（第三債務者）に対する確定日付ある通知または保険会社の確定日付のある承諾によって（民法364条）、それぞれ対抗力が備えられる。

　停止条件付抵当権設定契約や停止条件付保険金質権設定契約が締結されることが増えているようであるが、信託受託者を含むストラクチャーの当事者が共同して作成する「プロジェクト契約」において、かかる抵当権・質権の設定が約されることもある。ポイントとなるのは、さまざまな信託の終了原因が発生してから、停止条件が成就し、レンダーがそれぞれの対抗力を備えるまでの手続が明確に定められ、かかる手続を滞りなく進められるようにしておくことである。そのためには、停止条件付抵当権設定契約や停止条件付保険金質権設定契約を締結する場合は、信託受託者も当事者とし、あるいは信託受託者も当事者となるプロジェクト契約において、必要な信託受託者の協力義務を規定しておくことが肝要となる。

C　GK社員持分質権

　GKがオリジネーターや投資家の影響を避けるため、通常、GKの社員持分（YKであれば株式）については、一般社団法人など、オリジネーターや投資家その他のプレイヤーの支配の及ばないヴィークルにより保有される。

　GK社員持分質権は、GKの保有する資産を目的とする前記2つの担保権と異なり、ボロワー（借入人）であるGKの全社員持分そのものを目的とする。

　GK社員持分を保有する一般社団法人について金商法による自己運用規制を避けるため（金商法2条2項5号ロ）、また、GKに生じた利益は、すべてTK出資についての配当・償還に充てられるため、GK社員持分質権は、GK社員持分についての配当・償還を引当てにすることを意図するものではない。いわば、ボロワー（借入人）そのものを質物とするようなものであり、一般的なコーポレートローンでは考えられない、SPCを用いたストラクチャード・ファイナンスに特徴的なものといえよう。

　GKの社員持分も譲渡可能な財産権である以上、会社法に明文の定めはないものの質権の設定は可能と解されるが、その成立要件として、レンダー

（質権者）および一般社団法人など（質権設定者）の間における社員持分質権設定契約の締結に加え、「他の社員」による承諾を要するか否かについては解釈に争いがある[12]。しかし、仮に「他の社員」による同意が必要とする見解に立っても、多くのケースでは一般社団法人など（質権設定者）がすべてのGK社員持分を保有する唯一の社員であるため、「他の社員」による同意を観念する必要がない。そうでないケースでも、「他の社員」の承諾を得ることは可能であろうから、質権設定契約の締結に際して「他の社員」の同意を得ておいたほうが望ましい。

また、対抗要件としては、会社法585条の趣旨に鑑み、「他の社員」の（確定日付ある証書をもってする）承諾がこれに相当するものと考えられる[13]。とすると、「他の社員」の存在しない多くのケースでは、レンダー（質権者）及び一般社団法人など（質権設定者）の間において社員持分質権設定契約を締結し、その契約書に公証人の日付ある印章の押捺を受けることによってGK及びGK以外の第三者に対する対抗力が備えられることになる[14]。

なお、SPCがGKではなくYKであり、質権の目的が株式の場合、株式質権は、YKの定款に株券を発行する旨の定めがあるか否かにより、かかる定めがなければレンダー及び親法人の間における株式質権設定契約の締結によって、あれば株式質権設定契約の締結に加えて親法人からレンダーに株券が交付されることによって、株式質権が成立する（会社法146条）。

また、対抗要件としては、株券発行会社でなければ株主名簿への記載が、株券発行会社であれば交付を受けた株券の占有継続が、それぞれこれに相当する（会社法147条）。

12　別冊法学セミナー201号・奥島孝康ほか編「新基本法コンメンタール　会社法3」15頁（今泉邦子）。
13　同上
14　他方で、株式に準じるものとして社員名簿を作成し、その記載が対抗要件であるとする意見もあるようであり、これを併用することもあるが、株式会社が株主名簿の作成を義務づけられている（会社法121条以下）のに対し、合同会社には社員名簿の制度が採用されていない以上、社員名簿への記載を質権の対抗要件であると解するのは無理があると考える。

(2) TMKスキーム

① 概　要

　いわゆる、TMKスキームは、資産流動化法上の特定目的会社（TMK）が主として優先出資を発行して出資を受けた上、運用資産（特定資産）である現物不動産ないし不動産信託受益権に対する投資をするものである。

　なお、TMKスキームにおいてGKにおける社員持分、YKにおける株式に相応するのが特定出資であり、特定出資は、TMKの設立費用などノミナル（額面上）なものに止まるのが通常である。投資家について適用のある外国法や、後述④の導管性の要件を満たすため、特定出資をもって投資が行われることもあるものの、本書においては、格別留意を要する点を除き、まとめて優先出資をもって投資として記述する。

　TMKスキームでは、GK-TKスキームと異なり、TMKが現物不動産を保有することも多い。優先出資をもってする現物不動産に対する投資については不動産特定共同事業法が適用されない上（同法2条3項参照）、税法上の手当てにより、不動産取得税（地方税法附則11条3項）及び所有権移転登記に係る登録免許税（租税特別措置法83条の2）が軽減されているからである。

　本書においては、受益権を保有する場合の取扱いは、GK-TKスキームと共通する点もあることから、TMKスキームでは、まず現物不動産を保有する場合を論じ、必要に応じて受益権を保有する場合を論じることとする。

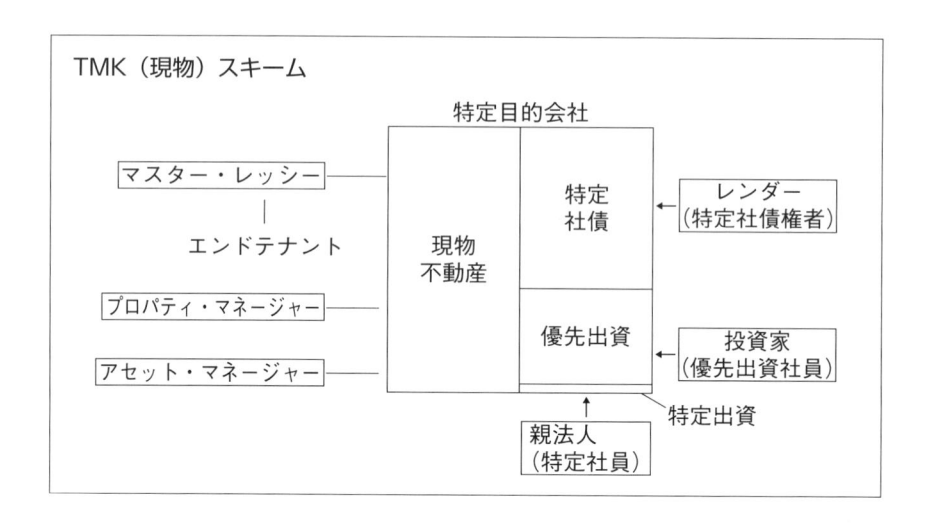

```
TMK（現物）スキーム
                        特定目的会社
 マスター・レッシー ──┐  ┌──────┬──────┐   レンダー
                     │  │      │ 特定 │←─(特定社債権者)
      │              │  │ 現物 │ 社債 │
 エンドテナント      │  │ 不動産├──────┤   投資家
                     │  │      │ 優先 │←─(優先出資社員)
 プロパティ・マネージャー─┤  │      │ 出資 │
                     │  └──────┴──┬───┘   特定出資
 アセット・マネージャー──┘         │    ↗
                                 親法人
                                (特定社員)
```

② 各プレイヤーの役割

　TMKスキームにおいては、現物不動産の場合、その管理及び処分に係る業務を、かかる業務を適正に遂行することのできる者（特定資産管理処分受託者）に委託しなければならない（資産流動化法200条2項）。具体的には、直接現物不動産の管理・収益を行うアセット・マネージャーやプロパティ・マネージャーが特定資産管理処分受託者に該当するが、そのうち売買、交換または賃貸に係る業務を委託することができるのは宅地建物取引業者に限られる（同法203条）。

　また、不動産信託受益権の場合、倒産隔離性を維持する観点からTMKの取締役が自ら投資判断をすることは予定されておらず、また、TMKにおいてその業務を委託することのできる者の資格に制限はないものの、受託する側においては金融商品取引業の登録を受けている必要があるため、結果として、金融商品取引業の登録を受けている者をアセット・マネージャーとすることになる（金商法29条）。プロパティ・マネージャーとのPM契約は、TMKではなく信託受託者が委託者として締結するため、プロパティ・マネージャーは、特定資産管理処分受託者に該当しない。

③　レンダーの保全

　TMKスキームにおけるレンダー（ボンドホルダー）の資金拠出は、後述(4)の導管性の要件を満たすため、全額が機関投資家による特定社債の引受けによるか、特定社債[15]の引受けとローンが併用されることになる。なお、ローンについては、レンダーが適格機関投資家（金商法2条3項）でない場合は、資産流動化法211条に定める目的・要件に限られている。

　このうち特定社債については、担保付社債信託法2条により、担保権を設定するには信託によらなければならない（資産流動化法130条、同法施行令36条）。ところが、特定社債に係る担保付社債に関する業務を受託する信託銀行・信託会社が限られている上、レンダーとしても、TMKに負担させるフィーが増えるのみならず、担保権の実行を自己の完全なコントロール下に置けないことが好まれない。その結果、特定社債についての担保権は、次に述べる法定担保である一般担保のみであることがほとんどである[16]。

　他方、ローンについては、このような担保設定の制限がない。

　TMKスキームにおける一般担保以外の担保権については、資産流動化計画（ALP）に記載または記録する必要がある（資産流動化法5条1項2号ト、同項4号、同法施行規則17条3号ホ、19条1号等）。

A　一般担保（特定社債について）

　一般担保とは、TMKの財産について他の債権者に先立って自己の特定社債に係る債権の弁済を受ける権利をいい、資産流動化計画をもって別段の定めをしない限り、特定社債について当然に認められる法定担保権である（資産流動化法128条1項）。

　一般担保は、TMKの全財産を目的とし、また、原則として公示制度が採用されていない。明文の規定があるものとして、登記をすることもできる[17]

---

[15]　各特定社債の金額1億円未満の場合は、特定社債管理者を設置しなければならないため（資産流動化法126条）、1億円以上の特定社債とされることが多い。
[16]　特定社債に係る担保付社債に関する業務を受託している信託会社もあり、同社によると特定出資質権の受託実績があるとのことである。
[17]　東京地判昭和25年6月27日下民1巻6号1000頁

現物不動産につき、登記をしなくても一般債権者には対抗することができるものの、登記なくしては登記をした第三者（取得者・抵当権者）には対抗することができないとされるが（一般先取特権についての民法336条）、仮登記も含め一般担保の登記がされている例は少ない。

一般担保の特徴については、改めて詳述する。

B　抵当権（担保付特定社債、またはローンについて）

抵当権は、TMKが現物不動産を保有する場合に、当該不動産に設定することのできるものである。

抵当権は、信託受益権を保有する場合の信託受益権質権に相当する、もっとも基本的かつ、重要な保全である。

抵当権は、レンダー（抵当権者）及びTMK（抵当権設定者）の間における抵当権設定契約の締結によって成立し、設定登記によって対抗力を備える。しばしば、登録免許税の節減のため、設定登記を仮登記にとどめる場合があるが、仮登記のままでは原則として抵当権を実行することができず（民事執行法181条3号）、また、競売における配当等を受領することができない（同法91条、92条）。

C　信託受益権質権（担保付特定社債、またはローンについて）

TMKが不動産信託受益権を保有する場合に、当該受益権に設定することのできるものであるが、効力要件、対抗要件等については、GK-TKスキームにおける信託受益権質権と同じであるので割愛する。

D　特定出資質権（担保付特定社債、またはローンについて）

TMKスキームにおいて、GK-TKスキームにおける社員持分質権や株式質権に相応するものが特定出資質権であり、SPCを用いたストラクチャード・ファイナンスに特徴的なものといえる。

特定出資質権は、レンダー（質権者）及び一般社団法人など（質権設定者）の間における特定出資質権設定契約の締結によって成立し、特定社員名簿への記載がTMK及びTMK以外の第三者に対する対抗要件となる（資産流動化

法32条)。特定出資については、GKにおける社員持分、YKにおける株式と異なり、証券を発行することができない(資産流動化法37条)。

なお、優先出資社員に社員総会における議決権が認められている(資産流動化法51条1項4号参照)などの事情により、優先出資についても質権が設定される場合、レンダー(質権者)及び優先出資社員(質権設定者)の間における優先出資質権設定契約の締結に加えて優先出資社員からレンダーに優先出資証券が交付されることによって成立し(資産流動化法45条4項、会社法146条2項)、交付を受けた優先出資証券の占有継続が対抗要件となる(資産流動化法45条4項、会社法147条2項)。

(3) 双方のスキームに共通するその他のレンダーの保全

以上、GK-TKスキーム、TMKスキームのそれぞれのストラクチャーにおいて各プレイヤーがどのような役割を担い、また、レンダーの保全がどのように図られているか概観した。

このほか、双方のスキームに共通するその他のレンダーの保全として、案件により、以下の措置が講じられることがある。

① 積立金・キャッシュトラップ

SPCは、運用資産である現物不動産または不動産信託受益権の管理、処分以外の業務を行わない。それは、他の事業の不調が本来の事業に影響してしまうことを避けるという意味においてはレンダーの保全に資するものであるが、反面、本来の事業が不調なときに他の事業によって補完することができないということも意味する。

そのため、一時的なキャッシュフローの悪化などに備え、ローンの利息を含む期中の支払を行った後の残額について、全部を出資者(TK出資者、優先出資社員)に分配してしまうのではなく、当面予定される支払に必要な金額をレンダーのコントロールの及ぶ口座内に積み立てておくことが行われる。

さらに、一定の事由が生じた場合には、出資者への分配を停止し、本来であれば、出資者への分配に充てられた金額をレンダーのコントロールの及ぶ口座内に留保しておくことも行われる。

そして、ここにいう一定の事由としては、ローン契約上の期限の利益喪失事由の発生など、デフォルトが差し迫った場合に限らず、近い将来キャッシュフローの悪化などが予想されるものとしてDSCR（Debt Service Coverage Ratio）[18]やLTV（Loan to Value）[19]などの基準値を定め、これらに該当する場合も挙げられる。

これらは、ローン契約（もしくは社債要項）、またはプロジェクト契約のキャッシュフローについて定める条項において規定される。

② AMキックアウト

SPCは、法人形態のヴィークルであり、SPCを代表する自然人の存在が不可欠であるところ、倒産隔離を図るため、SPCの取締役（GKの場合は、業務執行社員の職務執行者）は、いわゆる独立取締役として、オリジネーターや投資家の影響を受けない公認会計士・税理士が就任することが多い。SPCの独立取締役は、自己の判断に基づいてはSPCを代表せず、SPCとの間におけるアセット・マネジメント契約（AM契約）に基づきSPCからこれを受託するアセット・マネージャーからの指図に基づいて、SPCを代表する。

すなわち、SPCにおける実質的な判断は、アセット・マネージャーに委ねられており、レンダーに対して負担する義務の履行から不動産への投資の好不調まで、アセット・マネージャーが左右することになる。

そこで、AM契約上の解除事由の発生など、アセット・マネージャーに信用不安が生じた場合や、上記DSCR・LTVの基準値の連続不達成など、アセット・マネージャーによる資産運用の不振が認められる場合に、レンダーが主体となってアセット・マネージャーを交代させ、もってリストラクチャリングを図るべく、レンダーに、AM契約を終了させ、SPCに後任のアセット・マネージャーとの間において新たなAM契約を締結させることのできる権利が付与されている。いわゆる、AMキックアウトである。

レンダーは、AM契約の当事者ではなく、AM契約においてはアセット・

---

18 不動産から生じる収益を元利金支払額によって除した値
19 不動産の鑑定評価額をローン残額によって除した値

マネージャーキックアウトを定めたとしても不確実・不安定であることから、アセット・マネージャーも当事者となるプロジェクト契約において、その付与が規定されることが多い。

③ 地位譲渡予約完結権

上述のとおり、不動産ファイナンスのストラクチャーでは、資金調達に関する契約やAM契約のほか、収益の源である賃貸借契約、物件の管理・リーシングに係るPM契約、開発型の案件における建築工事請負契約などが存在する。地位譲渡予約完結権は、これらの契約におけるSPCなどの地位について、レンダーが、既述の担保権を実行して現物不動産や不動産信託受益権を処分したり、リストラクチャリングを図ったりするにあたり、自己またはレンダーの指定する者に（免責的に）承継させることのできる権利である。

地位譲渡予約完結権がレンダーに付与される場合、レンダー（地位譲渡予約権者）及びSPC（地位譲渡予約権設定者）の間における地位譲渡予約契約が締結され、またはプロジェクト契約においてその付与が規定される。

もっとも、契約上の地位の譲渡は、当該契約の相手方の承諾がない限り、これに対して効力を生じない[20]。そこで、ストラクチャーにおける当該契約の重要性や当該契約の相手方との関係性を踏まえ、地位譲渡予約完結権の行使による地位の移転について、当該契約の相手方からあらかじめ承諾を得ておく場合もある。

ただ、あらかじめ承諾を得た場合（さらに、その承諾に係る証書に公証人の日付ある印章の押捺を受けた場合）であっても、当該契約の相手方に対する対抗要件にはなっても[21]、当該契約の相手方以外の第三者に対する対抗要件にはならないことから[22]、地位譲渡予約完結権の行使後に改めて確定日付のある通知・承諾によって、第三者に対する対抗力を備えなければならない点に留意が必要である。

20　最判昭和30年9月29日民集9巻10号1472頁
21　最判昭和28年5月29日民集7巻5号608頁
22　最判平成13年11月27日民集55巻6号1090頁

④　スポンサーレター

スポンサーとは、SPCを用いた不動産ファイナンスにおいて、実質的にストラクチャーを組成し、最終的な利益・損失を収受する者であり、多くは投資家やアセット・マネージャーがその地位を有する。

不動産ファイナンスにおいて、レンダーは、基本的に、裏付けとなる不動産のマーケットバリューに係るリスクは負担するも、その余のリスクは負担しない。ところが、ボロワー（借入人）であるSPCには不動産しか資産がないため、たとえば、レンダーは、当該不動産に瑕疵があることのリスクを負担しないものと定めたところで、現実に瑕疵が発覚したときには、その填補をボロワーであるSPCに求めても実益がない。レンダーが負担しないものと定めたリスクが顕在化したときに、第三者に遡及できる権利を留めておくことが必要となり、その第三者にふさわしいのがスポンサーである。

これとともに、スポンサーは、実質的にストラクチャーを組成した者でもあるため、SPCがスポンサーの影響を不当に受けることのないようにするためにも、レンダーとしては、スポンサーをしてかかる影響を及ぼさないことを約させる。

このように、スポンサーがレンダーに対し、レンダーが負担しないものと定めたリスクを負担することや、SPCに不当な影響を及ぼさないことを約すことがあり、かかる合意がスポンサーレター（広義のスポンサーレター）である。

スポンサーレターは、スポンサーがレンダーに対して「スポンサーレター」と題する差入書（狭義のスポンサーレター）を差し入れ、またはレンダー及びスポンサーが「補償合意書」などといった契約を締結することによって成立する。

スポンサーレターの特徴については、改めて詳述する（第4章3（253頁））。

⑷　税法上の導管性の要件を満たすためのストラクチャー

SPCを用いる投資ストラクチャーにおいて、考慮されなければならないのは、二重課税の問題である。

すなわち、投資家が自ら資産運用を行えば当該運用資産から生じた自己に

帰属する利益にのみ課税されるのに対し、SPCをして資産運用を行わせることによって、当該運用資産から生じたSPCに帰属する利益に課税された上、さらにSPCから分配を受けた自己に帰属する利益にも課税されるのは、SPCを用いることのデメリットとして投資家に重くのしかかる。

これが二重課税の問題であり、開発中であるなど利益への課税が問題にならないケースでもない限り、二重課税を回避するため（導管性）の要件を満たすようにストラクチャーを組む必要がある。

かつて、導管性は、もっぱら投資家サイドの問題と考えられ、レンダーが口をはさむことは少なかったように思われる。しかし、近時においては、ローンにアモチを設ける場合に限らず、期中のキャッシュフローがレンダーにとっても関心事となり、導管性の要件を満たすことがコベナンツとして定められるケースさえも見かけるようになったことから、以下に解説する。

① GK-TKスキームの場合

GK-TKスキームにおいては、法人税法基本通達14－1－3により、格別の要件が設けられることなく、GKについて、匿名組合契約により匿名組合出資者に分配すべき利益の額は（現実に利益の分配をしていない場合であっても）、損金の額に算入するものとされることにより二重課税が回避されている。

> **法人税法基本通達14－1－3（匿名組合契約に係る損益）**
>
> 　法人が匿名組合員である場合におけるその匿名組合営業について生じた利益の額又は損失の額については、現実に利益の分配を受け、又は損失の負担をしていない場合であっても、匿名組合契約によりその分配を受け又は負担をすべき部分の金額をその計算期間の末日の属する事業年度の益金の額又は損金の額に算入し、法人が営業者である場合における当該法人の当該事業年度の所得金額の計算に当たっては、匿名組合契約により匿名組合員に分配すべき利益の額又は負担させるべき損失の額を損金の額又は益金の額に算入する。

② TMKスキームの場合

TMKスキームにおいては、租税特別措置法67条の14に定める厳格な要件を満たしてはじめて、TMKについて、優先出資社員に現実に分配した利益の額は、損金の額に算入するものとされる。

A　資産対応証券に関する制限（1項1号ロ）

TMKが発行する資産対応証券に関して、以下のいずれかの要件を満たす必要がある。

ⅰ　発行した特定社債が総額1億円以上の公募債であること
ⅱ　発行した特定社債が「機関投資家」または「特定債権流動化特定目的会社」のみによって保有されることが見込まれていること
ⅲ　発行した優先出資が50人以上の者によって引き受けられたこと
ⅳ　発行した優先出資が「機関投資家」のみによって引き受けられたもの

もっとも、ⅰでは、特定社債が公募されていたり、ⅲでは、優先出資が50人以上の者によって引き受けられていたりすることは、実務上まずない。

また、ⅲ及びⅳについては、同族会社でないことが必要とされ（租税特別措置法67条の14第1項2号ニ）、3以下の者で出資または議決権の数の100分の50を超える数を保有してしまうと同族会社に該当してしまうことから（同法施行令39条の32の2第5項）、少なくとも6以上の者が特定出資（および定款により議決権の認められた優先出資）を保有しなければならないが、通常は、1つの一般社団法人などがTMKの特定出資のすべてを保有するため採り難い。

そこで、ⅱ「機関投資家」または「特定債権流動化特定目的会社」以外に譲渡することのできない旨を定めて特定社債を発行することになる。この場合、適格機関投資家向け勧誘（金商法2条3項2号イ）に該当するため、有価証券届出書（同法4条1項）の届出が不要になる（同法23条の13第1項参照）。

ここに、「機関投資家」とは、租税特別措置法施行規則22条の18の4第1項に規定される者をいい、一般に金商法上の「適格機関投資家」（金商法2条3項1号、定義府令10条）よりも範囲が狭い。また、「特定債権流動化特定目的会社」とは、特定資産がGK-TKスキームまたはTMKスキームにおける不動産ノンリコース・ローン債権のみであるTMKをいう（租税特別措置法施

行令39条の32の2第2項)。

　B　優先出資等の募集に関する制限（1項1号ハ）

　資産流動化計画に、発行する優先出資または基準特定出資の国内募集割合がそれぞれ100分の50を超える旨（2以上の種類の優先出資を発行する場合における資産流動化計画にあつては、それぞれの種類の優先出資ごとに国内募集割合が100分の50を超える旨）が、記載される必要がある（租税特別措置法施行令39条の32の2第3項）。

　ここに、「基準特定出資」とは、資産流動化計画に、特定社員の権利に係る事項として特定社員があらかじめ利益の配当及び残余財産の分配を受ける権利の全部を放棄する旨の記載がない係る特定出資をいう（租税特別措置法施行規則22条の18の4第3項）。

　C　配当の支払額に関する制限（1項2号ホ）

　当該事業年度に係る利益の配当の支払額が、当該事業年度の税引前当期純利益金額から、前期繰越損失の額を控除した金額（当該特定目的会社が特定社債を発行している場合には、当該金額から租税特別措置法施行令39条の32の2第7項で定める金額を控除した金額）の100分の90に相当する金額を超えている必要がある（租税特別措置法施行令39条の32の2第6項、同法施行規則22条の18の4第4項）。

　D　特定借入れに関する制限（1項2号ト）

　TMKが特定借入れを行つている場合には、その特定借入れが「機関投資家」または「特定債権流動化特定目的会社」からのものであり、かつ、特定社員からのものでない必要がある（租税特別措置法施行令39条の32の2第8項2号）。

　E　その他の制限

　以上のほか、資産流動化法8条1項の特定目的会社名簿に登載されていること（1項1号イ）、法人税法13条1項に規定する会計期間が1年を超えない

こと（1項1号ニ、租税特別措置法施行令39条の32の2第4項）、資産の流動化に係る業務及びその附帯業務を資産流動化計画に従って行っていること（1項2号イ）、他の業務を営んでいる事実がないこと（1項2号ロ）、資産流動化法200条に従い、特定資産の管理及び処分に係る業務を他の者に委託していること（1項2号ハ）、無限責任社員となつていないこと（1項2号ヘ）、特定資産以外の資産を保有していないこと（1項2号ト、租税特別措置法施行令39条の32の2第8項）が必要であるが、通常この要件は、満たすものと思われる。

租税特別措置法67条の14（特定目的会社に係る課税の特例）

1　資産の流動化に関する法律（以下この項において「資産流動化法」という。）第2条第3項に規定する特定目的会社（以下この条において「特定目的会社」という。）のうち第1号に掲げる要件を満たすものが支払う利益の配当（資産流動化法第115条第1項に規定する金銭の分配を含む。以下この条において同じ。）の額（法人税法第24条の規定により利益の配当とみなされる金額を含む。以下この条において同じ。）で第2号に掲げる要件を満たす事業年度（以下この項において「適用事業年度」という。）に係るものは、当該適用事業年度の所得の金額の計算上、損金の額に算入する。ただし、その利益の配当の額が当該適用事業年度の所得の金額として政令で定める金額を超える場合には、その損金の額に算入する金額は、当該政令で定める金額を限度とする。

　一　次に掲げる全ての要件
　　イ　資産流動化法第8条第1項の特定目的会社名簿に登載されているものであること。
　　ロ　次のいずれかに該当するものであること。
　　⑴　その発行（当該発行に係る金融商品取引法第2条第3項に規定する有価証券の募集が、同項に規定する取得勧誘であって同項第1号に掲げる場合に該当するものに限る。）をした特定社債（資産流動化法第2条第7項に規定する特定社債（同条第8項に規定する特定短期社債を除く。）をいう。以下この項において同じ。）の発行価額の総額が1億円以上であるもの
　　⑵　その発行をした特定社債が機関投資家（金融商品取引法第2条第9項

に規定する金融商品取引業者（同法第28条第1項に規定する第一種金融商品取引業のうち同条第8項に規定する有価証券関連業に該当するもの又は同条第4項に規定する投資運用業を行う者に限る。）その他の財務省令で定めるものをいう。以下この号において同じ。）その他これに類するものとして政令で定めるもののみによって保有されることが見込まれているもの

(3) その発行をした優先出資（資産流動化法第2条第5項に規定する優先出資をいう。以下この号において同じ。）が50人以上の者によって引き受けられたもの

(4) その発行をした優先出資が機関投資家のみによって引き受けられたもの

ハ　その発行をした優先出資および基準特定出資（特定社員（資産流動化法第2条第5項に規定する特定社員をいう。）の権利（資産流動化法第27条第2項各号に掲げる権利をいう。）に係る事項として財務省令で定めるものの記載がない資産流動化計画（資産流動化法第2条第4項に規定する資産流動化計画をいう。次号イにおいて同じ。）に係る特定出資（資産流動化法第2条第6項に規定する特定出資をいう。）をいう。以下この号において同じ。）に係るそれぞれの募集（基準特定出資にあっては、資産流動化法第17条第1項第1号又は第36条第1項の規定による割当て又は募集）が主として国内において行われるものとして政令で定めるものに該当するものであること。

ニ　その他政令で定める要件

二　次に掲げる全ての要件

イ　資産流動化法第195条第1項に規定する資産の流動化に係る業務及びその附帯業務を資産流動化計画に従って行っていること。

ロ　資産流動化法第195条第1項に規定する他の業務を営んでいる事実がないこと。

ハ　資産流動化法第200条第1項に規定する特定資産を信託財産として信託していること又は当該特定資産（同条第2項各号に掲げる資産に限る。）の管理及び処分に係る業務を他の者に委託していること。

ニ　当該事業年度終了の時において法人税法第2条第10号に規定する同

族会社のうち政令で定めるものに該当するもの（前号ロ(1)又は(2)に該当するものを除く。）でないこと。

ホ　当該事業年度に係る利益の配当の支払額が当該事業年度の配当可能利益の額として政令で定める金額（当該特定目的会社が特定社債を発行している場合には、当該金額から政令で定める金額を控除した金額）の100分の90に相当する金額を超えていること。

ヘ　資産流動化法第195条第2項に規定する無限責任社員となっていないこと。

ト　その他政令で定める要件

租税特別措置法施行令39条の32の2　（特定目的会社に係る課税の特例）

1　法第67条の14第1項に規定する所得の金額として政令で定める金額は、同項並びに法人税法第57条第1項、第58条第1項及び第59条第2項の規定を適用しないで計算した場合の当該事業年度の所得の金額とする。

2　法第67条の14第1項第1号ロ(2)に規定する政令で定めるものは、金融商品取引法第2条第3項第1号に規定する適格機関投資家である資産の流動化に関する法律（以下この条において「資産流動化法」という。）第2条第3項に規定する特定目的会社（以下この条において「特定目的会社」という。）で、資産流動化法第2条第1項に規定する特定資産（第1号及び第7項第1号において「特定資産」という。）が次に掲げる資産のみであるもの（第8項において「特定債権流動化特定目的会社」という。）とする。

一　特定資産が不動産等（不動産その他の資産で財務省令で定めるものをいう。第3号において同じ。）のみである特定目的会社（次号において「不動産等流動化特定目的会社」という。）が発行する特定社債（法第67条の14第1項第1号ロ(1)に規定する特定社債をいう。第7項において同じ。）

二　不動産等流動化特定目的会社が資産流動化法第2条第12項に規定する特定借入れ（第8項において「特定借入れ」という。）を行う場合の当該不動産等流動化特定目的会社に対する貸付金

三　匿名組合契約（その出資された財産を不動産等のみに対する投資として運用することを定めたものに限る。）の営業者が当該匿名組合契約に係る事業のために借入れを行う場合の当該営業者に対する貸付金
3　法第67条の14第1項第1号ハに規定する募集が主として国内において行われるものとして政令で定めるものは、資産流動化計画（資産流動化法第5条第1項に規定する資産流動化計画をいう。以下この項において同じ。）においてその発行をする優先出資（同号ロ(3)に規定する優先出資をいう。以下この項において同じ。）又は基準特定出資（同号ハに規定する基準特定出資をいう。以下この項において同じ。）の発行価額の総額のうちに国内において募集又は同号ハに規定する割当て若しくは募集がされる優先出資又は基準特定出資の発行価額の占める割合（以下この項において「国内募集割合」という。）がそれぞれ100分の50を超える旨（2以上の種類の優先出資を発行する場合における資産流動化計画にあっては、それぞれの種類の優先出資ごとに国内募集割合が100分の50を超える旨）の記載又は記録があるものとする。
4　法第67条の14第1項第1号ニに規定する政令で定める要件は、特定目的会社の法人税法第13条第1項に規定する会計期間が1年を超えないものであることとする。
5　法第67条の14第1項第2号ニに規定する政令で定める同族会社は、次に掲げるものとする。
　一　特定目的会社の出資者の3人以下並びにこれらと法人税法第2条第10号に規定する政令で定める特殊の関係のある個人及び法人（次号において「特殊の関係のある者」という。）がその特定目的会社の出資の総数の100分の50を超える数の出資を有する場合における当該特定目的会社
　二　特定目的会社の出資者の3人以下及びこれらと特殊の関係のある者（議決権を有する資産流動化法第26条に規定する優先出資社員に限る。）がその特定目的会社の法人税法施行令第5条第3項第2号イからニまでに掲げる議決権のいずれかにつきその総数（当該議決権を行使することができない出資者が有する当該議決権の数を除く。）の100分の50を超える数を有する場合における当該特定目的会社
6　法第67条の14第1項第2号ホに規定する配当可能利益の額として政令で

定める金額は、資産流動化法第114条第１項の規定によりその限度とされる金額として財務省令で定めるところにより計算した金額とする。

7　法第67条の14第１項第２号ホに規定する配当可能利益の額として政令で定める金額から控除することとされる同号ホに規定する政令で定める金額は、当該特定目的会社が発行した特定社債の当該事業年度終了の日における残高の100分の５に相当する金額から当該事業年度開始の日における利益積立金額に相当する金額を控除した残額（次の各号に掲げる場合の区分に応じ当該各号に定める金額が当該事業年度の所得の金額の計算上損金の額に算入される減価償却資産に係る償却費の額を超えるときには、当該残額と当該超える部分の金額に相当する金額に２を乗じて計算した金額との合計額）とする。

　一　当該事業年度において特定資産の譲渡（第38条の４第４項に規定する賃借権の設定等を含む。）又は特定社債の発行、資産流動化法第２条第10項に規定する特定約束手形の発行若しくは借入れ（以下この号において「特定譲渡等」という。）が行われた場合　当該事業年度において償還をした特定社債の額の合計額から当該特定譲渡等により調達された資金のうち特定社債の償還に充てられた金額を控除した金額

　二　前号に掲げる場合以外の場合　当該事業年度において償還をした特定社債の額の合計額

8　法第67条の14第１項第２号トに規定する政令で定める要件は、次に掲げる全ての要件とする。

　一　法第67条の14第１項第１号ハに規定する資産流動化計画に記載された同項第２号ハに規定する特定資産以外の資産（資産流動化法第195条第１項に規定する資産の流動化に係る業務及びその附帯業務を行うために必要と認められる資産並びに資産流動化法第214条各号に掲げる方法による余裕金の運用に係る資産を除く。）を保有していないこと。

　二　特定目的会社が特定借入れを行っている場合には、その特定借入れが法第67条の14第１項第１号ロ(2)に規定する機関投資家又は特定債権流動化特定目的会社からのものであり、かつ、当該特定目的会社に対して資産流動化法第２条第６項に規定する特定出資をした者からのものでない

こと。
9　資産流動化法第11条第2項に規定する新計画届出又は資産流動化法第151条第1項若しくは第3項の規定による資産流動化法第2条第4項に規定する資産流動化計画の変更を行った特定目的会社についての法第67条の14第1項第1号に掲げる要件の判定は、当該新計画届出後又は当該資産流動化計画の変更後の状況によるものとする。

第2章 不動産ファイナンスの再生実務

　近時に見られた不動産ファイナンスのデフォルト事例は、その原因により大きく2つに整理することができる。1つは、物件の売却やリファイナンスができないままマチュリティ（調達資金の返済期限）を迎えたもの、もう1つはレンダー及びSPC以外の当事者の倒産による影響を受けてデフォルトに至ったものである。

　これらのデフォルトが生じた場合、多くのケースでは、レンダーはいきなり担保権実行などの回収に及ぶというよりも、リストラクチャリングを志向するようにうかがわれる。

　すなわち、物件の売却やリファイナンスができないままマチュリティを迎えた場合は、一部内入れ弁済等の条件のもと、期限の利益の再度付与（リスケジューリング）や自らリファイナンスすることなどが目指される。レンダー及びSPC以外の当事者の倒産による影響を受けてデフォルトに至った場合は、当該当事者をストラクチャーから排除（キックアウト）することが目指される。そして、これらのリストラクチャリングが実現できない場合に、レンダーとしては、担保権実行などの回収に及ぶのである。

1 レンダーによるリファイナンス

【ケーススタディ編】

＜リファイナンスの条件として「TMKクロス化」をしたケース＞

> **基礎データ**
> スキーム：TMK（現物不動産）
> 運用資産：TMK-Ⅰ　オフィス（東京都）ほか3物件、TMK-Ⅱ　オフィス（東京都）ほか4物件
> ローン（社債）金額：TMK-Ⅰ　ローン　20億円、社債　10億円、TMK-Ⅱ　ローン10億円、社債　10億円
> 条件：4年タームローン（アモチなし）

(1) 経　緯

　レンダーX社は、スポンサーであるS社が組成した2つのTMK（TMK-Ⅰ、TMK-Ⅱ）に対してノンリコース・ローンを提供していた。

　両TMKともに満期が近づいたころ、S社は、X社に対し、両TMKについて、総額50億円のリファイナンスの依頼をした。

　これに対し、X社としては、それぞれのTMKに個別にノンリコース・ローンを提供して総額50億円のリファイナンスに応じるのはむずかしいが、TMK-ⅠとTMK-Ⅱが保有している物件（現物不動産）をトータルで考えれば（バルク化）、S社の要求する50億円のリファイナンスに応じることは可能だと考えた。

　そこで、X社とS社の間で、リファイナンスの条件として、どのようにバルク化を図るか検討が始まる。

(2) スキーム検討の過程

① ヴィークル変更

X社は、まずS社に対して、TMK-ⅠとTMK-Ⅱが保有している物件を1つの新設ヴィークルにまとめれば、リファイナンスは可能であると回答した。

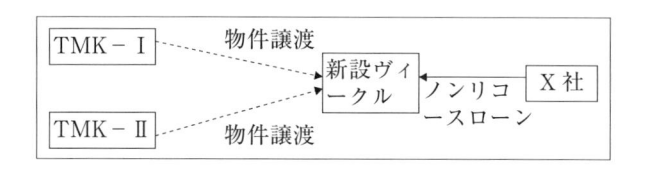

```
┌─────────┐   物件譲渡   ┌──────┐
│ TMK-Ⅰ  │┄┄┄┄┄┄┄┄┄→│新設ヴィ│  ノンリコ  ┌─────┐
└─────────┘            │ ークル │←――――――│ X社 │
┌─────────┐            │       │  ースローン└─────┘
│ TMK-Ⅱ  │┄┄┄┄┄┄┄┄┄→└──────┘
└─────────┘   物件譲渡
```

しかしながら、各TMKが保有している現物不動産を売買して、新設ヴィークルであるTMKに移転させる場合、税法上の手当てにより一定の減軽を得られるとはいえ、不動産取得税、登録免許税などのコストがかかる。

また、いずれ戻ってくるとはいえ、先行してキャッシュが必要になることが受け入れ難かった。

すなわち、新設TMKに物件を移転させるには、まず投資家サイドにおいて新設TMKに対して先行して優先出資をし、次いで新設TMKからTMK-Ⅰ及びTMK-Ⅱに対して売買代金が支払われ、さらにTMK-ⅠおよびTMK-Ⅱから優先出資の償還等が行われてキャッシュは戻ってくることになる。ところが、現実に優先出資の引受けに係る払込みが必要になるTMKでは（資産流動化法41条6項、会社法64条等）、これらのキャッシュの移動を相殺ないし差引計算により処理することができないため、少なくとも一定の期間は、二重に出資金を準備する必要がある。そのため、S社としては、新設TMKへの移転案は、選択肢としてむずかしかった。

② TMKの合併

S社とX社は、TMK-Ⅰ及びTMK-Ⅱを合併させることも検討した。合併を実現することができれば、売買というプロセスを経ずとも、TMK-ⅠまたはTMK-Ⅱのいずれかに、それぞれが保有している物件をまとめることができ

るからである。

　しかし、資産流動化法には合併に関する規定がなく、会社法の準用もされていない。GK-TKスキームで行ったことのあったこの方法は、TMKスキームに利用することはできなかった。

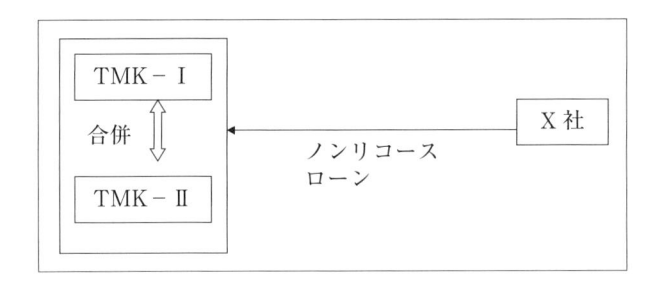

```
┌─────────────────────────────────┐
│  ┌────────┐                     │
│  │ TMK-Ⅰ │                     │
│  └────────┘      ┌──────┐      │
│    合併 ⇅  ←──── │ X社  │      │
│  ┌────────┐  ノンリコース       │
│  │ TMK-Ⅱ │    ローン            │
│  └────────┘                     │
└─────────────────────────────────┘
```

③　連帯債務化

　次に、S社とX社は、TMK-Ⅰ及びTMK-ⅡがX社に対して負担するローン債務を連帯債務化することを検討した。1つのヴィークルにまとめることができずとも、X社の保全としては同じ効果を得ることができる。

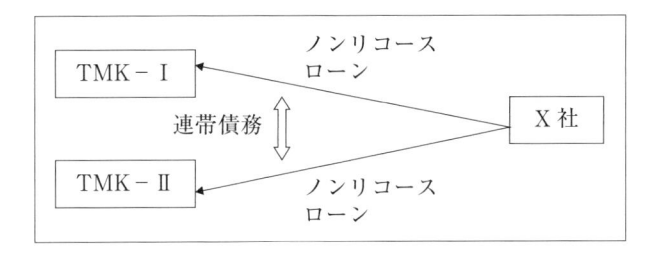

```
┌─────────────────────────────────────┐
│  ┌────────┐  ノンリコース          │
│  │ TMK-Ⅰ │    ローン               │
│  └────────┘  ←──────┐              │
│  連帯債務 ⇅         ┌──────┐      │
│                      │ X社  │      │
│  ┌────────┐         └──────┘      │
│  │ TMK-Ⅱ │  ←──────┘              │
│  └────────┘  ノンリコース          │
│                ローン               │
└─────────────────────────────────────┘
```

　しかしながら、TMKは、資産流動化法上、資産流動化業務及びその付帯業務以外の業務を営むことができないとされている（資産流動化法195条1項）。そして、S社とX社の間で、議論が重ねられたが、第三者の債務を保証することが資産流動化業務またはその付帯業務に該当しないおそれを排除するまでには至らなかったため、この方法も採用することはむずかしかった。

④ 「TMKクロス化」

そこで、X社とS社は、「契約」によってTMK-Ⅰ及びTMK-Ⅱを実質的に1つのTMKと同様として考えられるような建付けをすることができないか検討し、双方のTMKの優先出資社員が共通のFファンドであることをきっかけに、1つの結論に達した。

これが、本稿でいう「TMKクロス化」である。

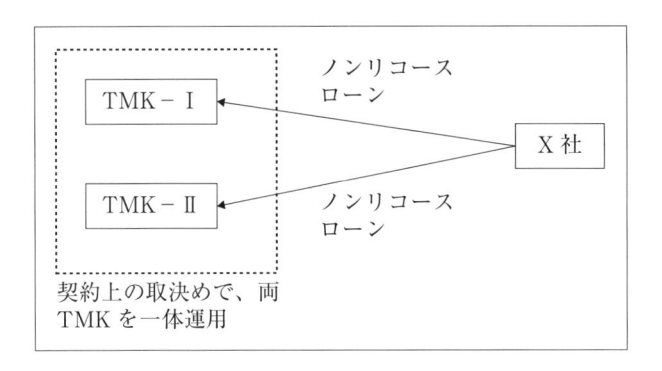

```
┌─────────────────────────────────┐
│ ┌──────┐      ノンリコース          │
│ │TMK-Ⅰ│◀─────ローン──────┐       │
│ └──────┘                   ┌────┐│
│                            │X社 ││
│ ┌──────┐                   └────┘│
│ │TMK-Ⅱ│◀─────ノンリコース─┘       │
│ └──────┘      ローン                │
└─────────────────────────────────┘
契約上の取決めで、両
TMKを一体運用
```

(3) 「TMKクロス化」の概要

本案件で、S社とX社が合意した「TMKのクロス化」は、以下のストラクチャー図のようなものである。

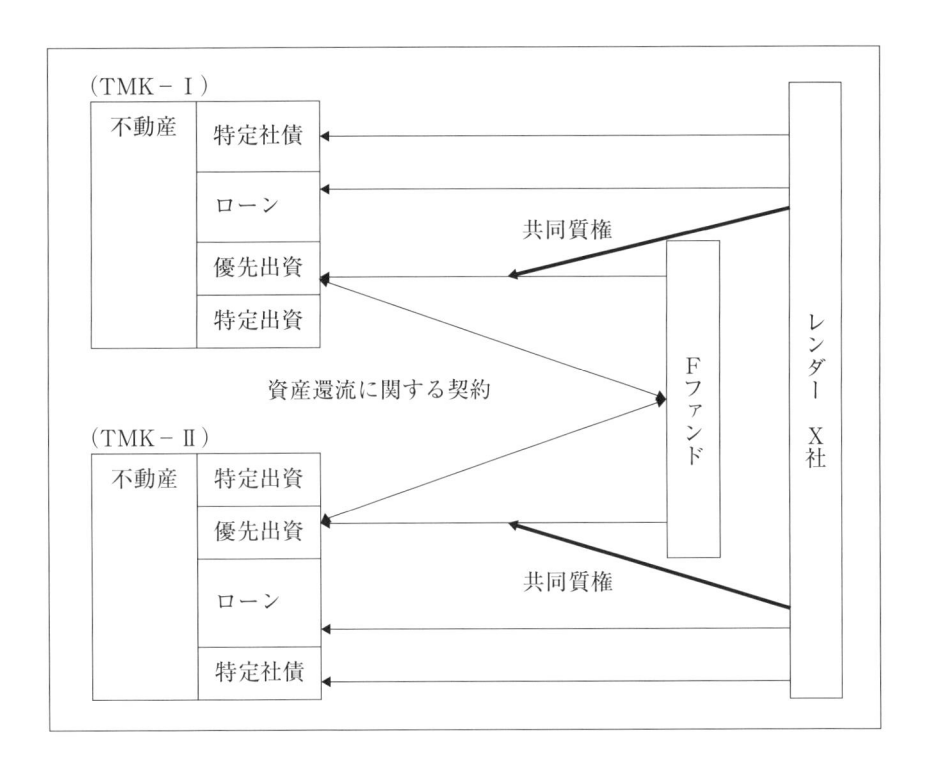

[図: TMK-ⅠおよびTMK-Ⅱ、Fファンド、レンダーX社の関係を示す図。TMK-Ⅰは不動産、特定社債、ローン、優先出資、特定出資を含み、TMK-Ⅱは不動産、特定出資、優先出資、ローン、特定社債を含む。FファンドとX社の間に共同質権の関係があり、資産還流に関する契約が結ばれている。]

　主なポイントは、①資金還流（ストラクチャー細ケイ矢印）と、②共同質権（ストラクチャー太ケイ矢印）を規定する各契約である。

① 資金還流に関する契約
A　概　要
　TMK-Ⅰ及びTMK-Ⅱの間で金銭の調整・融通を可能にし、もって資金の上では１つのヴィークルにまとめるのと等しい運用を可能にするため、FファンドとX社の間で締結した契約である。
　具体的には、それぞれのTMKの口座に留保されている金銭を、Fファンドへの優先出資の配当・消却及びFファンドからの追加出資を媒介として、主に、以下の３つの場面で移動させることを定めている。

B 内 容
(a) 必要経費の調整・融通

　TMK-Ⅰで資金の余剰が生じ、TMK-Ⅱで資金不足が予測される場合に、TMK-Ⅰの余剰金を優先出資の消却により吐き出し、その資金をFファンドがTMK-Ⅱに追加出資するものである。

　これによって、TMK-Ⅰ及びTMK-Ⅱ全体で必要経費を計算することができるようになる。

> **資金還流に関する契約第○条**
>
> 　いずれかのTMKについて、各プロジェクト契約第○条に定める積立金として直後に到来する利息支払日に積み立てるべき金銭が不足するものと認められる場合、優先出資社員は、当該利息支払日までに、他方のTMKをして相当額の優先出資を消却させた上、消却に係る代り金を当該金銭が不足するものと認められるTMKをして同額の優先出資を発行させて自らこれを引き受けなければならない。

(b) 利益配当の調整・融通

　TMK-Ⅰで利益が出た場合であっても、TMK-Ⅱでは利益が出ていない場合がある。

　このような場合に、TMK-Ⅰには利益配当を認めつつ、当該利益配当の中から一定額をFファンドがTMK-Ⅱに追加出資する。これによって、レンダーにとっての引当てとすることのできる責任財産の維持を図ることができる。

> **資金還流に関する契約第○条**
>
> 　いずれかのTMKについて資産流動化法の定めに従い、配当可能利益が生じた場合にして、他方のTMKについて予備積立金に不足が生じている場合、優先出資社員は、配当可能利益が生じたTMKから利益配当を受けた上、利益配当を受けてから○日以内に、他方のTMKをして予備積立金の不足額（ただし、上記利益配当額に課税上の調整した金額を上限とする。）の優先出資を発

行させて自らこれを引き受けなければならない。

(c) 売却余剰金の調整・融通

TMK-Ⅰが保有する複数の物件のうち１つを売却した場合、TMK-Ⅰに対するノンリコース・ローンの元本がリリースプライス（ローンの総額を物件の価値に割り付けた上、一定の上積みの割合を乗じた金額）にて期限前返済された後の余剰金については、本来であればFファンドに利益配当が行われることになる。

このような場合に、TMK-Ⅰに利益配当を行わせつつ、当該利益配当相当額をFファンドがTMK-Ⅱに追加出資し、もってTMK-Ⅱのノンリコース・ローンの元本返済に充てさせるものであり、これによって双方のTMKの保有物件の売却代金をそれぞれのノンリコース・ローンの元本返済に充てられるようにするものである。

> **資金還流に関する契約第○条**
>
> 　いずれかのTMKについて各本ローン契約第○条及び各本社債要項第○項に定める一部の本物件の売却に伴う期限前返済及び期限前償還が行われる場合、優先出資社員は、当該期限前返済及び期限前償還後の売却代金残額についての利益配当を受けた上、利益配当を受けてから○日以内に、他方のTMKをして同額（ただし、課税上の調整が必要な場合は当該調整後の金額とする。）の優先出資を発行させて自らこれを引き受けなければならない。

C　その他の定め

以上の資金移動については、Fファンドへの優先出資の配当・消却及びFファンドからの追加出資を媒介とするため、一時的なものとはいえFファンドの固有資産とのコミングルが生じる。

そこで、資金還流に関する契約において、優先出資の消却や配当によるいずれかのTMKからの資金の吐き出しについて、他方のTMKに必ず追加出資が行われるようにし、ひいてはFファンドによる資金流用を防止するため、一定の方策をとった。

② 共同質権

次に、S社とX社は、X社のTMK-Ⅰ及びTMK-Ⅰに対する両ノンリコース・ローン債権を被担保債権として、Fファンドの保有するTMK-Ⅰ及びTMK-Ⅱの優先出資に質権の設定を行った（共同質権）。優先出資社員が他人のために担保提供することは、資産流動化法上何ら妨げられるものではない。

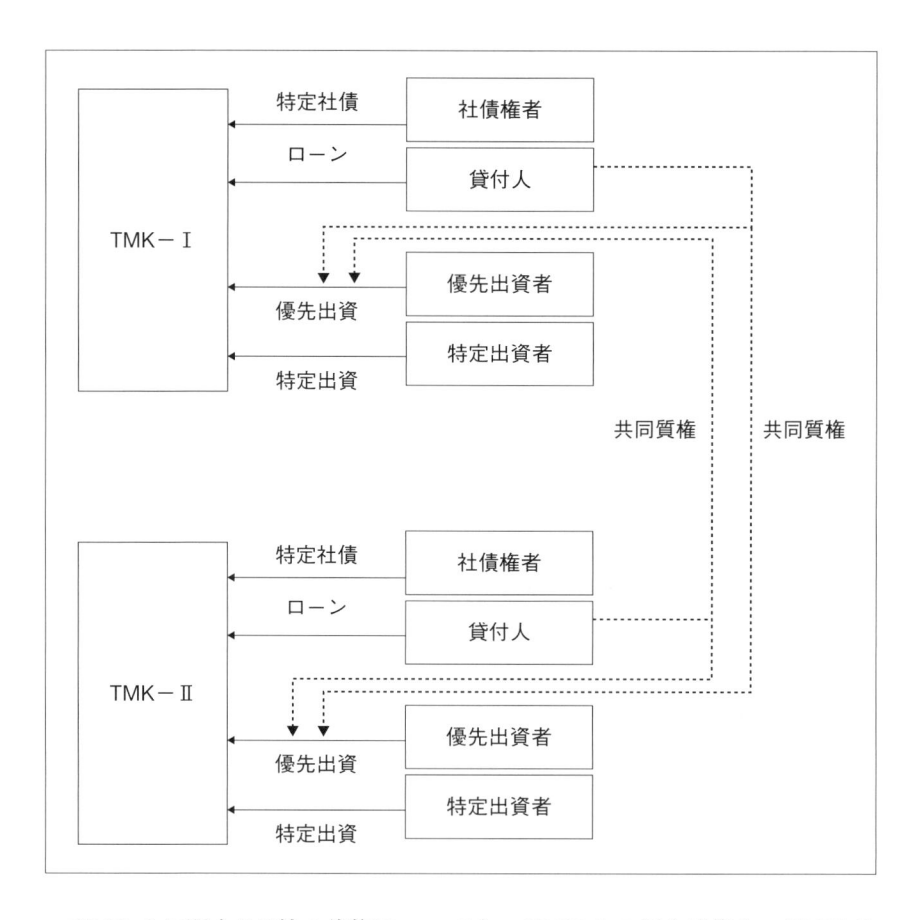

```
                    特定社債    ┌──────────┐
                ◄───────────────│ 社債権者  │
                    ローン      ├──────────┤
                ◄───────────────│  貸付人  │
┌──────────┐                    └──────────┘
│          │                    ┌──────────┐
│ TMK-Ⅰ   │◄───────────────────│優先出資者│
│          │    優先出資        ├──────────┤
│          │◄───────────────────│特定出資者│
└──────────┘    特定出資        └──────────┘

                            共同質権      共同質権

                    特定社債    ┌──────────┐
                ◄───────────────│ 社債権者  │
                    ローン      ├──────────┤
                ◄───────────────│  貸付人  │
┌──────────┐                    └──────────┘
│          │                    ┌──────────┐
│ TMK-Ⅱ   │◄───────────────────│優先出資者│
│          │    優先出資        ├──────────┤
│          │◄───────────────────│特定出資者│
└──────────┘    特定出資        └──────────┘
```

TMK-Ⅰに関するX社の債権についても、TMK-Ⅰの優先出資と、TMK-Ⅱの優先出資の両方が担保となり、TMK-Ⅱに関するX社の債権に関してもTMK-Ⅰの優先出資と、TMK-Ⅱの優先出資の両方が担保となる。

たとえば、TMK-Ⅰが保有する物件がTMK-Ⅰのノンリコース・ローン額（リリースプライス）以上で売却された場合、TMK-Ⅰの優先出資に関して、利益配当または残余財産の分配が行われることになる。この場合、X社は、TMK-Ⅰが発行した優先出資の質権者として、資産流動化法45条4項・会社法154条に基づいて、利益配当・残余財産の分配にかかる金銭を受領して、弁済期が到来している双方のノンリコース・ローン債権については、それぞれの弁済に充当することができ（会社法154条1項）、弁済期が到来していない債権についても、利益配当・残余財産の分配にかかる金銭について供託させることができる（会社法154条2項）。

　上記資金還流に関する契約により、一方のTMKにおける物件売却等で生じた余剰金を他方のTMKの債務の返済に充てることは、同契約に基づき行うことが予定されているが、単なる債権的合意にとどまらず、対抗力を有する物権としても同一の効果を得られるようにすることにより、資金還流に関する契約の履行を担保するものである。

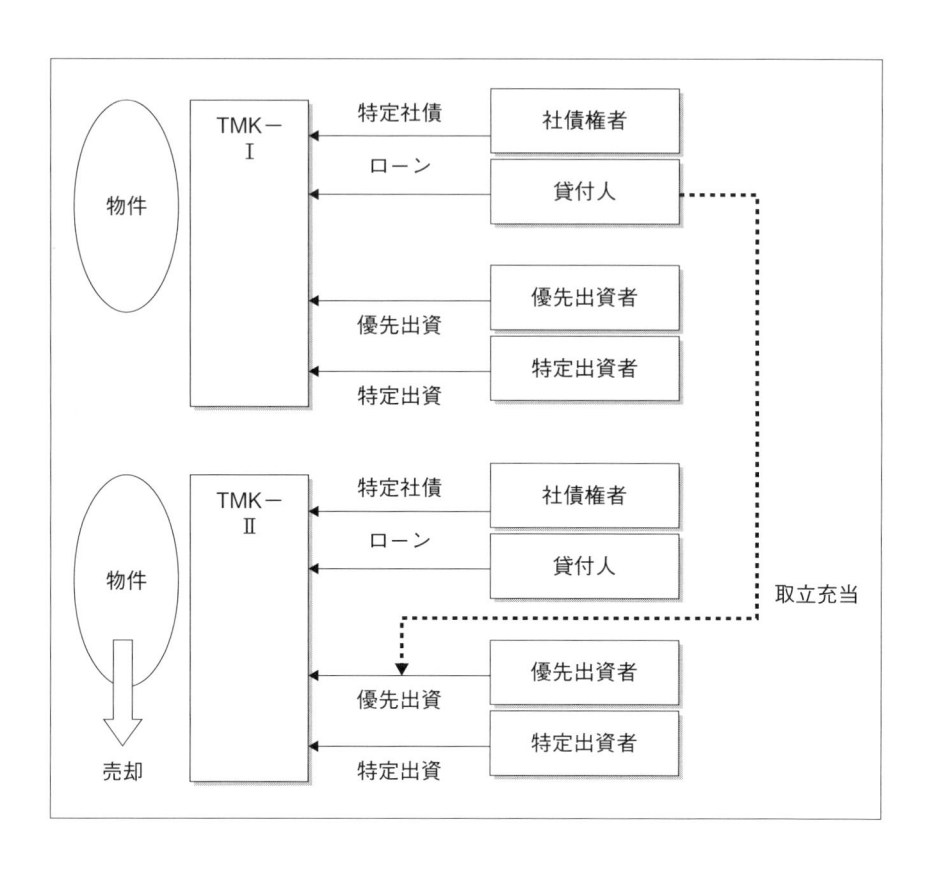

```
┌─────────────────────────────────────────────────────────────┐
│                         特定社債                              │
│    ┌─────┐   ┌─────┐ ←─────── ┌────────┐                    │
│    │     │   │TMK- │          │ 社債権者 │                   │
│    │ 物件 │──│  I  │   ローン  ├────────┤                    │
│    │     │   │     │ ←─────── │ 貸付人  │············┐       │
│    └─────┘   │     │          └────────┘            :       │
│              │     │                                 :       │
│              │     │          ┌────────┐            :       │
│              │     │ ←─────── │優先出資者│            :       │
│              │     │   優先出資 ├────────┤            :       │
│              │     │ ←─────── │特定出資者│            :       │
│              └─────┘   特定出資 └────────┘            :       │
│                                                      :       │
│                         特定社債                      :       │
│    ┌─────┐   ┌─────┐ ←─────── ┌────────┐            :       │
│    │     │   │TMK- │          │ 社債権者 │            :       │
│    │ 物件 │──│  II │   ローン  ├────────┤            :       │
│    │     │   │     │ ←─────── │ 貸付人  │          取立充当  │
│    └──┬──┘   │     │          └────────┘            :       │
│       │      │     │                                 :       │
│       ▼      │     │          ┌────────┐            :       │
│      売却    │     │ ←┈┈┈┈┈┈ │優先出資者│←┈┈┈┈┈┈┘       │
│              │     │   優先出資 ├────────┤                   │
│              │     │ ←─────── │特定出資者│                   │
│              └─────┘   特定出資 └────────┘                   │
└─────────────────────────────────────────────────────────────┘
```

【解説編】

(1) レンダーによるリファイナンスが行われる場合

　不動産ファイナンスにおいては、伝統的に、アモチゼーション（amortization）を設けず、マチュリティ（maturity）に元本を一括して返還するものと定められることが多いようである。期中のキャッシュフローは、もっぱら金利の支払にのみ充てられ、その余は、必要経費を支払うほか投資家に分配されることになる。

　ところで、SPCは、特定の資産の運用以外に事業を行わないため、ローンの返済は、唯一裏付け資産の交換価値のみを原資とする。そのため、アモチが設けられていないと、資産を売却してその代金をもって返済するか、資産を裏付けとして新たに資金を調達してその資金をもって返済するか、いずれかを選択せざるを得ない。

　不動産のマーケットバリューに勢いがある時期は、こうであっても何ら問題はないものの、勢いが失われている時期は、マチュリティにローンを返済できないことに直結する。近時のローン・デフォルトは、このパターンが多い。

　このパターンの特徴は、ストラクチャー自体は、おおむね（たとえば、テナント賃料が下がって、キャッシュフローが不安定になっていることはある。）維持されている点にある。

　そのため、レンダーとしては、デフォルトしたからといって、いきなり担保権実行などの回収行動には及ばず、一定の条件のもと期限の利益の再度付与（リスケジューリング）や自らリファイナンスすることなどにより、リストラクチャリングが目指されるのである。

(2) リファイナンスの条件

　レンダーがリファイナンスに応じる「一定の条件」にはさまざまなものがあるが、総じていえば、次にマチュリティが到来するのに備えて、⒤マチュリティまでに、できるだけLTVを下げられるようにしておくことと、ⅱマ

チュリティ後に、物件処分等による回収を円滑に行えるようにしておくことに集約される。

① ⅰマチュリティまでにLTVを下げられるようにするための条件

かかる条件には、投資家からの追加出資により一部内入れ弁済をする、アモチを設ける、LTVの基準値を厳しめに設定した上、その不達成により留保される配当金相当額を期限前返済に充てる、などがある。

> ローン契約第○条
> 1 LTV算定日におけるLTVがLTV基準値を上回った場合、関連契約に従い積立金の積立て及び費用の支払が行われた後の残額はメイン口座に留保されるものとし、SPCは、アセット・マネジメント契約に基づくアセット・マネージャーに対する支払及び匿名組合契約に基づく匿名組合出資者に対する支払をすることができない。
> 2 前項の場合、貸付人は、前項の留保金について、期限の到来の有無を問わず本債務の弁済に充当することができる。

また、同一のレンダー・投資家の間に複数のディールがある場合には、各ディール間でSPC同士、相互に連帯保証・物上保証させること（クロス・コラテラル）により、総体としてLTVを下げられるようにすることも行われる（ケーススタディ編参照）。

② ⅱマチュリティ後に物件処分等による回収を円滑に行えるようにするための条件

かかる条件には、後述（第3章（124頁以降））において個別に指摘する、担保権を実行しやすくするための手当のほか、入札により一定時期までに売却することを義務づけたり、物件や社員持分の売買（予約）契約が締結されたりすることもある。

なお、売買予約契約については、予約完結権を行使することのできる期間を定めないと、SPCに催告権（民法556条2項）が認められることに加え、契

約において定められる「売買代金」の額と売買実行時の目的物の価額の差異によっては、実質的に「担保」であるとして、その差額の清算が求められることに留意を要する（現物不動産については、仮登記担保法に従う。）。

(3) リファイナンスの留意点

① 資産流動化法の制約

従前、特定社債や特定目的借入れ（当時）のリファイナンスについては、既存のデットの種類とその返済原資となるリファイナンスのデットの種類の組合せにより配慮が求められていた。

しかし、平成23年資産流動化法改正により、特定社債または特定借入れのリファイナンスのため特定社債の発行または特定借入れを行うこと（平成23年11月11日金融庁「平成23年金融商品取引法等改正（6ヵ月以内施行）に係る政令・内閣府令案等に対するパブリックコメントの結果等について」28頁78番）のほか、⒤借入期間を1年以内と定め（資産流動化法211条1号）、または ⒥一定の期間内（可能な限り早期であることを要する（同金融庁見解26頁70番）。）に資産対応証券の発行もしくは特定借入れの実行等により得られる資金をもって返済されることを定めて（同2号、資産流動化法施行規則94条1号ニ）、適格機関投資家以外の者から借入れを行うことも可能である。⒤については、たとえば、レンダーが単独ではリファイナンスに応じることができない場合や、他のヴィークルを通じてリファイナンスをする場合などが考えられる。

なお、⒤の場合、すなわち借入期間を1年以内と定めて適格機関投資家以外の者から借入れを行う場合（資産流動化法211条1号）、当該借入れのリファイナンスのため、同条同号に基づき借入期間を1年以内と定めて適格機関投資家以外の者から借入れを行うことはできるが（同金融庁見解28頁79番）、）、同条2号に基づく借入れを行うことはできないとされている（同金融庁見解28頁80番）。

② 中小企業金融円滑化法の制約

中小企業金融円滑化法2条1項に定める金融機関は、同条2項に定める「中小企業者」であり、同法4条1項各号のいずれにも該当しない者からリ

スケ・リファイナンスの申出があった場合には、できる限り当該債務の弁済に係る負担の軽減に資する措置をとるよう努めなければならない（同法4条1項）。また、中小企業金融円滑化法2条1項に定める金融機関以外の保険会社、貸金業者においても、同法の「趣旨を踏まえた対応をしていただくことを期待」されている（平成21年12月4日金融担当大臣談話「中小企業金融円滑化法の施行にあたって」）。

　ここに、「中小企業者」とは、資本金の額または出資の総額が3億円以下の会社ならびに常時使用する従業員の数が300人以下の会社及び個人であって、金融・保険業以外の事業を行うものをいい（同法2条2項）、社員持分に係る出資がノミナルなものにとどまり、また、従業員を雇わないSPCは、通常これにあたる。同法4条1項各号のいずれかに該当する者としては、SPCであれば、①金融機関（同法2条1項1号から3号まで及び8号から13号までに規定するもの。以下同じ。）もしくは大会社（会社法2条6号に規定するもの。以下同じ。）から重要な融資を受けている場合（中小企業金融円滑化法施行令3条1項、3項、4条1項、3項、同法施行規則2条2項2号ロ、3条2項2号）、または②金融機関または大会社がSPCの財務及び事業の方針の決定に対して重要な影響を与えることができることが推測される事実が存在する場合（中小企業金融円滑化法施行規則2条2項2号ホ、3条2項5号）が挙げられる。

　レンダーが金融機関または大会社であれば、①の要件は満たすものといえる。また、金融機関または大会社がアセット・マネージャーを務める場合のみならず、営業者たるSPCの行為について法的には決定権限を有しない匿名組合出資者や、原則として議決権を有しない優先出資社員である場合においても、実態として、アセット・マネージャーが投資家の意向を顧みずに資産運用を行うことはないのであるから、②の要件を満たすと解される。

2　スキーム当事者のデフォルトとそのキックアウトによるリストラクチャリング

【ケーススタディ編】

[ケース ❶]

＜投資家サイドの協力を得られないまま、アセット・マネージャー及びマスター・レッシーを交代させたケース＞

> 基礎データ
>
> スキーム：GK-TK（受益権）
>
> 運用資産：オフィス＋商業施設（大阪府）
>
> ローン（社債）金額：ローン　77億円
>
> 条件：3年タームローン（アモチなし）

(1)　経　緯

　本件は、スポンサーであるS社が組成した、竣工間もないリーシング途上の大型のオフィスと商業施設の複合ビルに投資するものである。本件の特徴として、アセット・マネージャーとマスター・レッシー、プロパティ・マネージャーは、いずれもS社またはS社の子会社・関連会社であった。

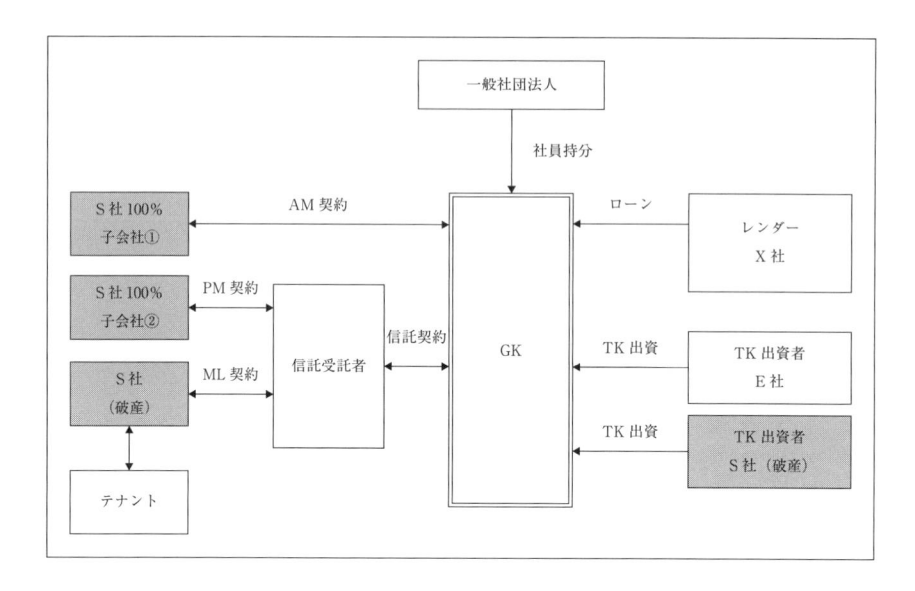

```
                    ┌──────────┐
                    │ 一般社団法人 │
                    └─────┬────┘
                          │社員持分
                          ▼
┌─────────┐  AM契約  ┌──────┐   ローン   ┌──────┐
│S社100%  │─────────│      │───────────│レンダー│
│子会社①  │         │      │           │ X社   │
└─────────┘         │      │           └──────┘
┌─────────┐ PM契約  │      │
│S社100%  │──┐      │      │
│子会社②  │  │      │  GK  │
└─────────┘  ▼      │      │   TK出資   ┌──────┐
          ┌──────┐  │      │───────────│TK出資者│
┌─────────┐ML契約│信託  │信託契約│      │           │ E社   │
│ S社    │──│受託者│──────│      │           └──────┘
│(破産)  │  └──────┘  │      │   TK出資   ┌──────┐
└────┬────┘          │      │───────────│TK出資者│
     │               └──────┘           │S社(破産)│
     ▼                                  └──────┘
┌────────┐
│ テナント │
└────────┘
```

　そのため、S社及びS社の子会社・関連会社が一斉に破産手続開始申立てに及ぶと、オペレーションや物件管理、キャッシュフローを維持・運営する者が不在となり、たちまちプロジェクトは停止して、ローンはデフォルトとなった。

　レンダーX社が、早速事態の収拾に乗り出す一方、S社以外の投資家E社らも再生の主導権を握るべくアクションを起こした。

(2)　エクイティ投資家との話し合い

　S社の破産管財人団との交渉や、プロジェクトの再生という点では、X社とE社は、same boatであり、事態の打開を図るべく、当初は、積極的に協調が図られるようにもみえた。しかし、もっとも早急の課題であるはずの新アセット・マネージャーの選任とリファイナンスの条件をめぐり意見が衝突した。

(X社の要望)

　ファイナンスの正常化のため、物件の当時のマーケット価格に合わせてローン金額を減額するよう、まずE社が相応の内入れをすること。そのうえで、リ

ファイナンスに応じる。
　新任のアセット・マネージャーについて、E社らが希望するP社は、実績も乏しく応諾できない。ただし、内入れの金額がP社に委ねても支障のない程度に及ぶのであれば、E社らの希望を受け入れる余地あり。

（E社の要望）
　多額の追加出資は不可能。X社には、従前のローン金額をを維持して欲しい。
　新任のアセット・マネージャーは、E社と取引のあるP社とする必要がある。

　X社とE社らの協議は、数を重ねるものの平行線の状態が続き、プロジェクトの再生は手付かずであった。そうするうちに、だれも管理をする者のいないまま、物件の劣化が進んでいった。
　やがて、E社からX社にリファイナンスの要望書が届いた。それは、ローン金額の維持どころか、X社に債権の一部放棄を求めるものであり、いわばE社からの最後通牒であった。
　もはや、E社との協同に期待はできない。X社は、案件の再生のため、レンダーとしての権利を行使していく方向に踏み出していった。その際にX社が考えたのは、現状の混乱した状態のまま受益権質権の実行に及んだところで満足のできる金額での買主候補は現れないことから、あらかじめプロジェクトを再生させてから物件を売却することであった。

(3)　再生の手当て

① 社員持分質権の実行とアセット・マネージャーの変更
　プロジェクトの再生には、S社またはS社の子会社・関連会社が務めるアセット・マネージャー、マスター・レッシー及びプロパティ・マネージャーとの各契約を解除し、第三者との間で新たな契約を締結する必要があった。
　本来であれば、X社としては、E社らの協力を得ながら交代を進めることになるところであるが、上記のとおりE社らの協力を得ることは期待できな

かった。

X社は、GKの業務執行社員である一般社団法人の職務執行者のZ税理士と面談し、アセット・マネージャーが事実上不在となっている中、案件の再生のために協力してもらえないか申し入れた。Z税理士からは、ローンがデフォルトしているとはいえ、すべてレンダーの言いなりになるわけには行かないが、業務執行社員の決定であれば従わざるを得ない旨の回答を得た。

そこで、X社は、案件の再生の端緒としてGKの社員持分質権を実行し、コントロールの及ぶ別の一般社団法人をGKの業務執行社員とした上、改めてZ税理士を職務執行者に選任させた。そして、新たな業務執行社員の決定により、GKは、既存のAM契約を解除してQ社との間で新たなAM契約を締結した。

これにより、ようやくGKは、実質的な判断をすることができるようになり、再生に向けた第一歩が踏み出された。

② マスター・レッシーの変更

早速Q社が着手したのは、マスター・レッシーの変更である。

Q社は、賃貸人である信託受託者に対する信託の指図代理人という立場において、弁護士を代理人として、S社の破産管財人団とML契約の解除の協議に当たった。しかし、破産管財人団の態度は強硬であった。

> (Q社代理人の主張)
> 賃料の不払い及び破産手続開始を理由に、賃貸借契約を解除する。
> 信託受託者がマスター・レッシーより預託を受けている敷金から、未払賃料債権、解除に基づく明渡義務の不履行による賃料相当損害金等の賠償請求権を差し引けば、マスター・レッシーに返還すべき金額は残らない。

> (破産管財人団の主張)
> 破産手続開始を理由とする解除は無効であり、破産管財人団の条件を受け入れるのであれば、破産法53条に基づく解除又は合意解約に応じる。

> については、未払賃料のみ控除した上、即時敷金を返還せよ。

　信託受託者がマスター・レッシーより預託を受けている敷金相当額は、エンドテナントに返還するべき敷金の原資になるなど、案件の再生のため貴重な資金であった。しかし、訴訟によったのでは解決までに相応の時間を要することが予想される。すでにプロジェクトが停止してから長期間が経過しており、もはやマスター・レッシーの変更は、一刻の猶予も許されなかった。X社とQ社は、苦渋の選択を迫られた。

　結局、破産管財人団から、未払賃料、賃料相当損害金の一部の控除を受け入れる内容の譲歩案が提示され、X社とQ社は、これに応諾することにした。Q社は、既存のML契約を合意解約して、新たに組成したマスター・レッシーSPCと信託受託者の間でML契約を締結させた。さらに、新たなプロパティ・マネージャーとの間でPM契約を締結するよう信託受託者に指図をした。

(4) その後の経過

　こうして、プロジェクトの再生を果たし価値を取り戻したことから、本件の物件については、その後買主が現れてQ社の投資判断の下で売却にこぎつけることができた。

　この間、X社は、E社からの妨害を懸念していたが、この間に遅延損害金が膨大に膨らみ、余剰が生じる余地はなく、物件の売却金額についてE社が異を述べることはなかった。

[ケース ❷]

＜AMキックアウトによりリストラクチャリングをしたケース＞

> **基礎データ**
> スキーム：TMK（現物不動産）
> 運用資産：分譲用高級リゾートマンション（長野県）
> ローン（社債）金額：社債　92億円
> 条件：3年タームローン（アモチなし）

(1) 経　緯

　本件は、TMKが日本有数のリゾート集積地にある更地を取得し、分譲用の高級リゾートマンションを建築した上、その売却代金によってノンリコース・ローンの返済及び投資家への配当等を計画するものであり、レンダーX社が提供するノンリコース・ローン（特定社債）は、比較的リスク分析がむずかしいとされる開発型ノンリコース・ローンと呼ばれるものである。

　当初、開発に係る地元自治体との協議に難航していたものの、TMKのスポンサー兼アセット・マネージャーであるデベロッパーS社の懸命な働きかけにより、おおむね合意に至ることができた。

　しかし、かかる合意に至るまでの間に不動産マーケットは着実に悪化していた。

　X社からのノンリコース・ローンの提供、マンションの竣工・引渡し、竣工代金の支払まで完了したところで、マンションの販売代理を受託していた大手不動産販売会社P社が、不動産マーケットの悪化を受けたS社の信用力の悪化を懸念し、突如、販売代理人を辞任したことにより分譲プロジェクトが停止する。そして、追い打ちをかけるようにX社のもとに、S社の信用不安情報が入った。

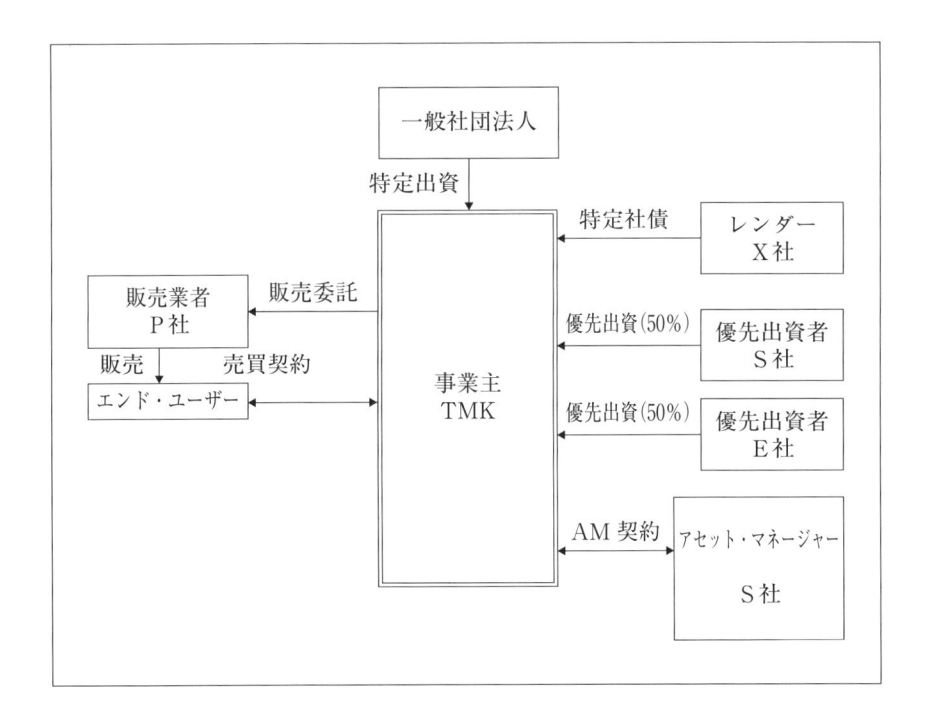

```
                    ┌──────────────┐
                    │  一般社団法人  │
                    └──────┬───────┘
                       特定出資
                           │
  ┌─────────┐  販売委託  ┌──▼──┐  特定社債  ┌──────────┐
  │販売業者  ├──────────►│     ├──────────►│ レンダー  │
  │  P社    │           │     │           │   X社    │
  └────┬────┘           │     │           └──────────┘
   販売│  売買契約      │事業主│  優先出資(50%) ┌──────────┐
   ┌───▼────┐◄─────────►│ TMK ├──────────►│優先出資者│
   │エンド・ │           │     │           │   S社    │
   │ユーザー│           │     │           └──────────┘
   └────────┘           │     │  優先出資(50%) ┌──────────┐
                        │     ├──────────►│優先出資者│
                        │     │           │   E社    │
                        │     │           └──────────┘
                        │     │   AM契約   ┌──────────────┐
                        │     ├──────────►│アセット・    │
                        │     │           │マネージャー  │
                        └─────┘           │    S社       │
                                          └──────────────┘
```

(2) S社の信用不安と特定社債のデフォルト

　前任の販売代理人P社の辞任後、X社は、S社に対し速やかに後任の販売代理人を選任するよう申し出た。S社の信用が悪化しようとも、倒産隔離の図られたTMKによる本件のリゾートマンションの販売自体に支障はないはずだからである。

　しかし、S社としては、自社の資金繰りに窮しており、別の不動産販売会社と条件交渉を行う余裕などなかった。分譲プロジェクトの停止は、確定的なものになる。その間、ノンリコース・ローン（特定社債）の利払いについては、償還期日までに必要な全額が実行時に全額積み立てられていたため、予定どおり行われたが、元本償還については、分譲が進められることはなく、およそ目途すら立たないまま償還期日が到来し、デフォルトに陥った。

　すぐに、S社とX社は、リファイナンスに向けた協議を開始する。X社の求めた条件の1つは、保全の強化にあった。

しかし、X社が特定社債の一般担保についての仮登記を求めようとするも、新築の分譲マンションであり、TMKによる所有権の保存登記に加え、かかる一般担保の仮登記までされてしまうと、その商品価値にマイナスの影響を及ぼしてしまうおそれが否めず、かえってX社の保全が悪化してしまうことが懸念された。

また、特定社債の一部を特定目的借入れとしてリファイナンスした上で、優先出資及び特定出資に質権を設定することも検討されたが、S社とともに優先出資を保有する投資家E社より強硬な反対を受け、実現されなかった。

(3) AMキックアウトと特定出資及び優先出資の譲受け

S社の信用不安は日々悪化し、S社がすでにアセット・マネージャーとしての機能を喪失していることは明らかであった。

X社は、リファイナンスを断念したものの、かといって本件のマンションについて一般担保に基づき競売を申し立てることは、上述のとおり差押登記によって商品価値にマイナスの影響を及ぼしてしまうため、避けなければならなかった。

そして、長年にわたる取引からすると断腸の思いではあったが、アセット・マネージャーを交代し（AMキックアウト）、新たなアセット・マネージャーのもとで、選任された後任の販売代理人により分譲を進めるほかに選択肢はない、との判断に至る。また、これらを実現するに当たり、S社の保有する優先出資及び一般社団法人の保有する特定出資を譲り受けて、社員総会における絶対多数を握れるようにする必要がある。というのも、TMKスキームにおいて不可欠となる資産流動化計画の変更が今後も生じることが予想され、その都度S社の承諾を得なければならないというのは煩雑であるのみならず、今のうちに譲り受けておかないと、現時点では協力的な態度を示しているS社がいつ翻意して、再びプロジェクトが停止してしまうリスクを抱え続けなければならないからであった。

X社が、S社にAMキックアウトと、S社の保有する優先出資及び一般社団法人の保有する特定出資を備忘価格にて譲り渡すよう求めると、S社も観念した様子であり、S社とX社の間でドキュメンテーションが開始された。

ところが、実行の直前に至り、S社は突如前言を翻してこれを拒むようになる。X社は、S社が建設や販売活動に係る費用について追加出資義務を負担していたことに着目し、当該義務を免除することを引き換えに、AMキックアウトと特定出資及び優先出資の譲受けを実行させることができた。

(4) 偶発債務の発覚と販売代理人の再選任

　AMキックアウトにより、新たなアセット・マネージャーに就任したA社によって、プロジェクトは再開された。

　ようやく、リストラクチャリングが完了するように思われ、X社としては、A社が推薦するQ社を販売代理人として分譲販売の行方を見守るだけと思った矢先、TMKに前任の販売代理人であるP社より、費用の支払を求める内容証明郵便が届く。S社がアセット・マネージャーであったころに発生した費用であるが、X社はS社から何も報告を受けていなかった。

　販売活動に係る費用であるも、上記のとおりすでに免除されていたため、X社としては、S社に対して追加出資を求めるはできなかった。それどころか、S社は、事実上の廃業状態にあり、報告義務違反などに基づき損害賠償を求めることもできない。

　X社とA社が対応を協議するうちに、P社は次の手を打ち、TMKの預金口座について仮差押えを申し立ててきた。販売代理契約に、P社は仮差押えを申し立てることができないと定められていたにもかかわらず行ってきた仮差押申立ては、明らかに、次はマンションへの仮差押えを申し立てることの予告であった。差押登記によって商品価値にマイナスの影響を及ぼしてしまうことのないよう慎重にリストラクチャリングを進めてきた努力が水の泡になってしまう。

　X社は、A社とともにP社と面談した。P社の要求は多岐にわたったが、要するに、狙いは、再び販売代理契約を締結することであるようだ。すでに製作されていた大量の広告ツールをすべて除却しなければならないことが、P社の社内で問題視されていたようである。また、P社としては、S社の信用に不安があっただけであり、マンション自体は売却できる自信があるとのことであった。

A社は、TMKをして社員総会を開かせ、資産流動化計画を変更させた上、P社と改めて販売代理契約を締結し、P社は、仮差押えを取り下げた。
　地元自治体とも、S社の元従業員に業務を委託することにより、大きな障害もなく最終合意に至り、ついに本件のリゾートマンションの分譲が開始された。

【解説編】

(1) スキーム当事者のデフォルトによるローンへの影響

① はじめに

前述（第1章）のとおり、不動産ファイナンスにおいては、ローン契約の当事者であるレンダーとSPC以外にも、アセット・マネージャー、匿名組合出資者、スポンサー、信託受託者、マスター・レッシー、プロパティ・マネージャーなど多くの当事者が関与する。近年では、これらの当事者のデフォルトやそれに伴う紛争も現実に生じている。

無論、これらの当事者は、ローンの債務者ではなく、これらの当事者のデフォルトが当然にローン・デフォルトを意味するものではない。

そうであるにもかかわらず、これらの当事者のデフォルトが、ローン・デフォルトをもたらすおそれが高いのは、1つに、これらの当事者がデフォルトし、機能不全になることの影響がある。アセット・マネージャーが機能不全となれば、実質的にSPCをコントロールする者が不在となり、マスター・レッシーやプロパティ・マネージャーが機能不全となれば、物件の維持・管理が滞り、場合によっては賃料収入の停止やテナントの退去も生じる（後述（(2)以下）参照）。

もう1つが、これらの当事者のデフォルトが、ローン契約において、期限の利益喪失事由とされている場合である。

② 当事者のデフォルトを期限の利益喪失事由とする定めの有効性

ローン契約上、レンダーの請求により期限の利益が喪失されるものとされている場合（請求喪失）において、レンダーとして期限の利益を喪失される方が良いか否かを判断し、是と判断したとき、及びローン契約上、レンダーの請求を要することなく当然に期限の利益が喪失されるものとされている場合（当然喪失）に、そもそもSPC以外の当事者のデフォルトのみを理由に、かかる特約に基づきローン契約について期限の利益を喪失させることは可能だろうか。

このような場合も、かかる期限の利益喪失特約は、公序良俗違反等により無効であるとしたり、信義則または権利濫用により権利行使が認められないとしたりして、即時支払義務のないことの確認を求める債務不存在確認請求訴訟や、レンダーによる担保権実行の禁止を求める仮処分申立てが行われることがある。

> **金銭消費貸借契約第○条**
> 　次に掲げる事由が生じたときは、本債務は当然に期限の利益が喪失される。
> 　　　　　　　　　　　・・・
> （○）　アセット・マネージャー、スポンサー又はマスター・レッシーについて、破産手続開始、民事再生手続開始、会社更生手続開始、特別清算開始、その他適用のある法的倒産手続の申立てがあったとき

　SPC以外の当事者がデフォルトした場合も、当該ストラクチャーにおいて重要な役割を果たす者であれば、その影響は大きく、不動産ノンリコース・ローン債権の保全及び回収に支障をきたすおそれも十分ある。ローン契約の当事者ではないというのみで、かかる期限の利益喪失特約が無効となったり、権利行使が制限されたりするべきではない。

　そして、レンダーとしても、当該当事者のデフォルトが不動産ノンリコース・ローン債権の保全及び回収に支障をきたすおそれが十分にあるからこそ、これらの当事者のデフォルトを期限の利益喪失事由と定め、この点についてSPCサイドと合意しているのであるから、格別の事情でもなければ、かかる特約に基づきローン契約について期限の利益を喪失させることは可能であるものと考えられる[1]。

1　筆者らの扱った事案においても、無効ないし権利行使の制限に係るSPCサイドの主張が認められたことはない。

③　各当事者ごとの合理性について
A　スポンサー、匿名組合出資者
　スポンサーは、ストラクチャーの組成に主体的に関わった者である。AM契約が投資一任契約であったとしても、アセット・マネージャーは、スポンサーの意向を無視しては行動することができないのが実情であろう。
　とりわけ、いわゆる流動化型案件において、スポンサーがマスター・レッシーの地位も兼ね、アセット・マネージャーもその関連会社であるといったケースや、いわゆる開発型案件において、スポンサーである匿名組合出資者が竣工金の一部または全部について追加出資義務を負担しているケースなどでは、スポンサーへの与信という意味合いもある。
　したがって、スポンサーやスポンサーを兼ねる匿名組合出資者のデフォルトがローン契約において期限の利益喪失事由とされていることには、合理性があるものと解する。

B　アセット・マネージャー
　後述(2)記載のとおり、不動産ノンリコース・ローンのストラクチャーにおいて、SPCの資産運用を行うアセット・マネージャーの役割は大きく、アセット・マネージャーがデフォルトするとSPCが判断停止に陥り、当該ストラクチャーが当初の計画どおり遂行される可能性が低くなってしまうことを意味する。
　レンダーは、資産の運用の態様も含めて総体的に勘案して融資を実行するのであり（たとえば、TMKスキームにおいては、特定資産の内容（資産流動化法5条1項3号）のみならず、特定資産の管理及び処分に関する事項（同項4号）も資産流動化計画の記載事項とされて投資家に開示される。）、とくに出口戦略において、運用資産の売却を主導する者がデフォルトしてしまうことは、売却がままならず、期限の利益を失わせた上で担保権を実行する以外に貸付債権の回収が不可能になるに等しい。
　したがって、アセット・マネージャーのデフォルトが、ローン契約において期限の利益喪失事由とされていることにも、合理性があるものと解する。

C　マスター・レッシー、プロパティ・マネージャー

　マスター・レッシー、プロパティ・マネージャーは、運用資産の管理・収益を行い、後述(3)のとおり期中のキャッシュフローを担うものである。

　この点、ローンにアモチが設定されている場合に、その原資となる期中のキャッシュフローを担うマスター・レッシー、プロパティ・マネージャーのデフォルトがローンを毀損させることは言うに及ばない。そうでない場合であっても、期中キャッシュフローの減退は運用資産の価値、ひいてはローンの引当となる売却価格を減少させるのであるから、同様にマスター・レッシー、プロパティ・マネージャーのデフォルトは、ローンを毀損させることになる。

　したがって、マスター・レッシー、プロパティ・マネージャーのデフォルトがローン契約において期限の利益喪失事由とされていることにも、合理性があるものと解する。

(2)　アセット・マネージャーの交代によるリストラクチャリング

① アセット・マネージャーの役割

　前述（**第1章**）のとおり、アセット・マネージャーは、不動産ノンリコース・ローンのストラクチャーにおいて大きな役割を担う。倒産隔離を図るため、SPCの取締役は、いわゆる独立取締役として公認会計士・税理士が務めることが一般的であり、かかる独立取締役は、自らはSPCの行うさまざまな事項の判断をせず、SPCは、これをアセット・マネージャーに委託するため、SPCの判断は、アセット・マネージャーに委ねられている。

　のみならず、GK-TKスキームでは、金融商品の価値等の分析に基づく投資判断に基づいて、有価証券である信託受益権（金商法2条2項1号）に対する投資として匿名組合出資を受けた金銭の運用を行うこと（自己運用）は、投資運用業に該当するが（同法2条8項15号、28条4項3号）、金融商品取引業者（投資運用業者）との間で投資一任契約を締結し、運用を行う権限の全部を委託する場合には、かかる規制の対象外となることから（同法2条8項柱書、定義府令16条1項10号）、当該規制を避けるため、SPCは、投資運用業の登録を受けたアセット・マネージャーとの間で投資一任契約を締結

し、資産の運用権限を委託する。

　また、SPCがその運用行為について適格機関投資家等特例業務の届出をしている場合にも、SPCは自己運用規制の対象外となるが（金商法63条1項2号）、アセット・マネージャーは、金融商品の価値等の分析に基づく投資判断に基づいて信託受益権に対する投資として金銭その他の財産の運用を行うものとして、投資運用業の登録が必要となり（金商法2条8項12号ロ、28条4項）、または信託受益権の価値等について助言を行うものとして、投資助言・代理業の登録が必要となる（金商法2条8項11号、28条3項）。

　アセット・マネージャーが投資運用業または投資助言・代理業のいずれを必要とするかについて、金融庁は、「アセット・マネージャーの業務が『投資助言業務』と『投資一任業務』のいずれに該当するかは、実質的な投資判断の一任及び投資権限の委任の有無により、個別事例ごとに実態に即して実質的に判断されるべきもの」（2007年7月31日金融庁「『金商法制に関する政令案・内閣府令案等』に対するパブリックコメントの結果等について」70頁155番）、「投資運用業に該当するかは、個別事例ごとに実態に即して実質的に判断されるべき事項である」（2007年7月31日金融庁「『金融商品取引業者向けの総合的な監督指針（案）』に対するパブリックコメントの結果等について」54頁205番）との見解を示している。

　その業務内容のみならず、ストラクチャーの適法性を維持する上でも重要な役割を果たすアセット・マネージャーがデフォルトしたときは、レンダーとしては、ⅰ上記(1)のとおり期限の利益を喪失させて、担保権を実行するか、ⅱいわゆる、AMキックアウト（**第1章3(3)②（38頁）**）によりアセット・マネージャーを交代させるか、いずれかを選択せざるを得ないのが実情である。とりわけ、アセット・マネージャーがSPCの印鑑や通帳を保管したまま破産してしまうと、破産管財人が任意にSPCへの返還に応じない限り、ストラクチャーは完全に停止してしまう。

② AMキックアウト

A　アセット・マネージャーのデフォルト時におけるAMキックアウトの意義

　AMキックアウトは、法律上の制度ではなく、個別性の高いものであるが、一般的な内容としては、たとえば、プロジェクト契約等において設けられる。アセット・マネージャーについての支払停止、差押え、倒産手続の申立てやAM契約上の解除事由の発生など、アセット・マネージャーに信用不安が生じた場合や、ローン契約上の期限の利益喪失事由の発生や上記DSCR・LTVの基準値の連続不達成など、アセット・マネージャーによる資産運用の不振が認められる場合に、レンダーに、AM契約を終了させ、SPCに後任のアセット・マネージャーとの間において新たなAM契約を締結させることのできる権利として定められている。

プロジェクト契約第○条

1．次に掲げる事由が生じたときは、貸付人は、アセット・マネジメント契約を終了させた上、借入人に後任のアセット・マネージャーとの間において新たなアセット・マネジメント契約を締結させることができ、借入人及びアセット・マネージャーはこれに同意する。

　⑴　アセット・マネージャーについて、破産手続開始、民事再生手続開始、会社更生手続開始、特別清算開始、その他適用のある法的倒産手続の申立てがあったとき

　　　　　　　　　・・・

　⑷　アセット・マネージャーについて、アセット・マネジメント契約上の解除事由が発生したとき

　⑸　本債務について期限の利益が喪失されたとき

　⑹　DSCRテストを○回連続して達成できなかったとき

　　　　　　　　　・・・

　そして、レンダーとしては、アセット・マネージャーがデフォルトしたときに、AMキックアウトによりリストラクチャリングを図ることになる。

この点については、⒤アセット・マネージャーのデフォルトをキックアウト事由とすることの有効性と、ⅱ適法性が問題となる。

B　⒤有効性

AMキックアウトは、いわばアセット・マネージャーの信用不安を理由に既存のAM契約を終了させ、またはこれと同等の効果をもたらすものであるが、中でもアセット・マネージャーの倒産を理由にAMキックアウトを行うことに関して、一般に、契約当事者について倒産手続が開始したこと（または申立てが行われたこと）を解除事由とする特約は、法律上契約の終了原因として定められている場合[2]を除き、その有効性に疑義があるとされている。

ファイナンス・リース契約中のユーザーについて民事再生手続開始の申立てがあったことを契約の解除事由とする旨の特約の効力が争われた事案において、かかる特約は、民事再生手続の趣旨、目的に反するものとして無効であると判断された例がある[3]。

当該判例は、かかる特約による契約の解除を認めることは、担保としての意義を有するにとどまるリース契約を、一債権者と債務者との間の事前の合意により、民事再生手続開始前に債務者の責任財産から逸出させ、民事再生手続の中で債務者の事業等におけるリース物件の必要性に応じた対応をする機会を失わせることを認めることにほかならないから、民事再生の趣旨及び目的に反することを理由とする。

上記判例の主眼が、リース契約が実質的には担保としての機能を果たす点に重きを置くとすれば、不動産ノンリコース・ローンの案件でAM契約を解除する場面では、この議論は必ずしもあてはまらないから、AM契約においてアセット・マネージャーの倒産を解除事由とする場面では、上記判例とは別の結論が導かれる可能性もある。一方で、債務者の再生と公平な資産の分配という民事再生手続の趣旨に重きを置くのであれば、アセット・マネージャーの倒産を解除事由とする旨の特約についても、同様に無効であるとい

2　民法642条１項、653条２号など
3　最判平成20・12・16（金融法務事情1869号42頁）。なお、会社更生手続について、最判昭和57・3・30（民集36巻３号484頁）

う結論になる可能性も考えられる。

　思うに、上記判例後の倒産実務において、同判例があまり射程を議論にすることなく、広く契約当事者の倒産を解除事由とする特約の無効を主張する根拠として用いられていることからすれば、AM契約が担保としての機能を有しないことのみをもって、アセット・マネージャーの倒産を理由とするAMキックアウトを有効とすることには躊躇がある。しかし、AM契約は、他人の資産の運用を委託するものであり、アセット・マネージャーに対する高度の信頼に基づき締結されるものである。倒産したアセット・マネージャーは、自己の資産さえ十分に管理できなかったのであり、かかる高度の信頼の基礎は失われているものといえ、そうであるにもかかわらず、レンダーのみならず投資家をも犠牲にしてまでAMキックアウトを無効とすることには、合理性が認められないものと考える。

　筆者としてはこのように考えるが、いまだ十分な議論がなされているとは言い難く先例もないため、紛争予防の観点からは、たとえばアセット・マネージャーの信用不安を示す具体的な兆候を解除事由として定めるなど、アセット・マネージャーの倒産以外の解除事由で対応できるように規定しておくことが望ましい。

C　⒤適法性

　GK-TKスキームにおけるSPCが、アセット・マネージャーとの間で投資一任契約を締結し、運用を行う権限の全部を委託することによって、SPCの自己運用規制を避けているケースでは、AM契約が解除等により終了すると、アセット・マネージャーが不在となることによりその要件を満たさないことになる[4]。

　このことをもって、金商法等法令に抵触するという考え方もあるが、アセット・マネージャーが不在になっても直ちに違法となるわけではなく、具体的に投資判断を行うべき場面が生じるまでは適法である、または、不測の

---

[4]　なお、アセット・マネージャーについて破産手続開始決定がされ、アセット・マネージャーの投資運用業の登録が効力を失った場合にも（金商法第50条の2第2項、1項4号）、同じ問題は生じる。

事態により一時的に不在になるのはやむを得ないと考えるのが相当である。

他方で、レンダーが、積極的に後任のアセット・マネージャーの選定に当たることは、SPCと後任のアセット・マネージャーの間における投資顧問契約または投資一任契約の代理または媒介（金商法2条8項13号）に該当し、レンダーが投資助言業（28条3項2号）の登録が必要であるとする見解が、比較的有力に唱えられている。

そのため、レンダーとしては、長期にわたりアセット・マネージャーが不在となる事態を避けるための非常的な場面として、自らは後任のアセット・マネージャーを紹介するに止め、本来は判断しないはずの独立取締役の判断に委ねたり、SPCの社員持分質権を実行し、社員の立場において後任のアセット・マネージャーを選定したりされることもある。

D　前後任のアセット・マネージャーによる引継ぎ等

AMキックアウトが行使される場面では、これにより不利益を被る既存のアセット・マネージャーから協力的な態度が示されることは少ない。

しかし、前後任のアセット・マネージャーによる引継ぎが十分に行われないと、新たなAM契約が締結されるやたちまち不測の事態に巻き込まれるなど、せっかくのリストラクチャリングが十分に機能しないことがある。

そのため、AMキックアウトを設定するにおいては、アセット・マネージャーに後任のアセット・マネージャーへの引継ぎを義務づけるとともに、アセット・マネージャーへの引継ぎが完了するまでアセット・マネージャーがその業務を継続しなければならない旨を規定しておくとよい。

> プロジェクト契約第○条
> 2．前項の場合、アセット・マネージャーは、後任のアセット・マネージャーに対し、アセット・マネジメント業務を引き継がなければならず、レンダーから別段の通知のない限り、当該引継ぎが完了するまで、アセット・マネジメント業務を継続しなければならない。

なお、TMKスキームでは、特定資産である現物不動産の管理処分を受託

（資産流動化法200条）するものとして資産流動化計画に記載または記録されているアセット・マネージャー（資産流動化法5条1項4号、同法施行規則19条2号）を変更する場合には、資産流動化計画の変更（資産流動化法151条）が必要となる。

具体的には、TMKは、社員総会の決議（同法152条）[5]及び特定社員・優先出資社員以外の利害関係人の承諾等（154条から157条まで）、または利害関係人全員の事前の承諾（同法151条3項2号）を得て資産流動化計画を変更し（「軽微な変更」（同法9条ただし書）には該当しない。）、財務局に届出を行う必要がある（同法9条本文）。

ところが、アセット・マネージャーが自ら優先出資社員を兼ねているケースはもとより、リストラクチャリングを図らなければならないような場面であり、他の利害関係人の協力も容易に得られず、手続が滞ることがある。

かかる事態を避けるための方策としては、AMキックアウトに伴う資産流動化計画変更への協力を利害関係人のコベナンツとするとともに、その不履行をスポンサーリコース事由とすることなどが考えられるが、それでもなお協力を得られず資産流動化計画を変更できないときは、レンダーとしては担保権実行によらざるを得ない。

③ バックアップアセット・マネージャー

AMキックアウトに関する上記のような議論も踏まえ、近時においては、アセット・マネージャーが交代される場合における後任のアセット・マネージャーを、あらかじめ「バックアップアセット・マネージャー」として定めておくことが行われるようになっている。バックアップアセット・マネージャーの定め方には、AMキックアウトを定める条項の中に後任の候補者として定めるに止まるものから、「停止条件付きアセット・マネジメント契約」として交代時に効力の生じるAM契約を締結してしまうものまで多様である。

バックアップアセット・マネージャーを定めておけば、後任のアセット・

---

[5] 優先出資社員も議決権を有する（資産流動化法152条3項、39条3項）。

マネージャーを探して受託の条件について協議をするのに要する時間を極小化でき、それまでに物件の劣化が進んでしまうことを避けることができる上、平時よりある程度の情報共有を可能にすることにより、引継ぎもスムーズになる。

また、TMKスキームにおいても、「停止条件付きアセット・マネジメント契約」を締結した上、あらかじめバックアップアセット・マネージャー及び「停止条件付きアセット・マネジメント契約」が効力を生じる事由を資産流動化計画に規定しておくことにより、資産流動化計画変更手続を経ることなくアセット・マネージャーの交代を実現させる試みも行われている。

(3) マスター・レッシーの倒産に伴う賃料・敷金のコミングルの回避

① マスター・レッシー倒産時のML契約・テナント賃貸借契約の帰趨

マスター・レッシーは、建物所有者（信託受託者・TMK）との間で賃貸借契約（ML契約）を締結して、建物を一括賃借した上、エンドテナントとの間で個別に賃貸借契約（テナント賃貸借契約）を締結して、建物の一部を転貸する。

ところで、事業会社がマスター・レッシーとなっているときは、マスター・レッシーが倒産する事態も現実に生じている。この場合の対策を講じる前提として、はたして各賃貸借契約の帰趨はどうなっているのか。

A　ML契約

ML契約には、賃借人であるマスター・レッシーの倒産を契約の解除事由として定める例が多いが、契約当事者について倒産手続が開始したこと（または申し立てられたこと）を解除事由とする特約については、一般に無効と解されている。上記(2)②のB（81頁）の判例の考え方に加え、破産手続においては、平成16年改正により民法621条が削除されたことが理由として挙げられる（東京地裁平成21年1月16日金融法務事情1892号55頁参照）。

もっとも、マスター・レッシーが当該建物を自ら使用しているような場合を除き、倒産処理において、マスター・レッシーはML契約の継続を望まな

いことが多い。

　そして、ML契約の相手方である建物所有者は、ML契約を継続させるか否かについて、倒産処理の停滞等によりマスター・レッシーがにわかに態度を明らかにしない事態を避けるべく、マスター・レッシーに対して解除と履行のいずれを選択するか催告することができる（破産法53条2項、民事再生法49条2項、会社更生法61条2項）。催告を受けてマスター・レッシーが解除の意思表示をしなかった場合には、破産の場合には解除を選択したものとみなされ（破産法53条2項）、民事再生と会社更生の場合には解除権を放棄して、履行を選択したものとみなされる（民事再生法49条2項、会社更生法61条2項）。

B　テナント賃貸借契約

　テナントが対抗要件（建物の引渡し）を備えている場合、マスター・レッシーまたはその管財人は、双方未履行双務契約としての解除（破産法53条1項、民事再生法49条1項、会社更生法61条1項）をすることができないことから（破産法56条1項、民事再生法51条、会社更生法63条）、テナント賃貸借契約はマスター・レッシーの倒産による影響を受けない。

　ところで、ML契約のみ終了した場合の法律関係については、⒤賃借人であるマスター・レッシーが契約関係から離脱し、賃貸人（建物所有者）が転貸人（マスター・レッシー）の地位を承継すると解するもの[6]、ⅱマスター・レッシーとテナントの転貸借契約を存続させるのに必要な範囲でマスター・レッシーと受託者の賃貸借契約も残るとするもの[7]、ⅲ転借人であるエンドテナントが賃借人であるマスター・レッシーの立場に立つとするもの[8]など諸説が存在する。

　法解釈としてはⅱが自然であるように思われ、また筆者の知る限り、不動産ファイナンスの実務においては、⒤ないしⅲの考え方が主流であるように

---

[6]　星野英一『借地・借家法』377頁、原田純孝ほか『新版注釈民法（15）〔増補版〕』959頁、東京高判昭和58・1・31判例時報1071号65頁

[7]　我妻榮『債権各論中巻一』464頁

[8]　石田喜久夫「土地所有者が地上権者との間の地上権設定契約の合意解除の効果をその土地の賃借人に対抗できない場合における右三者間の法律関係」（判例評論295号）判例時報1082号162頁

思われるが、いまだ確立した説や最高裁判例は存在しない。

C　賃料・敷金の扱い

　ML契約上の賃料の定め方には、エンドテナントから現実に支払われた賃料等の額と同額とするもの、すなわちマスター・レッシーが自らは一切の出捐をしないもの（いわゆる、「パススルー型」）とそうでないもの（いわゆる、「賃料固定型」ないし「賃料保証型」と呼ばれるものであるが、このカテゴリーには、ML契約上の賃料が固定額として定められている場合に限らず、商業施設やホテルでみられるようなML契約上の賃料がある程度マスター・レッシーへのキャッシュ・インと連動するものの、同額ではない場合が含まれる。）とあるが、いずれも法的には、ML契約上の賃料とテナント賃貸借契約上の賃料とは別のものである。

　そして、マスター・レッシーがテナントからテナント賃貸借契約上の賃料を受け取った後、信託受託者にML契約上の賃料として支払う前に倒産した場合、この賃料は、マスター・レッシーの倒産手続の中でマスター・レッシーの財産として処理され、建物所有者は、破産債権、再生債権または更生債権として、応分の債権カットを受けた上で配当を受けうるのみとなる。なお、倒産手続が開始された後のML契約上の賃料は、財団債権または共益債権となる（契約の履行が選択された場合には、破産法148条１項７号、民事再生法49条４項、会社更生法61条４項。賃貸借契約が解除された場合には、破産法148条１項８号、民事再生法119条２号または６号、会社更生法127条２号または６号。）。

　同様に、マスター・レッシーが建物所有者に対して有するML契約上の敷金返還請求権は、マスター・レッシーの倒産手続の中でマスター・レッシーの財産として処理されるのに対し、テナントがマスター・レッシーに対して有するテナント賃貸借契約上の敷金返還請求権は、破産債権、再生債権または更生債権として、応分の債権カットを受ける。後述のとおりマスター・レッシーを交代するとしても、新たなマスター・レッシーがマスター・レッシーから引き継ぐことのできるテナント賃貸借契約上の敷金は、債権カット後の敷金返還債務に相当する金銭に限られる。

　テナントの不利益は著しく、テナントの退去を招いたり、賃料の不払いを

招いたりすることもある。

② マスター・レッシーの交代

マスター・レッシーが倒産した場合、まず考えられるのがマスター・レッシーを交代してストラクチャーを維持することである。

以上の権利関係のもと、実務の対応としては、新たなマスター・レッシーを確保した上で、建物所有者及びマスター・レッシーとの間において、ML契約上のマスター・レッシーの地位を新たなマスター・レッシーに承継させ、またはマスター・レッシーとML契約を合意解約するとともに新たなマスター・レッシーとの間で新たなML契約を締結する方法がとられている。

この際に、かかる承継をスムーズに行わせるため、レンダー及びマスター・レッシーとの間（可能であれば、地位を譲り受けるべき新たなマスター・レッシーも）で地位譲渡予約契約を締結しておくことがある。ただし、マスター・レッシーの倒産間際にかかる契約を締結するのは、倒産後に否認権を行使されるおそれがあるため、平時にあらかじめ備えておくことが肝要である。

なお、マスター・レッシーの地位の承継ないし旧ML契約の合意解約のいずれの構成によっても、マスター・レッシーの交代は、原則としてテナントに対抗できないため[9]テナントの承諾を得る必要がある。

③ 賃料・敷金のコミングルの回避

エンドテナントからの賃料・敷金は、もともとマスター・レッシーが建物所有者に支払うべき賃料・敷金の原資となるものであり、マスター・レッシー固有の財産となることを予定されたものではない。しかし、マスター・レッシーの交代に成功しても、前述(1)Cのとおり、いったん生じてしまった

9　マスター・レッシーの地位の承継につき最判昭和30・9・29民集9巻10号1472頁（判旨は契約上の地位の譲渡一般についてのものであり、所有権の移転を伴う賃貸人の地位の譲渡には特段の事情のない限り賃借人の承諾を要しないとする最判昭和46・4・23民集25巻3号388頁は、所有権の移転を伴わないマスター・レッシーの地位の承継には及ばないものと解される。）。旧ML契約の合意解約につき昭和9・3・7民集13巻278頁、最判昭和37・2・1裁判集民事58号441頁、最判昭和62・3・24金融法務事情1177号47頁。

賃料・敷金のコミングルを回復する方法はない。そのため、あらかじめコミングルを回避するための手当をしておくことが望ましい。

　この点、賃料については、コミングルが問題になり得るのは、上記のとおり倒産手続が開始されるまでに発生したもののうち、マスター・レッシーが建物所有者に対してML契約上の賃料を支払っていない分に限られるため、比較的手当をしやすい。具体的には、エンドテナントをしてエンドテナント賃貸借契約上の賃料を直接建物所有者名義の口座に支払わせる、エンドテナント賃貸借契約上の賃料の支払日からML契約上の賃料の支払日までの期間をできるだけ短くした上、当該期間内に混同しうる賃料相当額をリザーブさせる等の方法が考えられる。

　一方、敷金については、賃料と比べて金額が大きいにもかかわらず（したがって、キャッシュフローに与える影響も大きい）、マスター・レッシーがエンドテナントに対して負担する敷金返還債務は、全部が履行されないまま倒産手続に至るため、以上のような方法では奏功しない。

　このようなマスター・レッシーの倒産による敷金のコミングル・リスクをできる限り減らすためには、少なくともパススルー型であれば、そもそも事業会社をマスター・レッシーにすることを極力避け、倒産隔離されたSPC（ML-SPC）をマスター・レッシーにした方が良いものといえる。あるいは、ML契約において建物所有者がマスター・レッシーの敷金返還債務について債務引受けをする旨を合意し、建物所有者からテナントに敷金を返還できるようにするなどの方法も試みられている。

マスター・リース契約第○条

1　TMKは、マスター・レッシーから、マスター・レッシーがエンドテナントに対して負担する敷金（以下「テナント敷金」という。）返還債務を引き受ける。

2　マスター・レッシーは、TMKに対し、前項の債務引受けの対価として、テナント敷金相当額を支払うものとして、マスター・レッシーがTMKに対して有する敷金（以下「ML敷金」という。）返還請求権と対当額にて相殺し、もって、TMKがマスター・レッシーに対して負担するML敷金返還債

> 務が全て履行されたことを確認する。
> 3 前2項にかかわらず、エンドテナントがマスター・レッシーに対してテナント敷金の返還を請求した場合、マスター・レッシーがエンドテナントに対してテナント敷金を返還し、TMKがマスター・レッシーに対して相当額を交付するものとして、TMKが、エンドテナントに対し、直接テナント敷金を返還する。

(4) その他のスキーム当事者のデフォルトへの対応

① プロパティ・マネージャーのデフォルト

プロパティ・マネージャーは、SPCが信託受益権を保有する場合は受託者より、現物不動産を所有する場合はSPCより委託を受けて、不動産の賃貸・管理業務を行う。プロパティ・マネージャーのデフォルトは、アセット・マネージャーのデフォルトと異なり、SPCが判断停止に陥ることはないものの、当該判断に基づく指図・信託指図が実行されず、不動産への悪影響（ひいては、資産価値の低下）が直接的にもたらされるため、アセット・マネージャーのデフォルトと同様に影響が大きい。

プロパティ・マネージャーの交代によるリストラクチャリングについては、アセット・マネージャーの交代によるリストラクチャリング（前記(2)）と、おおむね共通の議論が妥当するが、上記のとおりSPCが判断停止に陥らないため、レンダーとしては、一義的にはアセット・マネージャーにその実現を委ねることになる。

「バックアッププロパティ・マネージャー」を定めておくことが望ましいことも同様である。

② 匿名組合出資者のデフォルト

匿名組合出資者は、営業者たるSPCの行為について法的には決定権限を有しないため、匿名組合出資者のデフォルトが直接ストラクチャーに何らかの作用をするわけではない。ただし、法的に決定権限を有しないとはいえ、アセット・マネージャーがまったく匿名組合出資者の意向を顧みずに資産運用

を行うことはなく、また適格機関投資家等特例業務（金商法63条）においてアセット・マネージャーが投資助言業の登録を受けた者である場合など、TK契約上、匿名組合出資者に一定の決定権限が認められていることもある。

　ところで、匿名組合出資者が破産手続開始決定を受けた場合、匿名組合契約は当然に終了し（商法541条3号）、また匿名組合出資者が民事再生手続開始決定または会社更生手続開始決定を受けた場合も、双方未履行双務契約として解除（民事再生法49条1項、会社更生法61条1項）される可能性がある。匿名組合契約が終了したときは、営業者たるSPCは、匿名組合出資者に出資価額を返還しなければならない（商法542条）。破産手続においては、破産管財人は匿名組合出資持分を含むすべての資産を換価しなければならないため、また、民事再生手続または会社更生手続においても、必ずしも本業の再生に要しない資産を換価して運転資金を確保するため、匿名組合出資持分の換価を検討することになる。

　しかし、SPCが匿名組合出資者に出資金を返還しなければならないとなると、もはや事業を継続することができず、当該匿名組合出資者の倒産にかかわらず、事業の継続を望むレンダーや他の匿名組合出資者にとっては支障が大きい。そのため、TK契約において事業途中で匿名組合契約が終了したとしても、当該事業全てが終了するまでは（あるいは、ローンが完済されるまでは）出資金の返還を行わない旨を合意しておくことが一般的であり、この場合、匿名組合出資者またはその破産管財人・管財人としては、TK契約における匿名組合出資者の地位（匿名組合出資持分）ないし出資金返還請求権を第三者に売却することになる。

　以上により、匿名組合出資者がデフォルトした場合、匿名組合出資持分が第三者に売却されることが多い。この場合も、レンダーがイニシアチブを取ることを希望するのであれば、あらかじめ匿名組合出資持分ないし出資金返還請求権の譲渡等の処分につき、レンダーの承諾を要する旨をTK契約等に規定しておくことが必要になる[10]。

③　スポンサーのデフォルト
　スポンサーのデフォルトもまた、直接ストラクチャーに何らかの作用をす

るわけではない。ただし、アセット・マネージャーはスポンサーの意向を無視しては行動することができないこと、案件によってはスポンサーへの与信という意味合いもあることは、前記の（(1)③（77頁））のとおりである。

かかるスポンサーの地位に照らし、代替のスポンサーを確保することは不可能であり、スポンサーのデフォルトにおいては、担保権実行を含めレンダーが主体となって全面的なリストラクチャリングが図られる傾向にある。

なお、レンダーがスポンサーレターを徴求している場合は、レンダーは、スポンサーの倒産手続において債権届出を行うことができるが、スポンサーが補償すべき事由がすでに判明しているケースでもなければ、査定申立て（破産法125条、民事再生法105条、会社更生法151条）においても、具体的な金額は認められがたい。他方で、債権届出をしないと、原則として、スポンサーレターを行使することができなくなる（民事再生法178条、会社更生法204条1項など）。

つまり、スポンサーが倒産したときは、レンダーとしては、あらためて補償事由の有無を確認して、必要に応じ債権届をしなければならない。

④ オリジネーターのデフォルト

SPCの保有資産の売主であるオリジネーターのデフォルトについては、いわゆる真正譲渡性[11]が問題になるほか、ストラクチャーへの影響はない。

ただし、上記スポンサーレターにおける議論と同様、売買契約に基づく瑕疵担保責任や表明保証責任を問う機会が失われてしまうため、レンダーとしては、アセット・マネージャーと協力してあらためて瑕疵等の有無を確認した上、必要に応じSPCをして債権届出をさせなければならない。

10　唯一の適格機関投資家である匿名組合出資者がデフォルトしたことにより適格機関投資家等特例業務の要件を満たさなくなることもあるが、速やかに物件売却等により清算するのでなければ、当該出資持分を他の適格機関投資家に売却させるなどの手当が必要と解される。

11　真正譲渡性に関するテーマについては、「マイカル証券化スキームに関する山本和彦教授意見書の全文」（金融法務事情1653号48頁）、伊藤眞「証券化と倒産法理（上）」（金融法務事情1657号8頁）など。

3 開発型案件の再生

【ケーススタディ編】

＜レンダーとゼネコンが既存TMKを利用して共同事業化によるリストラクチャリングに成功したケース＞

基礎データ

スキーム：TMK（現物不動産）

運用資産：オフィス（愛知県）

ローン（社債）金額：80億円（特定社債）

条件：3年タームローン（アモチなし）

---

(1) 経 緯

　レンダーX社は、外資系のS社より、TMKを使った開発型案件に関する融資の打診を受け、ノンリコース・ローンの提供（特定社債の引受け）を行った。

　本案件は、名古屋市中心部の更地上に、10階建てのオフィスビルを建築するものであり、TMKは、土地を取得し、ゼネコンG社に建物建築を発注し、建物竣工後、建物の引渡しを受ける予定の案件であった。

　TMKによる資金調達は、①土地取得、②着工金、③中間金、④竣工金の4回に分け、それぞれ、S社組成のFファンドから優先出資（総額20億円）が拠出されると同時に、X社が特定社債（総額80億円）の引受けを行うものとされた（分割実行）。なお、TMKのアセット・マネージャーは、S社とは資本関係のない第三者A社が受託していた。

　第3回優先出資及び第3回実行により中間金が支払われ、建築工事も内装工事をわずかに残すのみであり、S社からリーシング先の候補が提示されるなど、本件のプロジェクトは順調に進んでいた。

しかしながら、リーマンショック後の第4回実行の直前、S社の担当者が突如X社とG社を訪ね、S社のFファンドからの第4回優先出資（5億円）が拠出できなくなったことを伝達してきたのである。

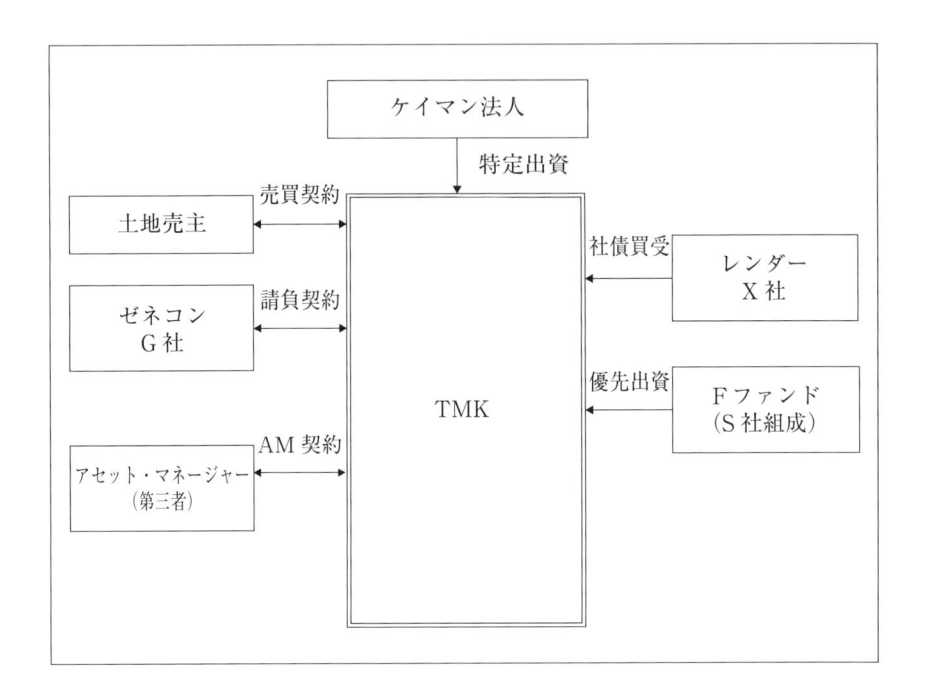

```
                    ┌──────────┐
                    │ ケイマン法人 │
                    └─────┬────┘
                       特定出資↓
    ┌──────┐  売買契約  ┌──────────┐
    │ 土地売主 │◄────────►│          │  社債買受  ┌──────┐
    └──────┘           │          │◄─────────►│レンダー│
                       │          │           │ X社  │
    ┌──────┐  請負契約  │          │           └──────┘
    │ゼネコン │◄────────►│   TMK   │
    │ G社  │           │          │  優先出資  ┌──────┐
    └──────┘           │          │◄─────────►│Fファンド│
                       │          │           │(S社組成)│
    ┌────────────┐ AM契約│          │           └──────┘
    │アセット・マネージャー│◄──────►│          │
    │   (第三者)   │     └──────────┘
    └────────────┘
```

(2) 工事中断、引渡拒絶か

S社の担当者に不平を述べたところで、何一つ状況は好転しない。X社では、これから何が起きるのか、議論が始まった。

Fファンドが第4回優先出資を拠出しなくなったために、G社は竣工金の支払を受けられないことが確実である。このことをわかりつつ、G社が工事を完成させた上、TMKに建物を引き渡すとは、とても考えにくい。

かといって、X社としても、第4回優先出資相当額を肩代ることはできない。もともと、予定されていた20億円の第4回特定社債についても、第4回優先出資の発行が先行条件となっているため、引き受ける義務は消滅してい

た。

　では、法的に、X社にG社に工事の完成と建物の引渡しを強制できないか。

　工事の完成までは、求めることができそうであったが、肝心の建物の引渡しについては、G社に同時履行の抗弁権・留置権がある。G社が引渡しを拒む限り、リーシングや売却活動をすることができない。それどころか、建物が引き渡されない状態が長引けば、建物は劣化し、その価値の悪化にもつながる。一層のこと、特定社債の一般担保に基づき土地の競売を申し立ててしまえばどうか、X社が自己競落ないしX社の組成するSPCにおいて落札した場合にも、土地の所有権に基づきG社に建物の収去・土地の明渡しを求め、更地として開発をやりなおせばよいではないか、など強硬論が挙がる。しかし、弁護士によると、土地にG社の商事留置権が認められる可能性がゼロではないとのことであり、とすればうまくいっても、しかるべき時間と費用を負担した上、土地の売却代金の限りでしか回収できないという結論に対し、うまくいかないとG社の商事留置権の負担が重くのしかかってしまうという結論は、とてもバランスしないように考えられた。

　G社による工事中断と建物引渡拒絶を回避しつつ、リストラクチャリングを図ることのほかに、経済的な合理性のある選択肢はなかった。

(3)　レンダー・ゼネコンによる共同事業化

　一方で、G社としても、同時履行の抗弁権・留置権を主張するだけでは1円も回収することができず、それどころが引当てとなる建物が劣化してしまう。全額の回収を受けるか、1円も回収できないまま建物収去の強制執行を受けるか、法的手続において土地に商事留置権が成立するものと認められる可能性に賭けるというのは、裁判例の趨勢からしても、あまりに危険な勝負である。先日も、他のゼネコンが、競売手続において土地の商事留置権を主張するも裁判所に否定され、競落人に建物の収去を求められていると聞いたばかりであった。

　プロジェクトからファンドが抜けたのをきっかけに、残されたレンダーとゼネコンがいがみ合うのも、得策ではない。

　G社とX社は、S社抜きで再び面談し、リストラクチャリングに向けた協議

を開始することにした。そして、協議を重ねた結果、本件ではTMKのアセット・マネージャーがFファンドと無関係のA社であることに着目し、既存TMKを利用してリストラクチャリングを目指すこととした。G社とX社が合意した基本協定書は、次のような内容が記載されていた。

基本協定書

G社及びX社は、以下の次のとおり、本件プロジェクトの共同事業化を進める。
1　G社及びX社は、それぞれG社の請負代金残債権○円及びX社の特定社債○円の割合により本件プロジェクトの共同事業主となる。
2　G社及びX社は、相互に協力して、Fファンドの保有する優先出資を譲り受け、TMKの親法人が保有する特定出資を新設一般社団法人を通じて譲り受ける。
3　前項の譲受けの後、G社はTMKに本件建物を引き渡す。
4　前項の引渡しの後、G社及びX社は、相互に協力して、本物件のリーシング及び売却活動を行う。

以上

（4）既存優先出資及び特定出資の譲受け

まず、X社とG社は、S社に、TMKの優先出資及び特定出資を備忘価格で譲り渡すよう申し入れた。

本件でX社は、スポンサーレターをS社から徴求しており、すでにFファンドの運用を断念していたS社からは、スポンサーレターの免除が条件として提示された。

X社はこれに応じ、優先出資については、X社とG社の債権割合で案分してそれぞれが譲り受け、特定出資については、将来TMKでノンリコース・ローンを受けることができるよう倒産隔離の図られた新設の一般社団法人において譲り受けた。

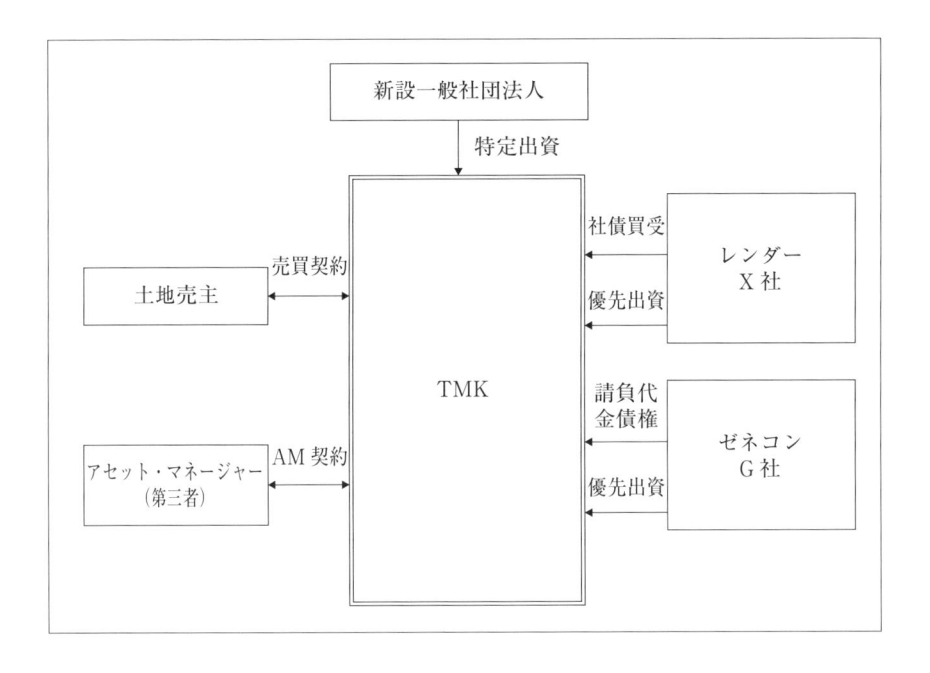

```
                    ┌──────────────┐
                    │新設一般社団法人│
                    └──────┬───────┘
                           │特定出資
                           ▼
┌──────────┐    売買契約  ┌─────────┐  社債買受  ┌──────┐
│ 土地売主  │◄──────────►│         │◄──────────│レンダー│
└──────────┘              │         │  優先出資  │ X社   │
                          │         │──────────►└──────┘
                          │  TMK    │
                          │         │  請負代金  ┌──────┐
┌──────────┐              │         │  債権      │ゼネコン│
│アセット・  │  AM契約     │         │◄──────────│ G社   │
│マネージャー│◄──────────►│         │  優先出資  └──────┘
│(第三者)   │              │         │──────────►
└──────────┘              └─────────┘
```

(5) 請負代金債権・特定社債の特定目的借入れ（当時）に係る貸付債権への切替え

① 請負代金債権の貸付債権への切替え

　優先出資及び特定出資の譲受けが完了し、本件プロジェクトは、G社とX社の共同事業になった。G社は、TMKに建物を引き渡し、G社とX社のリーシング活動・売却活動が開始されるところで、1つ問題が浮上する。

　G社の財務部門より、いつ完済されるかわからないのに、未払いの請負代金をそのままにしておくことが問題視されたのだ。また、当時の資産流動化法の運用上、特定資産の取得の対価は、資産対応証券（特定社債・優先出資）の発行かが問題となり、特定目的借入れ（当時）の実行により得られた資金で支払われなければならず、特定資産の取得の対価である請負代金をリーシングや売却によって得られた資金で支払うことができなかった。

　そこで、G社が特定目的借入れに係る貸付けを実行し、請負代金債権の全額を貸付債権に切り替えることが決定された。

3　開発型案件の再生

なお、特定目的借入れ（当時）については、資産流動化法上、貸付人は、「適格機関投資家」（金商法2条3項1号、定義府令10条）である必要があり（資産流動化法210条2項、資産流動化法施行規則93条2項）、また租税特別措置法上、導管性を満たすためには「機関投資家」からのものでなければならないが（租税特別措置法67条の14第1項2号ト、租税特別措置法施行令39条の32の2第7項2号）、本案件ではG社はいずれの要件も満たしていた。

② 特定社債の貸付債権への切替え

すると、G社から、特定目的借入れに係る貸付債権を被担保債権として、TMKの所有する不動産に抵当権を設定させたいとの申し出があった。たしかに、今後リーシング活動や売却活動を進めるにあたり、一般債権者の登場が予想されたが、それらと同順位というのがG社として心許ないのは理解された。

しかしX社の債権は、特定社債であり、一般担保をG社の抵当権と同順位にすることは技術的にむずかしい。かといって、担保付社債信託法に基づき抵当権の設定を受けるのは、共同事業主の「債権保全」として過度の負担である。

他方で、特定社債がすでにデフォルト状態にあり、X社としても共同事業化された以上、債権を正常化する必要があったため、X社もG社と同時に特定目的借入れに係る貸付けを実行し、特定社債の全額を貸付債権に切り替えることになった。

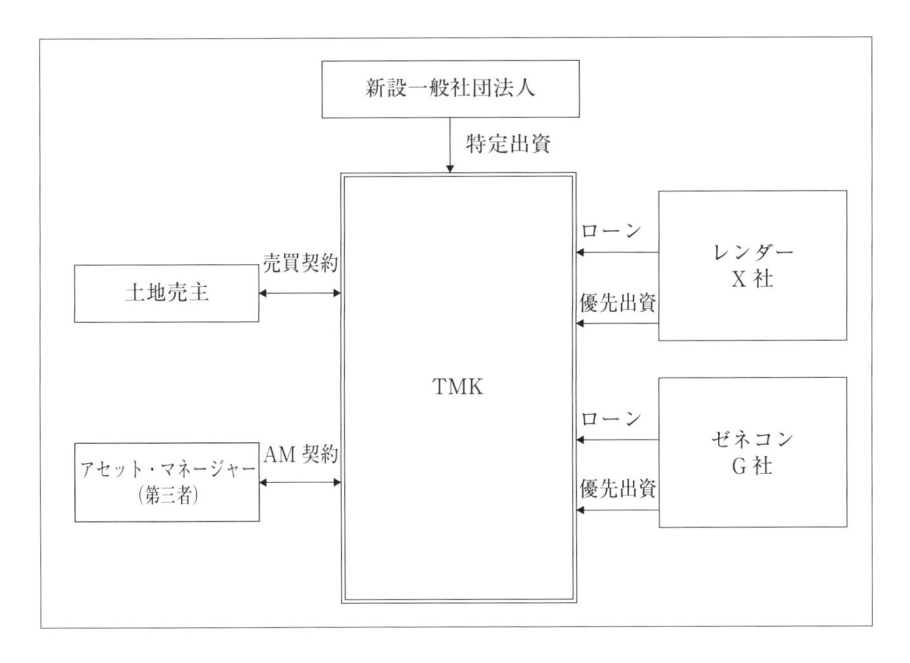

```
              ┌──────────────────┐
              │  新設一般社団法人  │
              └────────┬─────────┘
                       │ 特定出資
                       ▼
┌─────────┐  売買契約  ┌─────────┐   ローン   ┌─────────┐
│ 土地売主 │◄────────►│         │◄─────────│ レンダー │
└─────────┘           │         │   優先出資 │   X 社   │
                      │         │──────────►└─────────┘
                      │   TMK   │
                      │         │   ローン   ┌─────────┐
┌─────────────┐       │         │◄─────────│ ゼネコン │
│アセット・     │ AM契約│         │   優先出資│   G 社   │
│マネージャー   │◄─────►│         │──────────►└─────────┘
│(第三者)      │       └─────────┘
└─────────────┘
```

(6) その後

こうして、リストラクチャリングが完了した。

本来であれば、ここで物件のリーシングが始まる。そのリーシングの結果次第で、売却活動の好不調も大きく左右されることになってくるため、リストラクチャリング後、最初にして最大のターニングポイントになるはずであったが、本件では、X社とG社による事業の承継・共同事業化が早くに決まり、そのことを従前のテナント候補に案内していたため当該テナントがそのまま入居することになったのだ。

振り返れば、本件におけるリストラクチャリングの成功は、プロジェクトからFファンドが抜けた後、迅速にX社とG社が真摯に協議し、合理的な結論に達することができた点で決まったように思われる。もし、デフォルトをきっかけに、残されたX社とG社がいがみ合っていたならば、建物の引渡しも遅れ、当然リーシング計画も崩れると同時に物件のレピュテーションにも影響して、物件価値が低下し、結果としてお互いが損失を拡大させることになってしまっていたであろう。

【解説編】

(1) ゼネコンの商事留置権

① 問題点の所在
A 開発型案件のストラクチャー

いわゆる開発型案件においては、SPCは、まず①レンダーから不動産ノンリコース・ローンを受けて土地を購入し、その際に土地についてレンダーのために抵当権（または根抵当権。以下同じ。）を設定し、次いで②ゼネコンに建物建設を請け負わせ（①の融資金に着工金の一部が含まれることもある。）、建物完成後、③レンダーからの追加の不動産ノンリコース・ローンを受けて竣工金を支払い、その際に建物についてレンダーのために抵当権を追加設定し、最終的に④土地・建物の収益及び売却代金によりレンダーの不動産ノンリコース・ローンを返済する、というのが一般的なストラクチャーとなっている。

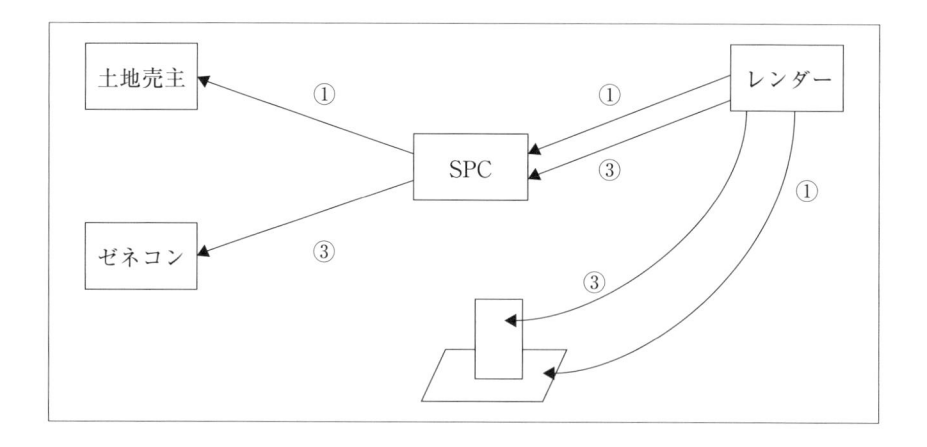

また、土地について信託設定されている場合は、SPCは、①に代えて、レンダーから不動産ノンリコース・ローンを受けて土地の信託受益権を購入し、その際に信託受益権についてレンダーのために質権（または根質権。以

下同じ。）を設定し、②に先立ち信託受託者から土地の使用貸借を受け、③に代えてレンダーからの追加の不動産ノンリコース・ローンを受けて、竣工金を支払って建物を追加信託する（①の信託受益権質権が建物の追加信託後も及ぶ。）。

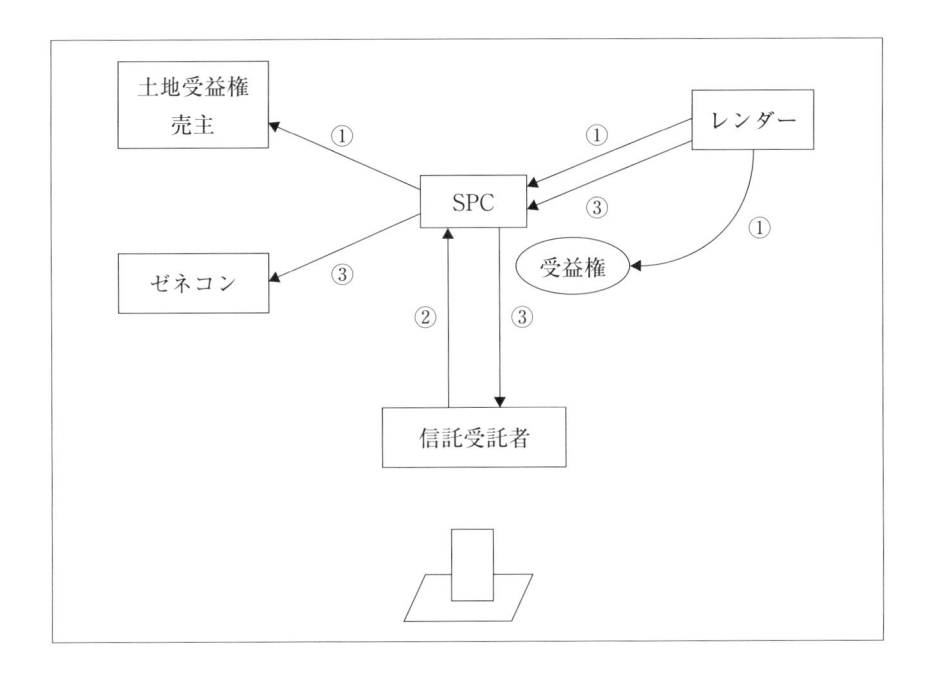

```
┌─────────────────────────────────────────────────────────┐
│  ┌──────────┐                                            │
│  │ 土地受益権│                    ┌────────┐             │
│  │  売主    │ ←──①──  ──①──→    │ レンダー│             │
│  └──────────┘       ┌─────┐      └────────┘             │
│                     │ SPC │←──③──                        │
│                     └─────┘         ┌──────┐  ①         │
│  ┌──────────┐       ↑ │             │受益権│←─┘          │
│  │ ゼネコン │ ←─③─┘ │             └──────┘             │
│  └──────────┘       ② │ ③                                │
│                        ↓                                  │
│                   ┌──────────┐                           │
│                   │信託受託者│                           │
│                   └──────────┘                           │
│                        │                                  │
│                        ▼                                  │
│                       ▭                                   │
└─────────────────────────────────────────────────────────┘
```

B 背景

リーマンショック以降、不動産市況が急激に悪化し、多くのデベロッパーが経済的に破綻したため、開発型案件が頓挫する事態が相次いだ。そのうち多くのケースが、ゼネコンが請負代金の支払をまったく受けていないか、ごく一部の支払しか受けていないため、建設工事を中断したり、完成した建物を土地ともどもSPCに引き渡さなかったりしている。

しかし、ボロワーであり、発注者でもあるSPCが破綻している以上、土地取得費用を貸し付け、敷地に抵当権を有しているレンダーにとっても、未払いの請負代金の回収のために土地・建物の引渡しを拒んでいるゼネコンに

とっても債権回収の原資は、土地・建物の処分代金しかない。

そのため、レンダー、ゼネコンがそれぞれ一定程度のロスを覚悟しつつ協力し合い、建物の完成・引渡しを経て土地・建物を売却し、売却代金から回収を図るか、いずれかが強硬に土地・建物競売を申し立てて回収を図るか、いずれかの選択肢しかない。そして、前者の場合においても後者の場合に何が起きるかという見立てがあってこそ、協議の土台ができる。

ここで問題になるのが、ゼネコンの土地（敷地）についての商事留置権の成否である。

C　問題点の発露

商事留置権とは、「商人間においてその双方のために商行為となる行為によって生じた債権が弁済期にあるときは、債権者は、その債権の弁済を受けるまで、その債務者との間における商行為によって自己の占有に属した債務者の所有する物又は有価証券を留置することができる」権能である（商法521条）。

民事留置権（民法295条）は、目的物と被担保債権との間の牽連性が要求される一方、目的物は債務者の物に限らない。商事留置権は、目的物と被担保債権との間の牽連性が要求されないが、目的物は、債務者の物に限られる[12]。

建物については、請負代金債権との牽連性が認められるため、その所有権が発注者であるSPCに帰属していれば、ゼネコンとしては、民事留置権を主張して引渡しを拒むことができる（所有権がゼネコンに帰属していれば、ゼネコンとして所有権に基づき引渡しを拒むことができるのは当然である。）。

しかし、土地については、請負代金債権との牽連性がないため、民事留置権も成立しない。また、ゼネコンは通常敷地利用権を有していないため、一般的には、建物についての民事留置権を主張しても当然には土地を占有する権原は発生しないと解されている（もっとも、学説のなかにはこの場合でも、

12　我妻栄ほか著『我妻・有泉コンメンタール民法総則・物権・債権』（第2版）496頁など

必要な範囲で占有権原を認めるものもあるが[13]、裁判例はない。）。

ゼネコンとしては、もっぱら土地についての商事留置権を主張して、引渡しを拒むことになるのである。

② ゼネコンの商事留置権に関する裁判例・執行実務

ゼネコンの土地についての商事留置権が成立するかについては、バブル崩壊後の金融機関による不動産競売事件の増加に伴い注目を集める論点となり、平成6年から平成11年までにわたり裁判所の判断が相次ぎ、平成15年7月25日に成立した「担保物権及び民事執行制度の改善のための民法等の一部を改正する法律」（平成15年法律第134号）の審議過程においても課題とされたものの、立法化は見送られた。その後、不動産不況の影響を受けて、再び裁判所の判断が示されるようになっているが、いまだに最上級審の判断は出ていない。

下級審の裁判例においては、下表のとおりであり（網掛けの裁判例が、結論においてゼネコンを勝たせたもの）、「否定するのが趨勢であるといって差し支えない状況である」[14]とみられる。

事件		工事の状況	占有の有無	占有取得の商行為性	他の物権との関係
平成6年2月07日　東京高裁　決定 金融法務事情1438号38頁以下	売却許可決定に対する執行抗告事件	完成か	肯定	肯定か	—
平成6年12月19日　東京高裁　決定 判例タイムズ890号254頁以下	競売手続取消決定に対する執行抗告事件	基礎工事	否定	—	先後関係
平成6年12月27日　東京地裁　判決 金融法務事情1440号42頁以下	建物収去土地明渡等請求事件	完成か	—	—	—
平成7年1月19日　東京地裁　判決 金融法務事情1440号42頁以下	工事代金請求事件	完成	否定（※）	—	—
平成9年3月13日　東京高裁　判決 金融法務事情1468号98頁以下	土地建物明渡請求控訴事件	完成	—	—	—
平成9年6月11日　福岡地裁　判決 金融法務事情1497号31頁以下	配当異議事件	上棟	否定	—	—

13　澤重信「敷地抵当権と建物請負報酬債権」（金融法務事情1329号25頁）
14　岸日出夫「商事留置権」（『新・裁判実務体系　12 民事執行法』104頁）

日付・出典	事件名	建物の状態			
平成9年6月13日　大阪高裁　判決 金融法務事情1508号80頁以下	建物収去 土地明渡請求 控訴事件	完成	肯定	－	－
平成10年4月28日　大阪高裁　判決 金融・商事判例1052号25頁以下	建物収去 土地明渡請求 控訴事件	完成	肯定	－	－
平成10年6月12日　東京高裁　決定 金融・商事判例1059号32頁以下	売却許可決定 に対する 執行抗告事件	コンクリート打設	否定	否定	－
平成10年11月27日　東京高裁　決定 金融法務事情1540号61頁以下	競売手続取消決定 に対する 執行抗告事件	ほぼ完成	肯定	肯定か	先後関係
平成10年12月11日　東京高裁　決定 金融法務事情1540号61頁以下	競売手続取消決定 に対する 執行抗告事件	躯体	否定	否定	－
平成11年7月23日　東京高裁　決定 金融法務事情1540号61頁以下	競売手続取消決定 に対する 執行抗告事件	一部躯体	否定	－	－
平成22年7月26日　東京高裁　決定 金融法務事情1906号75頁以下	競売手続取消決定 に対する 執行抗告事件	完成か	否定	－	－
平成22年9月09日　東京高裁　決定 金融法務事情1912号95頁以下	競売手続取消決定 に対する 執行抗告事件	上棟	否定	否定	－
平成23年6月07日　大阪高裁　決定 金融法務事情1931号93頁以下	競売手続取消決定 に対する 執行抗告事件	完成	肯定	肯定	先後関係

※　建物の所有権が既に土地所有者に移転している事案であり，裁判所は，請負業者が「留置権の行使により本件建物の引渡しを拒否できる反射作用として，本件建物を留置するために必要不可欠なその敷地たる本件土地部分の明渡しを拒否することができるものと解するのが相当」とするが，かかる「反射作用」の根拠は不明である。

　執行実務においては、執行裁判所により取扱いが区々分かれている模様であるが[15]、近時、東京地方裁判所民事執行センターでは、従前の運用を改め、少なくとも建物が未完成の場合には、ゼネコンの土地についての商事留置権を認めないものと取り扱うようになった[16]。

15　東京地方裁判所民事執行センターの運用について、「建物建築請負契約の請負人の敷地に対する商事留置権の取扱い」(『民事執行判例・実務のフローンティア』別冊判例タイムズ24　136頁)
16　「さんまエクスプレス（第60回）」（金融法務事情1912号81頁）

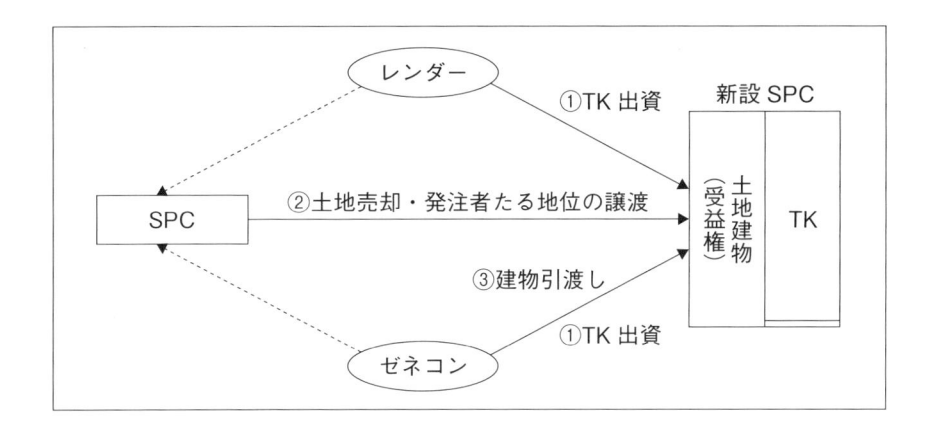

```
┌─────────────────────────────────────────────────────────────┐
│                                                 新設 SPC    │
│              レンダー      ①TK出資       ┌──────┬──────┐   │
│             ╱       ╲                   │土地  │      │   │
│           ╱           ╲                 │建物  │      │   │
│         ╱               ╲               │(受  │  TK  │   │
│   ┌─────┐  ②土地売却・発注者たる地位の譲渡│益権)│      │   │
│   │ SPC │────────────────────────────→│      │      │   │
│   └─────┘                               │      │      │   │
│         ╲               ╱               │      │      │   │
│           ╲  ③建物引渡し ╱              │      │      │   │
│             ╲         ╱                 └──────┴──────┘   │
│              ゼネコン      ①TK出資                          │
└─────────────────────────────────────────────────────────────┘
```

　すでに、多数の文献[17]があるので詳細は譲るとして、裁判例のポイントは、次の点にあると考えられる。

ⅰ　そもそも、商事留置権の対象には不動産は含まれない、との裁判例もあるが[18]、ほとんどの裁判例、学説は不動産にも商事留置権を認めている。

ⅱ　不動産にも商事留置権を認めるとしても、ゼネコンについては、商事留置権を認めないとする裁判例が多い。否定する理由としては、主に独立した占有がない、商行為に基づく占有でないという点にある。

　前者は、そもそもゼネコンによる敷地の使用は請負の目的である建築工事の施工という債務の履行のための立入り使用であって発注者に対してのみ主張することができるもので、建築請負契約の請負人は、敷地の占有補助者にすぎず、敷地についての商事留置権の基礎づけるに足る独立した占有が認められないとするものである。

　後者は、ゼネコンが建物を完成した場合、原則としてゼネコンが原始的に所有権を取得し、引渡しにより発注者へ所有権が移転すると解されているところ、ゼネコンが建物竣工時に建物の所有権を取得し、その結果敷地の占有

17　岸日出夫前掲、泰光昭「建築請負人の敷地権に対する商事留置権」（『新・裁判実務体系　2　建築関係訴訟法』147頁）、清水元「不動産競売と商事留置権」（『新・裁判実務体系　7　不動産競売訴訟法』258頁）、畠山新「抵当権と不動産の商事留置権」（金融法務事情1945号44頁）及びこれらの引用文献参照

18　東京高判平成8年5月28日（金法1456号33頁）、東京高決平成22年7月26日（金融法務事情1906号75頁）

を取得したとしても、請負人が引渡し前の建物を所有することは、当初の建築請負契約に基づく請負人の土地使用とは別個のものであり、請負人と注文者との間の商行為としての建築請負契約に基づくものともいえず、商行為によって取得したものではないというものである。

⒤ 前述のとおり、裁判例としてはゼネコンに敷地に対する商事留置権を認めないというのが趨勢といっていい状況であるが、背景としては、つとに指摘されているように、以下のような諸種の点が考えられる。

すなわち、融資を実行したレンダーとしては、およそボロワー（借入人）である発注者の破綻など予測しておらず、敷地に対する抵当権の設定以降、ほとんど為す術がない。もし敷地に対するゼネコンの商事留置権の成立を認めると、せっかく抵当権を設定し対抗要件まで具備したとしても、その後に発生する商事留置権が事実上優先される結果、レンダーとしては、まったく予期しない多大な不利益を被ることとなる。このような事態を踏まえて融資をするとなると、開発型案件に対してレンダーとしては消極的にならざるを得ず、担保法の秩序を混乱させることとなりかねない。

他方、ゼネコンとしては、不動産工事の先取特権を登記しておくなどあらかじめ代替手段を講ずることができるだけでなく、発注者の状況によっては工事を中止して損害の拡大を防ぐ術もある。担保法の秩序を混乱させてまで、ゼネコンに商事留置権の保護を与える必要はない、との実質的価値判断が働いているのではないかと思われる。

⒤ なお、レンダーとゼネコンとの利害調整の基準として抵当権と商事留置権の対抗問題として捉える裁判例、学説もあるが、実際のところ、開発型案件においては、土地取得段階からストラクチャーが始まるのが通常であり、レンダーによる敷地に対する抵当権設定登記の具備がゼネコンによる請負工事に先行するのが常態であろうと思われる。

そうすると、結局敷地に対するゼネコンの商事留置権は、常にレンダーの抵当権設定登記に後れることになり、実質的にゼネコンの商事留置権を否定する結果に等しいのではないかと思われる[19]。

③ 考え方と実務的対応
A ゼネコンに土地についての商事留置権が認められる場合の帰結

ゼネコンは、請負代金の支払を受けるまで建物のみならず土地も留置でき、何人に対しても土地・建物の引渡しを拒むことができる。

土地について設定されたレンダーの抵当権との関係では、レンダーが土地について担保不動産競売を申し立て、土地の買受人が代金を納付しても商事留置権は消滅せず、買受人が引き受けるべき権利とされるため（民事執行法188条、59条4項）、土地の評価額は、もともとの評価額から商事留置権の被担保債権である請負代金額を控除して決定されることとなる。そして、請負代金額が土地のもともとの評価を上廻る場合には、土地の評価額がない（実務上は、1筆あたり1万円）ものとなり、無剰余として担保不動産競売事件そのものが取り消されてしまうことから（民事執行法188条、63条2項1号）、レンダーは、土地に抵当権を有しているにもかかわらず、ゼネコンの請負代金が満足されない限り競売によることが不可能となり、レンダーの債権回収可能性が奪われる。

他方で、ゼネコンとしても、被担保債権を弁済しようとする者が現われない限り土地・建物を留置できるだけである。また、商事留置権の効力として土地に対して形式競売を申し立てたとしても、土地について優先するレンダーの抵当権が設定されており、多くの場合オーバーローンとなっているのが通常であるため、結局、無剰余取消しを免れない（民事執行法188条、63条2項2号）。

このように、ゼネコンに土地についての商事留置権が認められたとしても、レンダー、ゼネコンとも法的手続による回収はできない事態が多いのではないかと考えられ、結局、レンダー、ゼネコンのお互いの「にらみ合い」が続くこととなり、債権回収が遅れるだけに終わる。

---

19 なお、TMKスキームにおいて、資産流動化法128条に規定される特定社債権者が有する一般担保は、多くの場合（仮）登記されないのが常態であろうと思われる。そうすると、レンダーとゼネコンとの利害調整の基準として担保権と商事留置権の対抗問題として捉えると、レンダー（特定社債権者）が特定社債の買受けによって資金を拠出している場合、敷地に対するゼネコンの商事留置権はレンダーの一般担保に優先し（民法336条）、結果、常にゼネコンが事実上優先されることになる。

B　ゼネコンに土地についての商事留置権が認められない場合の帰結

　ゼネコンは、請負代金の支払を受けていないとしても土地を留置することができず、また、少なくとも発注者であるSPC以外の第三者に対しては、土地の使用を対抗することができない。

　土地について設定されたレンダーの抵当権との関係では、レンダーが土地について担保不動産競売を申し立て、土地の買受人が代金を納付した後、買受人が建物の収去（あるいは建前の撤去）及び土地の明渡しを求めた場合[20]、ゼネコンは、これを拒むことができない。しかし、レンダーとしても、（占有権原がないにしても）建物がある土地のみについて競売を申し立てることにより、土地上の建物と一括して売却する方が回収額が大きくなることが見込まれる。建物を収去しなければならないという結論が社会経済的損失（つまり、「だれも得しない」状態）であることは、とりわけ建物が完成している場合はいうまでもない。

　ただし、建物が完成していれば、民法上の一括競売（民法389条）を申し立てたり、建物が未完成であれば土地について競売を申し立てた上、売却保全命令（民事執行法188条、55条）を申し立てたりする選択肢はある。

C　実務的対応

　②において述べたとおり、ゼネコンの土地についての商事留置権の成否につき、いまだに最上級審の判断は出ていない。

　上記のように、あくまでも法的手続により回収を図ろうとすると、商事留置権が成立すれば、事実上、競売による売却は不可能であり、成立しなくとも、建物を収去しなければならないことになる。民法上の一括競売や売却保全命令申立ての可能性について言及したものの、その際は、土地についての競売手続を進めてよいか否か、無剰余の判定という審理におけるものではなく、建物の所有権を奪ったり撤去したりしてよいか否か、正に商事留置権の成否が正面から問題となる審理におけるものとして裁判所の判断が示される

20　引渡命令（民事執行法188条、83条）も可能ではあるが、引渡命令は建物収去（あるいは建前の撤去）には及ばない。

ことになるのであるから、「成立を否定するのが趨勢であるといって差し支えない状況」という下級審の傾向がそのまま妥当する保障はない。

加えて、法的手続によることの費用と時間の負担が重く、とりわけ時間については、使用されないまま建物が放置されると劣化してしまう。

そのため、実務的には、前述のように、レンダー、ゼネコンが、それぞれが一定程度のロスを覚悟しつつ協力し合い、建物の完成・引渡しを経て土地・建物を売却し、売却代金から回収することが多く行われている。

その具体的な手法については、後述(2)（110頁）のとおり。

④　信託受益権の場合

ところで、開発型案件のうち、土地については信託受託者に信託され、SPCは、当該土地の信託受益権を保有している場合、以上の議論は妥当するか。

この場合、ゼネコンによる土地の占有がいかなる原因であれ、土地の所有権は信託受託者にあり、SPCにはないため、「債務者の所有する物」という商事留置権の要件を欠く。したがって、SPCが土地の信託受益権を保有している場合、ゼネコンに商事留置権を認める余地はない。

レンダーが土地の信託受益権の質権または一般担保の実行として譲渡命令や売却命令を申し立てた場合、無剰余のときは売却命令の発令を受けることができず（民事執行規則141条1項）、譲渡命令についても、東京地方裁判所民事執行センターでは売却命令と同旨に考えているようであるが[21]、ゼネコンの土地についての商事留置権の負担のないものとして土地の評価を受けることができる[22]。

ただし、SPCが信託受託者より土地の使用貸借を受け続ける限り、直ちにゼネコンが建物の収去（あるいは建前の撤去）をしなければならないもので

21　東京地方裁判所民事執行センター実務研究会編『民事執行の実務－債権執行編（下）〔第2版〕』77頁

22　なお、ある裁判所より、更地のままでは収益を生まないことから当該受益権には価値がないとの指摘を受けたことがあるが、土地信託受益権の価値は、期中の信託配当に限らず、信託終了時には元本返還として受益者に現物土地そのものが交付されるのであるから（信託法2条7項）、失当と解される。

3　開発型案件の再生

はない。使用貸借契約が終了したり、土地の信託受益権の質権または一般担保の実行によって当該受益権が第三者に移転した上、信託解除により土地が第三者（レンダーを含む。）の所有に帰属したりするなどにより使用貸借関係が解消されると、ゼネコンは、建物の収去（あるいは建前の撤去）を拒むことはできない。

この点は、SPCが現物土地を所有している場合と異なるが、実際に建物の収去をすることの社会経済的損失や、費用と時間の負担が重い点は同じであり、実務的には、SPCが受益権を保有している場合であっても、同様に協力し合って売却代金から回収することが多い。

(2) リストラクチャリングの手法

① リストラクチャリング前の権利関係

以上を概観すると、土地・建物（あるいは建前）についての権利関係は、以下のとおり整理することができる。

まず、SPCが現物の土地を所有している場合、レンダーは土地について抵当権を有するのに対し、ゼネコンは、建物（あるいは建前）について所有権を有するとともに、土地については商事留置権の存否を争いうる状態にある。

他方、SPCが土地の信託受益権を保有している場合、信託受託者が土地について所有権を有し、レンダーは、その受益権について質権を有するのに対し、ゼネコンは、建物（あるいは建前）について所有権を有するものの、土地については信託受託者その他の第三者に対抗できる占有権原がないという状態にある。

かかる状態を前提に、レンダー及びゼネコンの間において賃料・売買代金を分配する順序や割合につき協議が行われることになるが、協議が整ったとしても、SPCの所有する土地についてはもとより、建物についても、建築請負契約が存続する限り、後述③（111頁）のとおり、所有者であるゼネコンといえども自由に賃貸・売却できるわけではない。これらの点が解消されないことには、画に描いた餅である。

以下に、レンダー及びゼネコンの行いうるリストラクチャリングの手法に

ついて、検討する。

② 土地の売却

　第三者に土地を売却する場合、SPCの協力を得られるのであれば（後順位の抵当権者・差押債権者がいればこれらの者の協力も必要である。）、SPC及び第三者の間において土地売買契約を締結させて、土地を第三者に取得させる。

　これに対し、SPC等の協力を得られないときはレンダーまたはゼネコンが不動産競売を申し立てるほかにないが、そのまま競売を申し立てたのでは、前述のとおり無剰余取消しも予想されるところである。そこで、レンダー及びゼネコンの間において賃料・売買代金を分配する順序や割合について合意をする際、次のような取決めをしておく。

　すなわち、レンダーが競売を申し立てるのであれば、ゼネコンが、当該競売手続及び買受人に対する関係では土地についての商事留置権があったとしても、これを主張しない旨の上申書を提出する。ゼネコンが競売を申し立てるのであれば、レンダーが、ゼネコンの土地に対する商事留置権の存在を争わない旨の上申書と、優先債権を有する者としての同意書（民事執行法63条2項ただし書後段）を提出する、というものである。

　なお、SPCが所有するのが現物土地ではなく土地の信託受益権の場合も、SPCの協力を得られるのであれば、SPC及び第三者の間において受益権売買契約を締結させて、土地信託受益権を第三者に取得させるのは同じである。

　他方、SPC等の協力を得られないときは、前述のとおり、レンダーが受益権質権または受益権についての一般担保の実行として譲渡命令や売却命令を申し立てれば足りる。

③ 建築請負契約の処理

　発注者であるSPCとの間における建築請負契約の処理は、リストラクチャリングの前提となる。なぜなら、SPCとの間に建築請負契約が存続する以上、ゼネコンは、SPCに対し、建物を完成させて（かつ、だれにも使用・収益をさせないままの状態で）引き渡すべき義務を負い続けるからである。

A　SPCの地位を土地の取得者に承継させる場合

　建築請負契約の処理の方法として、まず、同契約におけるSPCの発注者としての地位を、土地の取得者に承継させることが考えられる。土地の取得者が発注者となれば、ゼネコンは、同者に対し、請負代金と引き換えに建物を引き渡すことができる（信託受益権の場合は、さらに、土地の信託の受益者が引渡しを受けた建物を追加信託する。）。

　この点、SPCの協力を得られる場合は、発注者であるSPCと土地の取得者の間において地位譲渡契約を締結させて、SPCの地位を土地の取得者に承継させる。

　また、SPCの協力を得られない場合であっても、ローンの実行の際、レンダーがSPCより当該地位につき地位譲渡予約完結権の付与を受けていれば、これを行使して、SPCの地位を土地の取得者に承継させる。

B　建築請負契約を解除する場合

　Aのいずれもできない場合は、建築請負契約を解除することになる。建築請負契約を解除すれば、ゼネコンは、建物を完成させて引き渡すべき義務から解放され（民法545条）、自己の所有物として建物を土地の取得者に売却することができる（受益権の場合は、さらに、土地の信託の受益者が購入した建物を追加信託する。）。建築請負契約では、解除をした場合にその効力を遡及させない旨、約款に定められていることが多いが、発注者に出来高精算をする意思も能力もない場合にまで当該約款に拘束されなければならないとまでは解されない。

　リストラクチャリングを目指す場合、たとえば工事代金の未払いなど、建築請負契約の解除事由は、存在しているはずである。

　なお、建築請負契約を解除すれば、ゼネコンは、自己の所有物として建物を所有し続け、第三者に賃貸することもできるようになるが、建築請負契約の解除に伴い、土地を使用できる地位を失うことになるため、土地の売却と同時または売却後に行われるべきである。

C　着工金の取扱い

　建築請負契約の処理にあたり留意されなければならないのは、ゼネコンがSPCより既に支払を受けた着工金の取扱いである。

　多くの場合、SPCは、ゼネコンに対して着工金として請負代金の一部を支払っていることであろうが、この場合において、SPCの地位を承継させたときは、着工金相当額が当該地位の対価となり、被承継人（あるいはレンダー）がSPCに対してこれを支払わなければならない。

　ゼネコンとしては、SPCに対する損害賠償請求権と相殺を主張するほか、地位承継の対価がローンに充当され、レンダーとの間で調整できるようあらかじめレンダーと手順を合意しておく必要がある。

④　土地・建物を取得するヴィークル

　これまでみたように、土地・建物を第三者に取得させるには、いくつかの超えるべきハードルがあり、外部の第三者に対する売却することは困難であるか、少なくとも売買代金の低減は避けられない。だからといって、一時的にも土地・建物をレンダーかゼネコンのいずれかが単独で取得することには、他方の反発が避けられない。したがって、現実の処理方法としては、レンダー及びゼネコンが共同して組成した別の新設SPCに取得させる以外に、にわかに考え難いところである。

　かかる新設SPCに土地・建物を取得させるとすると、レンダー及びゼネコンは、前述の賃料・売却代金を分配する順序や割合のほか、新設SPCの種類や社員持分の帰属・取締役の構成を決めた上、当該賃料・売却代金を分配する順序や割合に沿って、新設SPCの収入が分配されるように取り決める必要がある。

A　GK・KK

　新設SPCの種類として会社法上のGKや株式会社（KK）を選択した場合、資金拠出の方法としては、ローン、匿名組合（TK）出資、社員持分・株式出資など柔軟に検討することができる。もっとも、社員持分・株式出資については二重課税が問題となり、ローンといったデットについても、債権額を

上回る収入があったときに余剰が配当される社員持分・株式出資について二重課税が問題となるため、全部または一部をTK出資によることが予定される。

また、土地・建物を現物のまま保有する場合、不動産特定共同事業契約（不動産特定共同事業法2条3項）に該当し、新設SPCについて同法3条の許可が必要とならないかが問題となる。この点、同法施行令1条2号により不動産特定共同事業契約から除かれるのは、TK出資者が、営業者の「発行済株式の総数又は出資の総額」を所有する場合であるが、TK出資者が複数存在し、かつ、その複数のTK出資者が合計して「発行済株式の総数又は出資の総額」を所有するときにこれに該当するかは定かでないため、GKやKKを用いる場合は、土地・建物を信託することが多いであろう[23]。

B　TMK

TMKを選択した場合、不動産特定共同事業法との関係は問題にならないが、資金拠出の方法が資産流動化法所定のものに限られる。

そして、特定借入れについては適格機関投資家（金商法2条3項1号）しかすることができず（資産流動化法210条2号、同法施行規則93条）、また、導管性の要件を満たすため、事実上、特定社債を機関投資家（租税特別措置法施行規則22条の18の4第1項）または特定債権流動化特定目的会社（同法施行令39条の32の2第2項）に保有させる必要がある（租税特別措置法67条の14第1項1号ロ）。

C　まとめ

以上をまとめると、TMKは、レバレッジをかけることを前提としないストラクチャーにおいては、使い勝手が悪い面があるため、土地・建物を信託した上、GKまたはKKにTK出資をするのがふさわしいものと考えられる。

しかし、レバレッジをかけない（特定社債を発行しない）としても、二重課税を甘受するのであれば（たとえば、新築されたばかりのオフィスビルであ

23　不動産特定共同事業法の改正につき26頁参照。

れば、二重課税を避けなければならないほどの収入は見込めないであろう。)、TMKであってもさほどの不便はなく、むしろ現物をそのまま所有できるのがメリットになることもあるなど、新設SPCの種類及びこれに伴う資金拠出の方法については柔軟に設計することができる。

(3) 完工保証

このように、開発型案件においては、建物の収益及び売却代金がレンダーによる不動産ノンリコース・ローンの最終の引き当てとなるため、建物完成とSPCへの所有権移転・引渡しがストラクチャーの根幹をなす。

そのため、あらかじめ、レンダー、SPC、ゼネコンの三者間で、ゼネコンによる建物建設工事の完工とSPCへの所有権移転・引渡しについて覚書等を交わすことが行われる(いわゆる、完工保証)。

完工保証の内容としては、①SPCが、レンダーに対し、SPCの債務不履行、破産申立て等の事由が生じた場合に、SPCの発注者たる地位をレンダーあるいはその指定する者に承継させる権限(前述の地位譲渡予約完結権)を与え、ゼネコンがこれを承諾する、②かかる事由の発生にかかわらず、ゼネコンは建築請負契約を解除せず、本来の建築請負契約に基づき建物建設を竣工させ、SPCに建物を引き渡すことをレンダーに保証する、③ゼネコンに債務不履行、破産申立て等の事由が生じた場合は、(一定の対価との引き換えに)レンダーが指定する新たなゼネコンにその地位を承継させ、SPCも異議を述べないなどという条項が盛り込まれる。

完工保証を得られるか否かは、ゼネコンとの力関係によるところが大きいが、ことゼネコンとのリストラクチャリングに備える観点では、①だけでも合意されていることが望ましい。

4 不動産ファイナンスの再生に関わる税務

(1) レンダーの税務との関わり

　前章において、導管性についてレンダーが意識する傾向にある旨を紹介したが、こと不動産ファイナンスの再生の局面では、レンダーの主体的な関与も必要になる上、多くはキャッシュフローも不安定な状態にあり、より積極的に税務に配慮をしないと再生が奏功しない展開もあり得る。

　以下に、レンダーの税務との関わりのポイントを紹介する。

(2) キャッシュトラップの税務

① 問題点の所在

　不動産ノンリコース・ローンにおいては、DSCR等を基準としたキャッシュトラップを設け、これに抵触した場合にエクイティ投資家に対する配当を停止するという措置がとられるケースが多い。

　すなわち、開発型案件等の例外を除き、不動産ノンリコース・ローンでは担保不動産からのキャッシュフローと、担保不動産そのものの価値にのみ依拠するのが通常であり、担保不動産の稼動率が低下してキャッシュフローが少なくなったり、それに起因して担保物件の市場価格が低下したりすることは、レンダーの回収可能性の低下に繋がりかねない。

　こうした事態は、アセット・マネージャーのリーシング方針がマーケットから乖離している場合や、極端な例ではアセット・マネージャーの怠慢によって引き起こされる場合もある。このような事態が継続すると、いずれ期限の利益喪失事由に該当する事態に至ることになるが、ノンリコース・ローンのレンダーとしては、そのような事態に至る前に、早期の段階でアセット・マネージャーに対して是正を迫ることが望ましく、早期是正の達成を担保するためのメカニズムとしてキャッシュトラップが組み込まれるのである。

　しかし、SPCが税法上の「利益」を出していながら、投資家への配当を停

止することには、税務面での考慮が必要となる。

② GK-TKスキームの場合

GK-TKスキームにおける匿名組合出資者に対する配当については、源泉徴収義務の問題がある。

居住者に対し、国内において匿名組合契約に基づく利益の支払をする場合は、源泉徴収をしなければならない（所得税法210条）。この支払には、現実に金銭を交付する行為のほか、その「支払の債務が消滅する一切の行為」が含まれる（所得税法基本通達181〜223共-1）、とされる。

そのため、キャッシュトラップによって現実に投資家への配当が停止され、現実に金銭が交付されないにもかかわらず、繰越損失・利益と当期損失・利益の関係によっては、「支払の債務が消滅する一切の行為」があったものとして源泉徴収義務が生じてしまうことがある。

A 期首時点で繰越損失・利益のないケース

この場合、「支払の債務が消滅する一切の行為」に該当すべき行為が存在せず、源泉徴収義務はないと解される。

B 期首時点で繰越損失があるケース

この場合に、収益が改善されるなどにより当期利益が計上されると、当期利益と繰越損失とを相殺する会計処理が行われる。

この相殺処理が「支払の債務が消滅する一切の行為」に該当するか否か。

この点、商法538条では、出資が損失によって減少したときは、その損失をてん補した後でなければ匿名組合出資者は利益の配当を請求することができない、と規定している。すなわち、当期に発生した利益は、前期までにおいて生じた出資金の減少額を補填しているにすぎず、出資金の補填後でなければ、そもそも利益分配請求権も発生しない。

したがって、「支払の債務が消滅する一切の行為」がなく、源泉徴収義務はないと解される。

C　期首時点で繰越利益があるケース

この場合に、たまたま当期損失が計上されると、当期損失と繰越利益とを相殺する会計処理が行われる。

この相殺処理は、「支払の債務が消滅する一切の行為」に該当するものと解され、源泉徴収義務が課せられる。

所得税法210条（源泉徴収義務）

居住者に対し国内において匿名組合契約（これに準ずる契約として政令で定めるものを含む。）に基づく利益の分配につき支払をする者は、その支払の際、その利益の分配について所得税を徴収し、その徴収の日の属する月の翌月10日までに、これを国に納付しなければならない。

所得税法基本通達181〜223共－1（支払の意義）

法第4編《源泉徴収》に規定する「支払の際」又は「支払をする際」の支払には、現実の金銭を交付する行為のほか、元本に繰り入れ又は預金口座に振り替えるなどその支払の債務が消滅する一切の行為が含まれることに留意する。

---

③　TMKスキームの場合

TMKスキームにおいては、導管性の維持が問題になる。TMKスキームでは、前述のとおり租税特別措置法第67条の14第1項の要件を満たした場合にのみ支払配当の損金算入が認められ、当該要件を具備するには、配当可能利益の90％を超える額を現実に配当する必要がある（2号ホ）。

そのため、キャッシュトラップによって現実に投資家への配当が停止されると、この要件を欠いてしまい、導管性が維持されない。

そこで、配当が停止される場合、TMKがエクイティ投資家から配当と同額の追加出資を受けた上で、現実に配当を実施することで、導管性を維持しながら、経済的には配当を停止したのと同じ状態をもたらすことができるよう、レンダーと投資家の間で合意をしておくことが求められる。

(3) 減損会計における税務

　リストラクチャリングにあたり、TMKにおいて減損会計が行われることがあるが、保有資産について減損会計が行われた場合、会計上は、簿価と時価との差額が損失として計上されるのに対し、税務上は、この減損損失の損金算入が認められないことが多い。そして、TMKによる利益の配当は、会計上の利益が上限額とされるため（資産流動化法114条1項）、資産流動化法上（会計上）の配当可能利益の額よりも、税法上の配当可能所得の額が大きくなることがある[24]。

　ところで、TMKスキームでは、前述のとおり、租税特別措置法67条の14第1項の要件を満たした場合にのみ支払った利益の配当の損金算入が認められるが、当該要件を充足するには、当該配当額が「配当可能利益の90％」を超える必要がある（2号ホ）。

　従前、支払った利益の配当額が「配当可能利益の90％」を超えているかを判定するにあたっては、税務上の配当可能所得の額が基準とされていた。そのため、上記のような税務上の配当可能所得の額が資産流動化法上（会計上）の配当可能利益の額よりも大きくなる場合には、この要件を充足することが困難になり、TMKの導管性は否認され二重課税が発生してしまうという事態が想定された。

　この点、平成21年に租税特別措置法が改正され、「配当可能利益の90％」を超えているか否かの判定を、資産流動化法上（会計上）の配当可能利益の額を基準とすることで手当され、導管性の要件を充足することは可能になっている。

　ただし、課税所得に対する課税に関しては、減損損失の損金算入が認められない結果、「配当可能利益の90％」を超えて支払った利益の配当を損金算入してもなお、税務上の課税所得が残ることがあるので、引き続き留意が必

24　ほかにも、TMKの場合は、資産対応証券として特定社債のみを発行し、かつ、ALP上の特定社債の発行総額と特定借入れの総額との合計額が200億円に満たないもの以外は、会計監査人の設置が強制され（資産流動化法67条ただし書、同法施行令24条）、減損会計等についても厳密な適用がされる結果、減損が生じることがある。

要である。

> **資産流動化法114条1項**（社員に対する利益の配当）
> 　特定目的会社は、その社員（当該特定目的会社を除く。）に対し、最終事業年度の末日における第1号に掲げる額から第2号から第4号までに掲げる額の合計額を減じた額を限度として、利益の配当をすることができる。
> 　一　資産の額
> 　二　負債の額
> 　三　資本の額
> 　四　前2号に掲げるもののほか、内閣府令で定める額

> **特定目的会社計算規則12条**（利益配当における控除額）
> 　法第百十四条第一項第四号に規定する額は、資産につき時価を付するものとした場合（第五条第三項各号及び第六項第一号の場合を除く。）においてその付した時価の総額が当該資産の取得価額の総額を超えるときは、時価を付したことにより増加した貸借対照表上の純資産の額とする。

(4) レンダーによる社員持分取得の税務

① 受取配当等の益金不算入の適否

　リストラクチャリングにあたり、レンダーがSPCの社員持分を取得することのあることは、前述のとおりである。

　この点、通常、親会社が子会社から受け取る配当金については、法人税法23条1項により、二重課税は排除されている。しかし、TMKから受け取る配当金については、支払側のTMKにおいて租税特別措置法67条の14第1項の要件を満たした場合に、支払配当の損金算入が認められているため、受取側の親会社（特定社員、優先出資社員）においては、益金不算入が認められないことから（法人税法23条5項、法人税法施行令22条の2第1項、22条2項2号）、レンダーがTMKの社員持分を取得した後においても導管性を維持しな

い限り、二重課税が発生してしまうことになる。

　したがって、TMKスキームの場合、レンダーとしては、TMKの社員持分を取得することにより当然に二重課税が排除されるものではないことに配慮が必要である上、TMKが特定借入れを行っている場合には、その特定借入れが特定社員からのものであると導管性の要件を満たさないこと（租税特別措置法67条の14第１項２号ト）にも注意が必要である。

法人税法23条１項（受取配当等の益金不算入）
　内国法人が次に掲げる金額（第１号に掲げる金額にあっては、外国法人若しくは公益法人等又は人格のない社団等から受けるもの及び適格現物分配に係るものを除く。以下この条において「配当等の額」という。）を受けるときは、その配当等の額（完全子法人株式等及び関係法人株式等のいずれにも該当しない株式等（株式、出資又は受益権をいう。以下この条において同じ。）に係る配当等の額にあつては、当該配当等の額の100分の50に相当する金額）は、その内国法人の各事業年度の所得の金額の計算上、益金の額に算入しない。
　　一　剰余金の配当（株式又は出資に係るものに限るものとし、資本剰余金の額の減少に伴うもの及び分割型分割によるものを除く。）若しくは利益の配当（分割型分割によるものを除く。）又は剰余金の分配（出資に係るものに限る。）の額
　　二　資産の流動化に関する法律第115条第１項（中間配当）に規定する金銭の分配の額
　　三　公社債投資信託以外の証券投資信託の収益の分配の額のうち、内国法人から受ける第１号に掲げる金額から成るものとして政令で定めるところにより計算した金額

---

② 遅延損害金の処理

　同様に、レンダーがSPCの社員持分を取得する場合、レンダーからSPCに対するローンは、いわば親子間貸付けとして残り、このローンが期限の利益を喪失していれば、遅延損害金が生じ続けることになる。

この点、遅延損害金が生じたところで、もはや経済的なメリットはもとより、弁済を促すという法的なメリットもない。しかし、親子間会社の遅延損害金といえども、SPCに資産のある状況で安易に免除・減免をするとレンダーに寄付金課税の問題が発生してしまう可能性があるため、慎重に検討する必要がある。

　また、SPCの社員持分を取得した後、期限の利益が喪失されたローンをそのままにしておく必要はないため、管理面等の考慮によりエクイティに振り替えられることが検討されるが、この場合も、寄付金課税等の問題を回避するべく、未払遅延損害金残高も含めて振り替えることが行われる（TMKスキームでは、特定社債の償還にあたり財務代理人への手数料や優先出資の払込みなどのコストが生じる上、導管性が損なわれるため、GK-TKスキームよりもエクイティに振り替えるインセンティブに乏しい。）。

　なお、レンダーが遅延損害金を免除する場合、SPC側では債務免除益が計上されることになるが、過去に計上された遅延損害金等として控除可能な繰越欠損金（法人税法57条）があれば、この債務免除益に係る課税は生じないものと考えられる。

第3章 不動産ファイナンスの回収実務

　第1章において紹介したとおり、不動産ファイナンスにおいては、現物不動産・不動産信託受益権がその裏付け資産となり、裏付け資産や被担保債権の種類・性質に応じた担保権が付されている。現物不動産を裏付け資産とするローンであれば抵当権が、不動産信託受益権を裏付けとするローンであれば質権が、TMKの発行する特定社債であれば一般担保が、それぞれ付されているのが一般的である。

　このうち、不動産信託受益権に対する質権については、法的実行においても「その他財産権に対する執行手続」として幾分特殊な手続が行われる上、裁判所の手続を経ることなく私的実行が可能とされているところ、その具体的な方法等としては、いまだ確立されたものが存在しない状況にある。また、一般担保については、民事執行法に明確な規定がなく、加えて一般担保が実行された実例が乏しいためはたして実行できるのか、とさえ懸念を感じるレンダーも少なくない。

そこで、本章では、不動産信託受益権の私的・法的実行手続、及び一般担保の実行の方法等について考察する。
　なお、現物不動産に対する抵当権については、通常のコーポレート・ローンにおけるものと異ならないため、とくに必要と考えられる点を除き言及しない。

1　不動産信託受益権質権の私的実行

【ケーススタディ編】

＜TK出資者の抵抗を排除して私的実行に及ぶことができたケース＞

基礎データ
スキーム：GK-TK（信託受益権） 運用資産：オフィス（東京都） ローン（社債）金額：20億円 条件：3年タームローン（アモチなし）

(1) 経　緯

　本件におけるスポンサー兼アセット・マネージャーであったS社は、当時数々のファンド組成により急速に受託資産を積み上げていた。

　本件は、都内のオフィスビルに投資する目的でS社が組成したファンド向けのものであり、S社及びS社が募集した投資家からのTK出資と、X社からの20億円のノンリコース・ローンにより、15階建てのオフィスビルを信託財産とする不動産信託受益権が取得され、X社は、当該不動産信託受益権に質権の設定を受けた。

　実行後、物件の稼働は良好で、キャッシュフローも安定していた。

　ところが、リーマンショックによる金融、不動産マーケットの激変により、S社の業績が急激に悪化し、最終的には倒産手続申立てという事態となった。ローン契約上、スポンサーデフォルトが期限の利益喪失事由となっていたものの、請求期失となっていたことから、X社は、直ちには期限の利益を喪失させず、債権回収のフェーズに入って行くことになった。

```
                    ┌──────────────┐
                    │ 一般社団法人  │
                    └──────┬───────┘
                           │社員持分
                           ↓
┌──────────┐  売買契約  ┌──────────┐  ローン契約  ┌──────────┐
│受益権売主 │←────────→│          │←──────────→│ レンダー  │
└──────────┘           │          │             │   X社    │
    ↕信託契約           │          │             └──────────┘
┌──────────┐  信託契約  │  借入人  │   TK出資    ┌──────────┐
│  受託者  │←────────→│    GK    │←──────────→│  投資家   │
└──────────┘           │          │             │   E社    │
    ↕PM契約             │          │             └──────────┘
┌──────────┐           │          │   TK出資    ┌──────────┐
│プロパティ・│          │          │←──────────→│ スポンサー │
│マネージャー│          │          │   AM契約    │   S社    │
└──────────┘           └──────────┘             └──────────┘
```

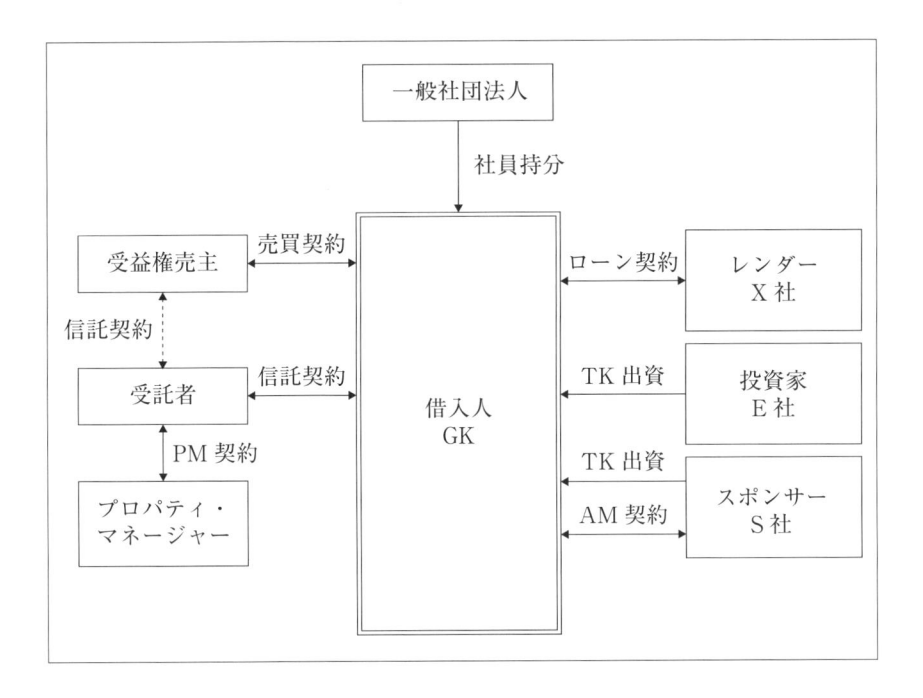

金銭消費貸借契約第○条

　次に掲げる事由が生じたときは、本債務は、貸付人の請求により期限の利益が喪失される。

　　　　　　　　　　　　・・・

（○）　アセット・マネージャー、スポンサー又はマスター・レッシーについて、破産手続開始、民事再生手続開始、会社更生手続開始、特別清算開始、その他適用のある法的倒産手続の申立てがあったとき

---

(2) リストラクチャリングの模索から質権実行へ

　前述のとおり、物件のキャッシュフローが安定していたこと、X社が直ちには期限の利益を喪失させずにいたことから、まずS社は、X社との間でリストラクチャリングによるローン継続を模索したが、条件面（アセット・マネージャーの交替、追加TK出資による一部内入れ等）で折り合わなかった。また、S社は、投資家サイドに物件の購入を持ちかけたり、リファイナンスに

よる返済等の検討を打診したりもしたが、投資家サイドは既存のローンの継続を望んでいたためこれらも実現しなかった。

　一方、このまま期限の利益を喪失させることなくマチュリティを迎えたところで、返済の可能性は低いものと考えていたX社は、リストラクチャリングが不調となった結果、回収を本格化せざるを得ないとの判断に至り、S社に対し、不動産信託受益権の売却によるローン返済を要請した。それを受けたS社は、大手不動産業者複数社を介して不動産信託受益権の売却活動に及んだが、手を挙げた候補者の数は少なく、また、候補者の示した購入希望額も、X社が想定していた価格には遙かに及ばない水準であった。

　そこで、X社は、S社に対し、ローン債権の残額に近い金額で購入するという、X社の指定する第三者に受益権を任意に売却するように提案する。上記S社の売却活動における候補者の示した購入希望額を大きく上回るため、S社としてもこれに応じることにし、X社とともに売買契約書の作成等の手続を進めていた。

　ところが、GKの業務執行社員の職務執行者（独立取締役）、TK出資者全社からの同意がない限り売買契約書に捺印できないとして売却が停止されてしまう。

　やがて、S社の倒産手続も進み、S社は、X社に対しアセット・マネージャーの辞任を申し出た。X社は、後任のアセット・マネージャーを選定した上、業務の引継ぎが完了しない限り辞任を許すことはできないと回答するとともに、それまでは業務を継続するように要請したが、S社は、プロジェクト契約を反故にして一方的にアセット・マネージャーを辞任した。

(3)　不動産信託受益権質権の私的実行

　任意売却が不調に終わったことから、X社は、改めて期限の利益を喪失させた上、質権実行手続に及ぶことになった。

　そこで、本件の不動産信託受益権質権設定契約には、多くのものと同様、流質特約を定めていたことから、この特約に基づき不動産信託受益権を処分できないか、私的実行に取り組むこととした。

> **不動産信託受益権質権設定契約　第○条**
> 2．質権者は、前項の質権実行において、法定の手続によらず、質権設定者に代わり一般的に相当と認められる方法、時期、価格等により本受益権を任意に処分し、又は本受益権を取得して、その取得金から諸費用を差し引いた残額を本債務の弁済に充当することができる。

　S社による売却活動の結果からすれば、ローン債権の残額を上回る金額で本件の不動産信託受益権を購入する者など存在しないことは明らかであったが、X社は、万全を期し質権実行の一環として入札を実施することにした。

(4)　質権実行禁止仮処分申立て

　ところが、1ヵ月の入札期間を設定して応札者を募り、その入札期間の満了も迫りつつあったころ、X社に、裁判所から通知書が届いた。E社が、X社による質権実行は、権利の濫用であるとして、これを禁止する仮処分命令を申し立てたというのである[1]。

> **質権実行禁止仮処分命令申立書**
>
> 　　　　　　　　　　　　　　　　　　　　　　　　平成○年○月○日
> ○○地方裁判所　御中　　　　　　　債権者代理人弁護士　　○○○○
> 　当事者の表示　　別紙当事者目録記載のとおり
> **第1　申立ての趣旨**
> 　債務者は、別紙信託受益権目録記載の信託受益権についての別紙質権目録記載の質権を実行してはならないとの裁判を求める。
> **第2　申立ての理由**
> 　　　　　　　　　　　（以下略）

1　民事保全手続上、申立人であるE社が「債権者」、相手方であるX社が「債務者」と表示される。

当初、任意売却を計画していたころからすでに半年以上が経過しており、自己の正当性を確信するX社としては、かかる申立てがあったところで質権実行を延期することは受け入れがたく、第1回双方審尋期日において、裁判所に質権実行のスケジュールを説明し、これを変更する予定はない旨を宣言する。

　この宣言を受けて、短期間に数度にわたる双方審尋期日が設けられ、X社は、裁判所に本件のスキームやローン条件を丁寧に説明するとともに、E社はこれを承知していたはずであるから、質権実行は何ら権利の濫用ではない旨を反駁した。

　質権実行の日の1週間ほど前、X社の弁護士のもとに、E社の申立てを却下する決定書が届いた。

　そして、X社は、既定どおり質権実行を進め、X社の指定する第三者にもともと予定されていたローン債権の残額に近い金額で、本件の不動産信託受益権を処分することができた。

【解説編】

(1) 信託受益権質権の私的実行とは

① 意　義

　信託受益権質権の私的実行とは、信託受益権質権の質権者が裁判所による執行手続（法的実行）を用いることなく信託受益権質権を実行し、信託受益権を換価しまたは直接取り立てることにより、被担保債権の回収を図ることをいう。

　信託受益権質権は、当該信託受益権そのものに加え、ⓘ受益者が受託者から信託財産に係る給付として受けた金銭等、ⓘⓘ信託法103条6項に規定する受益権取得請求権によって当該受益権を有する受益者が受ける金銭等、ⓘⓘⓘ信託の変更による受益権の併合または分割によって当該受益権を有する受益者が受ける金銭等、ⓘⓥ信託の併合または分割によって当該受益権を有する受益者が受ける金銭等、ⓥその他、当該受益権を有する受益者が当該受益権に代わるものとして受ける金銭等について存在する（信託法97条）。

　不動産ノンリコース・ローンにおける信託受益権質権で把握するのは、主にⓘにかかる信託配当、ⓥにかかる信託受益権を処分した場合の対価である。

　そして、質権者は、被担保債権について期限が到来すると、当該信託受益権そのものを換価し、または上記金銭等を直接取り立てて、他の債権者に先立って自己の債権の弁済に充てることができる（信託法98条1項）。これらの換価または直接取立てを裁判所による執行手続を用いることなく行うのが私的実行である。

② 換　価（流質）

　信託受益権質権の私的実行のうち、信託受益権を換価する場合は、いわゆる「流質」と呼ばれる手続をとる。

　民事質権においては、事前に流質特約を設けることは禁止されている（民法349条）。他方、商事質権においては、流質特約禁止は適用されない（商法

515条）。不動産ノンリコース・ローンにおける信託受益権質権は、商行為によって生じた債権を担保するための商事質権であり（不動産ノンリコース・ローンのヴィークルとして会社が用いられることの理由の1つである。）、実務上、信託受益権質権設定契約において、必ず流質特約が規定されている。

流質の手続には、目的物を質権者が取得し、目的物の評価額から被担保債権額を控除後残余があれば、質権設定者に清算する帰属清算型と、目的物を第三者に処分して当該処分代金から被担保債権弁済後残余があれば、質権設定者に清算する処分清算型がある。

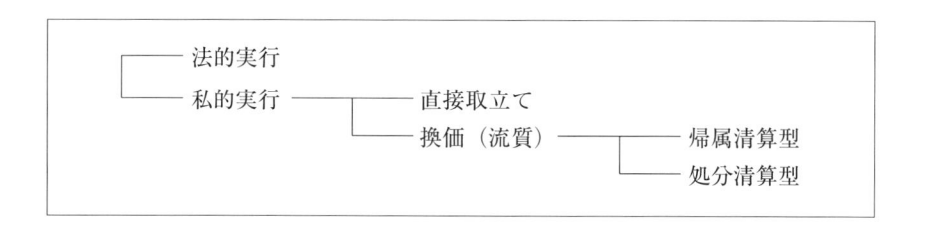

```
        ┌─ 法的実行
        └─ 私的実行 ─┬─ 直接取立て
                    └─ 換価（流質）─┬─ 帰属清算型
                                    └─ 処分清算型
```

信託受益権質権の流質は、これまで実例が少なく、処分清算型における処分の方法、信託受益権の取得または処分に際しての価格の決定方法、登記手続等、実務上定まっていない事項が多い。

以下では、信託受益権質権の私的実行について、手続を概説するとともに、それぞれの事項について若干の検討を加える。

③ 直接取立て

なお、質権者は、信託受益権質権の私的実行のうち、前記①記載の金銭等を直接取り立てることもできる。

もっとも、通常は、不動産ノンリコース・ローンにおける諸契約において、質権設定者たる受益者が受けるべき信託配当等の金銭の入金口座が、質権者が指定する口座とされ、質権者は当該口座に振り込まれた信託配当から期限の到来した自己の債権の弁済を受けられる仕組みとなっていることが通常である。

かかる仕組みを、信託受益権質権の効果と整理するにしても、契約上の合

意の効果と整理するにしても、いずれにせよ質権者は、質権実行として特段の手続を行うことなく、信託受益権について直接取り立てることができる。

(2) 流質の手続

① 開始事由

信託受益権質権の私的実行は、質権設定契約上の開始事由の発生によって開始される。開始事由をいかに定めるかは、質権設定契約の当事者の合意によるが、担保権の実行は、被担保債権についての弁済が一部でも怠った場合に開始できるものであるから、質権設定契約上の開始事由も、質権設定契約上定められた被担保債権についての弁済が一部でも怠った場合を私的実行の開始事由としていることが多い。

なお、質権設定契約上、私的実行の開始に先立って質権者から質権設定者、信託受託者等へ私的実行開始の通知を要するとされる場合がある。

事前通知には、質権設定者が事前に私的実行開始の事実を知り、実行の適正を監視することや、信託受託者に受益者変更の可能性をあらかじめ告知すること、ひいては、質権者が質権設定者等から事後的に異議を受けるリスクを低減させるメリットがある反面、ケーススタディ編のような仮処分等を申し立てられ、流質の手続が滞る可能性があるというデメリットもある。

質権設定契約上、通知を要するとされていればこれに従わざるを得ないが、そうでなければ質権者としては、かかるメリット・デメリットを慎重に判断する必要がある。

② 取得・処分価格

質権者は、信託受益権を取得・処分するに際して、相当な時価において信託受益権を取得する必要がある。

これは、不当に廉価で取得・処分したものと評価されると、時価との差額が「不当利得」として（流質後も被担保債権が残る場合は、時価との差額をさらに被担保債権に充当した上で）質権者が質権設定者に返還しなければならないのみならず、その差が著しい場合には流質自体が権利濫用として無効となり

かねないためである。裁判所が実行手続に関与する法的実行と異なり、私的実行では、この点が質権者にとってのリスクにもなりうる。

　そのため、質権設定契約上、相当な時価において信託受益権を取得・処分しなければならないとされている場合はもとより、そうでない場合であっても、質権者としてはできるだけ客観的な方法により（たとえば、質権者の社内評価は、社内ルールにより、いざというときに法廷に顕出できないことが多いであろう。）、取得価格の妥当性を担保することを意識しながら流質を行うことになる。

　具体的な方法としては、帰属清算型においては、不動産鑑定士による鑑定評価額や、質権者の売却活動によって得られた情報（質権設定者やアセット・マネージャーが売却活動を行っていた場合はそれらによって得られた情報、入札を行っていた場合はこれによって得られた情報）を基準に取得価格を定め、処分清算型においては、質権者が自ら、または第二種金融商品取引業者に委託して複数の取得候補者に働きかけ、ときに入札を行ってより高額での取得者を探索する。

　これらの方法のうち、処分清算型における入札についての具体的な手続は、実務上確定しているわけではないため、以下想定されるフローを一例として説明する。

　　A　入札手続の準備

　入札手続を行うに当たっては、まず自ら入札事務を行うか、入札業者へ入札事務を委託するかを定め、入札業者へ委託する場合は入札業者との間で事務委託契約を締結する。

　この委託契約の締結の際、入札手続が信託受益権（金融商品取引法上の2項有価証券である。金融商品取引法2条2項1号）の売買の媒介等に当たる可能性があるため、第二種金融商品取引業者の登録を受けた者に委託するか、登録を受けていない者に委託する場合は、有価証券の売買の媒介を委託の範囲から除外して入札に関する事務処理のみを委託する等の配慮が必要となる。

B　入札の告知

入札に先立ち、入札案内を入札見込先へ送付し、併せて（場合によっては秘密保持契約を締結後に）入札の対象となる信託受益権の概要を記載した入札要項を入札見込先へ送付する。

入札要項の記載事項は、信託財産たる不動産の概要、入札期間、入札方法、優先交渉権者の決定方法、入札結果通知の日時、方法、契約締結のスケジュール、個別の取得条件、注意事項、入札に関する連絡先等である。

このとき、当該入札が流質として行われるものであることや、信託受益権の取得後に信託契約が解除されるおそれのあることなどのリスクを過不足なく記載する。リスクを過大に記載してはならないのは、そうすることで入札参加者に入札に参加する意欲を失わせ、処分価格が不当に引き下げられたなどという誹りを質権設定者から受けるのを避けるためである。

C　入札、開札

入札期間としては任意の期間を設定するが、入札見込先が対象となる信託受益権の価値を把握し、入札額を定める必要があること、民事執行規則46条1項において、入札期間は1週間以上1ヵ月以内の範囲で定めなければならないとしていることから、1ヵ月程度の期間が目安になると思われる。

入札期間終了後、開札を行い、優先交渉権者を選定する。あらかじめ定めた最低価格に達していなければ、質権者は入札を中止し、その結果を踏まえて、帰属清算型による流質等を検討することになる。入札結果が最低価格に達しなかったということは、入札が適正に行われている限り、当該信託受益権の時価は最低価格に及ばなかったということを意味し、入札における最高値入札額よりも高額で信託受益権を質権者が取得し、または第三者に相対で処分したとしても価格の妥当性は担保されているものといえる。

D　流質の流れのスケジュール

以上が入札による流質の流れであるが、おおよそのスケジュールを示すと以下のようになる。

```
質権実行通知
入札案内、入札要項送付
    ↓　1週間程度
入札期間（1ヵ月程度）
    ↓
開札、優先交渉先決定
    ↓　1ヵ月から2ヵ月程度
契約締結
    ↓　1週間程度
登記手続、配当
```

③　信託受託者の承諾

　信託契約上、信託受益権の譲渡には信託受託者の承諾を要するとされ、承諾料を支払って信託受託者の承諾を得るのが通常であるが、流質による信託受益権の移転にも、承諾料を支払って信託受託者の承諾を得ることが必要なのかが問題となる。

　ここで参考になるのが、譲渡禁止特約（民法466条2項）のある指名債権の転付命令について判断した最判昭和45年4月10日（民集24巻4号240頁）である。

　同判例は、①譲渡禁止特約の物権的効力が及ぶのは、民法466条2項の文言からして、「譲渡」による移転に限られること、ⅱ私人間の合意により、ある財産を執行手続の対象から除外することができてしまうことの不当性に照らし、債権譲渡禁止特約にかかわらず、第三債務者の承諾を得ずして転付命令を受けることができるものとした。

　①の点を強調すると、信託受益権の譲渡禁止特約について定めた信託法93条2項の文言も、民法466条2項の文言と同様、「譲渡」による移転に限られるため、流質による信託受益権の移転には、信託受託者の承諾を得ることは不要との考え方に親しむ。ⅱの点を強調すると、私的実行は、必ずしも裁判所の行う執行手続ではないため、必ずしも信託受託者の承諾を得ることが不要との考え方に親しむわけではない。

　なお、信託受益権の譲渡禁止特約を、譲渡制限株式における譲渡制限に類似するものととらまえて、上記判例の射程が及ばないとする意見もあるようだが、信託法93条2項の文言上、譲渡制限株式における譲渡制限に類似するものと考えるのは無理があるし、後述のとおり、法的実行における換価の申立ての際、譲渡制限株式のように第三債務者である信託受託者の承諾書の添付は求められていない。譲渡に理事会の承諾を要する預託金会員制ゴルフ会

員権における譲渡制限に類似するものととらまえるとする意見もあるようだが、信託受益権を契約上の地位に過ぎないものと考えるとしても、数ある契約類型の中で預託金会員制ゴルフ会員権に依拠する根拠が不明である上、そもそも預託金会員制ゴルフ会員権の法的実行における換価申立ての際、理事会の承諾は不要であり（東京高決昭和60年8月15日金融法務事情1123号39頁）、移転の効力要件ではない。

　また、単純に、質権設定を承諾していながら質権実行については承諾していないというのは、当事者の合理的意思の解釈として困難であるとの見解もあり得よう。

　これに対し、信託受託者として、承諾のないまま信託受益権が移転してしまうことが受け容れ難い理由として、反社会的勢力への該当性や資力等、取得者の属性を審査する危害が必要であること、承諾料が主要な信託報酬の1つになっていることが挙げられる。ただ、前者については、信託受託者は、受益者からの不合理な指図に対しては是正を求め、是正されない場合は、指図に従わないことができ、また、信託財産である不動産を受益者に対する債権の引当てにすることもできるなど、受益者のいかんによらず自己の地位を保全することができる。加えて、指名債権と異なり信託受益権の移転後であっても、反社会的勢力に該当したり、資力が十分でないと認められたりする場合には、信託契約を解除することにより受益者との関係を切断できるようにすることも可能であるから、無論、信託受託者の利益にも慎重に配慮する必要があるのは当然であるが、信託受託者の承諾を得ない限り、流質を行う選択肢のなくなってしまう質権者の利益との衡量においては劣る面も否めない。

　このように信託受託者の承諾の要否についてはさまざまな見解があるが、信託受託者の承諾の要否につきいずれに解するにしても、質権者として、信託受託者の承諾を得ないまま流質を敢行することには、現実に困難が伴う。

　すなわち、まず、処分清算型の場合は、通常、取得者が信託受託者に承諾料を支払ってでも、信託受託者も納得している状態で信託受益権の取得を希望する。また、処分清算型の場合はもとより、帰属清算型の場合においても、将来、信託受益権を転売することを考えると受益者変更登記が必要であ

るところ、承諾が必要であるとする立場の信託受託者が承諾しないまま登記は行うなどということはなく、別途法的手続を取らない限り受益者変更登記をするすべがない。

そのため、信託受託者の承諾を得ないまま流質を敢行することには、実務上は行われていないようである。

④　取得・処分の実行
　A　契約締結

優先交渉権者の選定後、質権者は、信託受益権を取得する第三者との間で信託受益権の移転に係る契約を締結する。

ところで、処分清算型においては、質権者による債権回収の側面と、質権設定者から第三者への信託受益権の移転の側面があり、後者を前者（狭義の質権実行）と切り離して、売買ないし売買に準じる独立した法律行為と評価することもできよう（このように評価した場合、他人物売買ではあるが、質権者には処分権限があるため、別途質権設定者の同意は不要である。）。このように評価するのと否とで違いが顕著なのは、いずれかの側面に無効その他の瑕疵があったときに他の側面に及ぼす影響である。たとえば、債権回収の側面が、著しく廉価な処分として無効になった場合に、信託受益権の移転についてどのように取り扱われるのか（表見法理・担保責任等）、という点に影響する。

双方の側面を切り離さず、一体のものと考える（このように考えるのが、実態にも即しているものと解される。）のであれば、別段の法律行為を要することなく、質権設定者から第三者へ信託受益権が移転するため、質権者と当該第三者との間で別段の契約は要しない。しかし、現実には、当該第三者が、信託受益権を適正に取得したことの証として何らかの契約の締結を求める場合もある。また、信託配当・費用等の精算に関する取決めが必要な場合もある。

そのため、質権者と、信託受益権を取得する第三者の間で、売買契約ないしこれに代わる処分に関する覚書等、信託受益権の移転に係る契約を締結することになる。

処分に関する覚書では、信託受益権を取得する第三者が処分代金を質権者

に対して支払うこと、その支払と引き換えに質権者が信託受益権を質権設定者から当該第三者に移転させること、質権者が信託受益権の移転に関する信託受託者の承諾及び登記手続等必要な手続を行うこと、質権者は現に保有する信託受益権に関する書類を取得者に引き渡し、また、質権設定者が保有する書類を取得者に引き渡すよう努めること（かかる書類のほとんどは、質権設定契約締結時に、質権者が質権設定者より交付を受けているものと考えられる。）、信託配当・費用等の精算方法等を定める。

　なお、上記取扱いに関して、入札要項において、質権設定者である現受益者との間で信託受益権売買契約を締結できないことがあり、その場合には質権者との間で信託受益権の移転に係る契約を締結することになること、また、その内容として当該契約において定める予定の事項を記載し、入札者にあらかじめ告知しておくべきである。

B　質権実行通知

　信託受益権は、質権者の質権設定者に対する通知によって実行され、同書において指定された時期に、質権設定者から質権者ないし取得者に移転する。

　当該通知は、多くは、「○月○日をもって取得した」との事後通知の形がとられるが、「本書の到達をもって取得する」ないし「○月○日をもって取得する」との事前通知の形であっても、通知から効力発生までの間隔が、当該通知による信託受益権の移転が合理的に確実・不変なものと評価される程度であれば差し支えないものと解される。

C　充当・清算

　帰属清算型の場合、質権者は、その評価額をもって自己の被担保債権の弁済に充当し、評価額が被担保債権の額を上回れば、超過額を後順位の担保権者や質権設定者に交付して清算する（すなわち、この場合は質権者にキャッシュアウトが生じる。）。

　処分清算型の場合、質権者は、信託受益権質権を処分したことによる処分代金を原資として自己の被担保債権の弁済に充当し、処分代金が被担保債権

の額を上回れば、超過額を後順位の担保権者や質権設定者に交付して清算する。

　超過額の交付にあたり、不動産ノンリコース・ローンにおいては、通常、複数のレンダー間で債権者間協定が締結され、かかる場合の弁済充当の順序等が規定されているため、これに従うことになる。しかし、そのような規定がない場合や、規定があっても十分でない場合は、担保権の優先劣後に従って交付することになり、交付先を誤ることのないよう留意が必要である。

　ここで問題になるのは、同一の不動産信託受益権の上に存在する複数の担保権が、一の質権に基づく流質により消滅するのか否かである。この問題は、先順位の質権者が流質をするも、後順位の担保権者に交付するべき超過額がなかった場合に、後順位の担保権者がいわゆる「ハンコ代」を求める形で顕在化することがある。

　この問題についても、不動産ノンリコース・ローンにおいては、通常、複数のレンダー間で債権者間協定が締結され、かかる場合の担保権の消滅が規定されているため、これに従うことになる。しかし、そのような規定がない場合は、法解釈に委ねられる。そして、一の質権に基づく流質により、当該質権に劣後する担保権は、担保権の性質上当然に消滅するものの、当該質権に優先する担保権は、消滅しないものと解される。けだし、流質においては、民事執行法が直接には適用されないものと考えられる上、民事執行法においても、信託受益権を含むその他財産権については、消除主義（民事執行法193条2項、59条参照）の適用がないからである[2]。

⑤　不服申立ての方法

　以上の質権者による流質について、質権設定者としてはどのような方法により不服申立てをすることができるであろうか。

　まず、質権実行前または質権実行の手続が進行する途中であれば、質権実

---

[2]　実質的にみても、不動産競売（民事執行法193条2項、87条1項4号参照）と異なり、処分代金が担保権の順序に従い配当されることの担保されていないため、先順位の担保権者が配当を受けることのないままその担保権が消滅してしまうリスクが否めない。

行の禁止ないし停止を求める仮処分命令を申し立てる方法があり、この点は通常の担保不動産競売と同じである。たとえば、すでに被担保債権が完済されていたり、まだ期限が到来していなかったりするのに質権者が質権を実行する旨を通知してきたようなケースでは、かかる仮処分命令を申し立てることが考えられる。

　これに対し、担保不動産競売と異なり、流質の手続内において、執行抗告・執行異議に準じた簡易な不服申立ての方法は予定されていない。そのため、質権設定者としては、流質の後に、質権者に対して損害賠償・不当利得の返還を求めたり、流質が無効であるとして取得者に対して受益者たる地位の確認を求めたりすることになる。

　なお、流質における不服申立ての実質的な主体は、SPCである質権設定者ではなく匿名組合出資者であるところ、匿名組合出資者が当然にSPCをコントロールできるものではない一方、匿名組合出資者が自己の名義でこれらの不服申立てを行うには、債権者代位権を用いたり、SPCが損害を被ることにより匿名組合出資者が損害を被ることの因果関係を立証したりする必要のあることは留意されたい。

⑥　金融商品取引法との関係

　信託受益権質権の流質は、金融商品取引法上の有価証券である信託受益権（金商法2条2項1号）の売却に類似するため、これを質権者が行うことが、信託受益権の売買（帰属清算型）ないし売買の媒介（処分清算型）や、質権設定者による信託受益権の売却に関して投資運用または投資助言・代理に当たるのではないか、が問題となる。

　しかし、まず、流質は、質権者が自己のために自己の名義において行うものであり、質権設定者から委託を受けて行うものではないから、概念上、質権設定者による信託受益権の売却に関する投資運用または投資助言・代理ではあり得ない[3]。

　また、質権者が自ら信託受益権を取得すること、または質権者が第三者に信託受益権を処分することは、債権回収のために行うものであり、実態において、裁判所の行う法的実行と異ならない。質権設定者や信託受益権を取得

する第三者、あるいはマーケットに対して善管注意義務・忠実義務を負担して行うものとはいえず、形式的には信託受益権の売買（帰属清算型）ないし売買の媒介（処分清算型）に該当するとしても、これらを「業として」行うものではないものと解する。

(3) その他の信託受益権の私的な換価処分方法

① 任 意 売 却

質権設定者が、信託受益権を任意に第三者に処分した上、処分代金を債務の弁済に当てる方法である。

換価方法は、質権設定者が第三者との間で信託受益権の売買契約を締結した上で売却し、質権者が弁済への充当と引き換えに質権を解除する方法による。質権設定者は上記第三者（買主）から支払われた売買代金を質権者に対する債務の弁済に充てることになるが、実務上、質権設定者が信託受益権を売却する場合には、買主に質権者の指定する口座に売買代金を直接入金させ、それを債務の弁済に充てられるよう契約上の手当がされている。

任意売却は、質権者に促されて行うものであっても、任意売却を行うか否か、売却先の選定、売却額等に関する判断ないしその助言は、質権設定者の資産運用を受託しまたはそれに対する助言を行うアセット・マネージャーが主体的に行うことになる。

したがって、アセット・マネージャーが不在のときは行い得ず、また、アセット・マネージャーが主体的に判断ないしその助言をし、自ら売却手続を進めていくのでなければ、任意売却は困難である。

② 質権者による強制売却

不動産ノンリコース・ローンに関連する契約において、一定の事由が生じた場合には、質権者が、質権設定者から付与された代理権に基づき自ら信託

---

3 信託受託者に信託財産である不動産を売却させ、その他指図権を行使することについては、質権者が、質権の効力として自己に帰属した指図権を自己のために自己の名義において行うものともいえるが、指図権を行使した結果は受益者に帰属するため、流質をした場合との比較等を要素に個別に判断せざるを得ない。

受益権を売却し、または質権設定者に信託受益権の売却を強制できる旨を規定する場合がある。

前者については質権設定者が代理権付与を撤回した場合（契約上、撤回不能と定めたとしても）、後者については質権設定者が売却を拒んだ場合、それぞれ質権設定者に対する損害賠償請求は可能であるとしても、売却を完徹できる保障のない点が流質と異なる。

なお、金融商品取引法との関係で、質権者が質権設定者の名義において行うものであることから投資運用に当たり得るが、流質と同一の条件下で行われる限り、実質的にみて流質と同視し、投資運用業に当たる可能性は低い（前者については、投資助言・代理との関係も問題になるが、無償であるため当たらない。）。

(4) ドキュメンテーション上の留意点

不動産ノンリコース・ローンにおいては、貸付人（質権者）及び借入人（質権設定者）の質権設定契約のほか、アセット・マネージャー等も含めた主要当事者間でプロジェクト全体に関する権利関係を定めたプロジェクト契約、不動産やエンドテナントとの賃貸借契約の管理を行うプロパティ・マネジメント契約、複数の貸付人（担保権者）が存在する場合の債権者間協定、不動産を一括して借り受け、エンドテナントに賃借するためのマスターリース契約など、複数の当事者がそれぞれ契約を締結して1つのスキームを構成している。

以上の私的実行、とりわけ流質の実務を踏まえ、各契約におけるドキュメンテーション上の留意点を指摘する。

① 質権設定契約

上述のとおり、流質は適正な価格で行われなければならず、質権者としてはこれを担保するための手当てが必要となるが、当該手当てのために行う以上に、過度に質権者に負担を課すような定めは排除できることが望ましい。

具体的には、以下のとおりである。

- 質権実行の事前通知が必要とされていないこと。必要とされる場合であっても、質権者の質権設定者に対する通知のみによって、質権を実行することができること（質権設定者その他の当事者との事前協議等が必要とされていないこと）。
- 流質について、一般に相当と認める価格、方法等によれば足り、特定の手続（鑑定評価書の取得等）が必要とされていないこと。

② 債権者間協定

複数の担保権者が存在する場合、債権者間協定において、ⅰ担保権を実行することのできる順番・時期（担保権の実行以外の権限が付与されている場合は、当該権限との関係）、ⅱ担保権を実行した場合の充当方法・順位、ⅲ一の担保権が実行された場合の他の担保権の消長（及び担保解除証書の作成義務）が明確に定められている必要がある。

③ プロジェクト契約

プロジェクト契約は、質権設定者であるSPCを実質的にコントロールするアセット・マネージャーが当事者となるため、流質に伴い必要となる行為（諸契約の締結や、登記・信託受託者の承諾その他の手続に必要な書面の作成等）への協力を直接アセット・マネージャーの義務として規定することが望まれる。

このことは、一方的にアセット・マネージャーに不利益を課すというよりも、アセット・マネージャーとしては流質をやむなしと考えていても、明確に協力が義務とされていないため、匿名組合出資者に対する善管注意義務・忠実義務との関係を考慮して協力しないことの備えとしても有効である。

また、プロジェクト契約は信託受託者も当事者となるため、信託契約上、ローンのデフォルトや信託受益権の差押え・質権実行等が解除事由と定められているときには、プロジェクト契約ないし質権設定契約に従って質権が実行される限り、信託契約が解除されないための手当てが必要となる。

④　プロパティ・マネジメント契約（PM契約）、マスター・リース契約（ML契約）

　流質によって信託受益権が質権者ないし第三者に移転しても、信託受託者及びプロパティ・マネージャーの間におけるPM契約や、信託受託者及びマスター・レッシーの間におけるML契約には直接影響しない。とりわけ、ボロワー（借入人）SPCがマスター・レッシーを兼ねているときは、信託受益権の流質をしただけでは、その目的を達成することができない。

　そのため、信託受益権の移転を解除事由とするなど、信託受益権を取得した質権者ないし第三者が新しいスキームにおけるプロパティ・マネージャーやマスター・レッシーを選べるようにしておくことが望ましい。

　反対に、マスター・レッシーの仕様で建物が建築されている場合など、プロパティ・マネージャーやマスター・レッシーが交替されたのでは物件の収益性が損なわれる場合には、PM契約やML契約上、ローンのデフォルトや信託受益権の差押え・質権実行等が解除事由になっていないようにする必要がある。

2　不動産信託受益権質権の私的実行に関する登記実務

【ケーススタディ編】

＜サービサーにおいて私的実行がされたケース＞

> **基礎データ**
> スキーム：GK-TK（受益権）
> 運用資産：賃貸用マンション（東京都）
> ローン（社債）金額：シニア14億円、メザニン4億円
> 条件：4年タームローン（アモチなし）

(1)　経　緯

　レンダーX社は、6階建てマンションを信託財産とする不動産信託受益権の購入資金として合計18億円のノンリコース・ローンを提供し、実行後間もなく、そのうちシニア・ローン債権はCMBSレンダーに譲渡、証券化され、メザニン・ローン債権はM社が保有していた。

　本件の出口は、REITへの売却による回収を想定した。ところが、予定していたREITへの売却が頓挫してしまう。

　CMBSレンダーから管理回収業務の委託を受けたサービサーS社は、アセット・マネージャーA社に第三者への売却を検討するように促すが、その売却活動はきわめて乏しく、満期到来を目前にするも奏功することはなかった。他方で、満期到来後にA社に代わり売却活動をスムーズに行うべく、S社は、A社を通じてTK出資者らにその持分を無償で譲り渡すように打診していたが、売却によって利益が生じる可能性がゼロではないからという理由で拒否してきた。

　そのままローンは満期を徒過し、S社によるスペシャル・サービシング業務が始まることとなった。

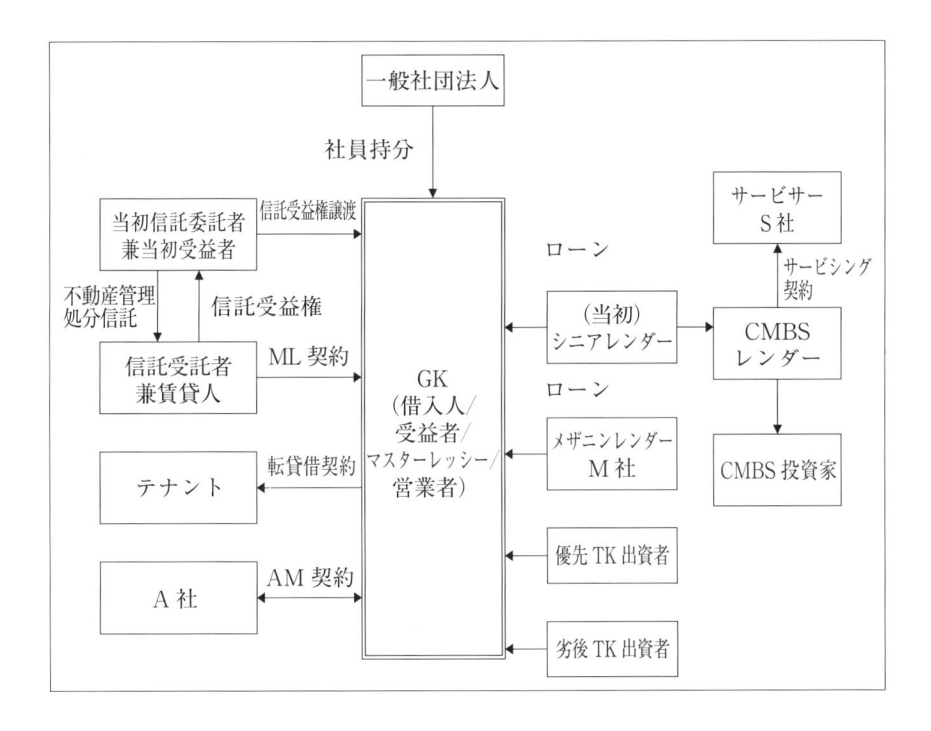

```
                    一般社団法人
                        │
                      社員持分
                        ↓
当初信託委託者    信託受益権譲渡
兼当初受益者  ──────────────→
    │↑                              ローン
不動産管理  信託受益権              ┌──────────┐
処分信託                            │ (当初)    │
    ↓↑         ML契約              │シニアレンダー│
信託受託者  ──────────→  GK        └──────────┘
兼賃貸人                 (借入人/       ローン
                         受益者/    ┌──────────┐
                       マスターレッシー/│メザニンレンダー│
            転貸借契約  営業者)      │  M社      │
テナント ←──────────                 └──────────┘
                                    ┌──────────┐
            AM契約                  │優先TK出資者│
A社     ←──────────                 └──────────┘
                                    ┌──────────┐
                                    │劣後TK出資者│
                                    └──────────┘

              サービサー
                S社
                 ↑
              サービシング
                契約
                 │
              CMBS
              レンダー
                 ↓
              CMBS投資家
```

(2) CMBS投資家の意向確認

ローンがデフォルトしたとしても、即座にS社が回収活動を開始させることができるわけではない。

一般に、一定期間、シニア・ローンレンダーの債権残高が完済されること

債権者間契約第○条

2．B号貸付人は、前項の通知を受領した日から3ヶ月以内（以下「A号債権買取期間」という。）にA号貸付人及び借入人に通知することにより、譲渡日におけるA号債務相当額の金員を対価としてA号貸付人からA号債務に係る債権を譲り受けることができる。

3．A号貸付人は、A号債権買取期間が経過するまで、担保権を実行することができず、また、プロジェクト契約第○条（AMキックアウト）に基づきアセット・マネージャーを交代させることができない。

を条件として、メザニン・ローンレンダーによる回収活動が行われることが多い。本件においても、CMBS（シニア・ローン）レンダー、メザニン・ローンレンダーM社及びSPCの間の債権者間契約に、その旨が規定されていた。

本件において、M社が当該権利を行使することはなかったが、この間、S社は、CMBSレンダーである信託銀行を通じて、任意売却・不動産信託受益権質権実行以外の回収の具体的な方法についても、以下のとおりCMBS投資家の意向を確認することができた。

① AMキックアウト

アセット・マネージャーをA社から変更して、売却活動や任意売却を促す方法である。

しかし、ⅰ新アセット・マネージャーとの契約条件の調整、ドキュメンテーション、CMBS投資家の承認（CMBS信託契約及びサービシング契約上、アセット・マネージャー等関連契約の当事者の交代、アセット・マネージャーの交代に伴う関連契約の変更等を行う場合、サービサーの権限において承認・実行することはできず、CMBS投資家の承認が必要とされていた。）など所要の手続を踏まえると、契約締結に至るまで相応（3〜6ヵ月程度）の時間を要すると見込まれたこと、ⅱ新アセット・マネージャー就任にあたっては、AM報酬（アップフロント・フィー、期中マネジメント・フィー、ディスポジション・フィー）の支払が必要となる。

そのため、この方法は選択されなかった。

なお、アセット・マネージャーをA社から変更するのに代わり、GK社員持分質権を実行して業務執行社員を変更し、業務執行社員の立場において売却活動や任意売却を促すことも検討されたが、CMBSレンダー（信託銀行）自身が取得する場合の銀行法上の規制や、GK社員持分を取得するためにSPCを設立して取得する場合の設立コスト、取得した場合の会計上の取扱い（連結）を踏まえると、選択しづらいものであった。

② 債権譲渡

CMBSにおいては、CMBS信託契約及びサービシング契約上、①メザニン・レンダーによるシニア・ローン買取りオプションに基づく場合、②CMBS裏付けローン残高が一定金額以下になった場合のオリジネーター（信託委託者等）によるクリーンアップオプションに基づく場合、③CMBSの最終償還期日経過後の換価処分の場合のみ、債権譲渡による換価処分が認められているケースがある。

本件でも、上記の場合のみ、債権譲渡による換価処分が認められており、いずれにも該当しないことから、CMBS投資家全員の同意を得て、CMBS信託契約を変更しないことには債権譲渡を行うことができなかった。

また、債権購入の具体的な引合いもなかったため、債権譲渡については具体的検討に及ばなかった。

(3) 回収方法の決定

やがて、S社が併行して行っていた買主候補の探索により、回収戦略方針にて設定した最低回収金額以上の回収が見込める金額での購入意向を示した買主候補が現れた。そして、CMBSレンダーである信託銀行を通じてCMBS投資家の承諾を得て、S社は、不動産信託受益権を当該買主候補へ処分するべく、質権実行を推進する方針とした。その中でも、法的実行については、数百万円単位の執行手続費用と換価処分完了まで相応（1年程度）の時間が見込まれたため、私的実行が選択された。

この際、S社とCMBSレンダーである信託銀行との間でとりわけ慎重に検討された1つが受益者変更登記についてであり、S社は、アセット・マネージャーやTK出資者の協力を得られなくても担保される方策を司法書士と模索した（結論としては、本件では、アセット・マネージャーやTK出資者の協力を得ないまま、受益者変更登記を行うことができた。）。

もう1つが、処分価額の妥当性についてである。

すでに、回収戦略方針にて設定した最低回収金額以上の回収が見込める金額での購入意向を示した買主候補が存在し、かつ、当該買付申出金額が直近の不動産鑑定評価額を超えており、ローンデフォルト時までのA社による売

却活動結果に照らしても、当該買主候補との相対取引でも公正性・適切性は確保できるとも考えられたが、他方で、処分価額に納得のできないTK出資者が後から異議を述べてくるのではないかとの懸念があった。そこで、S社としては、法律上も契約上も必要とされる手続ではないものの、より慎重に公正性・適切性の確保を期し、処分価額につきTK出資者の納得性を高めるため、当該買主候補との相対取引ではなく、GK、A社及びTK出資者にも入札参加の機会を与えて、入札を実施することにした。

そして、入札においては、入札手続そのものの公正さにも、配慮される必要がある。入札検討から落札まで、落札から実行までに十分な期間を設けること、開示される情報に偏りがないことなどの点に留意した。前者については、それぞれ１ヵ月ずつ設けたが、入札検討から落札まで１ヵ月を設けたのは、おおむね裁判所が行う不動産競売手続と平仄を合わせるもの、落札から実行までに十分な期間を設けたのは、金額の大きさに鑑み、落札者がノンリコース・ローンを調達できるだけの期間を想定したものである。

さらに、TK出資者自身にも入札案内を配布して、自ら当該不動産信託受益権を取得する機会を与えることにより、納得感を高めるようにもした。

なお、担保権の実行とはいえ、私的な手続であり、形式的には信託受益権の売買にあたりうる。これは金商法上の「金融商品取引業」に該当するのではないだろうかと考え検討したが、法的実行による債権回収と実質的に同視できる性質のものであるから、「業」として行うものではないと整理をした。

そして、ついに不動産信託受益権質権の私的実行が開始される。

質権実行予告通知書

〇年〇月〇日

東京都千代田区〇〇

合同会社〇〇

代表社員　一般社団法人〇〇

職務執行者　〇〇　殿

〇〇信託銀行株式会社

（債権管理回収業務受託者）

> 東京都港区〇〇
> 〇〇債権回収株式会社
> 代表取締役　〇〇
>
> 　貴社は、当社に対し、末尾記載の金銭消費貸借契約に基づき同記載の債務を負担しているところ、当該債務の期限が到来するも未だに完済されていません。
> 　つきましては、末尾記載の質権設定契約に基づき同記載の不動産信託受益権に設定された質権を実行し、〇年〇月〇日を予定して当該不動産信託受益権を第三者に処分しますので、あらかじめその旨を通知します。
>
> 　　　　　　　　　　　　　　　　　　　　　　　　（以下略）

(4) いざ実行

① 質権実行予告通知

　まず初めに、GKに対し処分予定日を記載した質権実行予告通知を配達証明付内容証明郵便にて送付し、その写しを不動産信託受託者に送付した。

　ボロワー（借入人）に質権実行予告通知を送付するのは、ボロワー（借入人）に質権実行手続の過程を知らしめ、処分手続の公正性・適切性を確保し、ひいてはTK出資者に入札案内を配布するのと同様、TK出資者の納得感を高めるようにする目的である。不動産信託受託者に質権実行予告通知の写しを送付するのは、不動産信託受託者からの要請でもあったが、最終段階の手続として質権実行による受益権の移転についてスムーズに不動産信託受託者の承諾を得るためである。

　なお、本ケースの質権は根質権であったが、質権実行着手により元本は確定することから、質権実行予告通知にあたり別途元本確定請求は不要と考えて行っていない。

② 入札手続

　次に、売却処分先の選定にあたり、仲介業者6社、ボロワー（借入人）、A社およびTK出資者に入札案内・入札要項を送付して入札手続を開始した。

入札要項には、特記事項として、ⓘ本件入札が質権者による質権実行としての処分を企図するものであること、ⓘⓘ質権者は一切の瑕疵担保責任を負わないこと、ⓘⓘⓘ受益者変更登記手続は、買主の負担において、質権者（質権者が指定する司法書士）において行うことなどを特記した。ⓘⓘの瑕疵担保責任については、強制競売の場合は、売主は瑕疵担保責任を負わない明文規定があるところ（民法570条）、質権実行（とくに私的実行）の際に、同条の適用があるのか判例等で確定的な判断がされていないため、また、ⓘⓘⓘの登記手続については、法務局との直接交渉により質権者が法務局から受理の内諾を受けた申請方法にて登記申請し、円滑に登記手続を完了させるため、それぞれ特記したものである。

　そして、入札期限までに前述の買主候補が最高価格にて入札したため、S社は当該買主候補に優先交渉権を付与し、処分予定日及び処分予定価格を確認した上、前回は通知することができなかった処分予定価格も記載した質権実行最終予告通知を配達証明付内容証明郵便にてボロワー（借入人）に送付し、その写しを不動産信託受託者に送付した。

質権実行予告通知書（最終）

　　　　　　　　　　　　　　　　　　　　　　　　　　　　〇年〇月〇日

東京都千代田区〇〇
合同会社〇〇
代表社員　一般社団法人〇〇
職務執行者　〇〇　殿

　　　　　　　　　　　　　　　　　　　　〇〇信託銀行株式会社
　　　　　　　　　　　　　　　　　　　　（債権管理回収業務受託者）
　　　　　　　　　　　　　　　　　　　　東京都港区〇〇
　　　　　　　　　　　　　　　　　　　　〇〇債権回収株式会社
　　　　　　　　　　　　　　　　　　　　代表取締役　〇〇

　〇年〇月〇日付質権実行予告通知書において通知したとおり、貴社は、当社に対し、末尾記載の金銭消費貸借契約に基づき同記載の債務を負担して

> いるところ、当該債務の期限が到来するも未だに完済されていません。
> つきましては、末尾記載の質権設定契約に基づき同記載の不動産信託受益権に設定された質権を実行し、以下の要領にて当該不動産信託受益権を第三者に処分しますので、あらかじめその旨を通知します。
>
> 　　処分予定日　　　○年○月○日
> 　　処分予定価格　　　○○○円
> 　　　　　　　　（以下略）

　また、この段階で、不動産信託受託者は、買主候補の属性チェックや処分価格の妥当性の検証を開始した。

③　質権の実行と決済

　優先交渉権の付与から約1ヵ月後、通常の任意売却による信託受益権の売買において現受益者たるSPCが記名押印する書面、すなわち信託受益権売買契約書、売買の精算合意書、信託受益権譲渡承諾請求書兼承諾書、信託の精算合意書等は、すべて質権者による質権実行としての処分を前提とした内容に書き改めたうえで、CMBSレンダーが当事者となって記名押印した。

　信託受益権売買契約書においては、入札要項の特記事項と同様に、ⅰ本件入札が質権者による質権実行としての処分を企図するものであること、ⅱ質権者は一切の瑕疵担保責任を負わないこと、ⅲ受益者変更登記手続は、買主の負担において質権者（質権者が指定する司法書士）において行うことなどを特記した。

　また、同じころ決済が行われたが、当該決済については、ⅰ質権者が売主として買主に売買代金領収書を発行すること、ⅱ質権者指定の司法書士が買主から登記必要書類を預かって法務局に持ち込むことが通常の任意売却による信託受益権の売買と違い、質権実行による処分に特有な点であった。

　そして、決済を終えて質権者において充当処理が行われると、質権実行による充当結果の通知を兼ね、質権実行通知書を配達証明付内容証明郵便にてGKに送付した。

質権実行通知書

○年○月○日

東京都千代田区○○
合同会社○○
代表社員　一般社団法人○○
職務執行者　○○　殿

○○信託銀行株式会社
（債権管理回収業務受託者）
東京都港区○○
○○債権回収株式会社
代表取締役　○○

○年○月○日付け質権実行予告通知書及び○年○月○日付け質権実行予告通知書（最終）において通知したとおり、貴社は、当社に対し、末尾記載の金銭消費貸借契約に基づき同記載の債務を負担しているところ、当該債務（以下「本債務」といいます。）の期限が到来するも未だに完済されていません。つきましては、末尾記載の質権設定契約に基づき同記載の不動産信託受益権に設定された質権を実行し、以下にて当該不動産信託受益権を第三者に処分した上、本債務に充当しましたので、その旨を通知します。

　　　　　処分日・充当日　　○年○月○日
　　　　　処分価格　　　　　○○○円
　　　　　充当額　　　　　　○○○円
　　　　　充当の内訳

（以下略）

　決済日当日に持ち込まれた受益者変更登記は、「○年○月○日売買」を登記原因として登記された。

【解説編】

(1) はじめに

　不動産信託受益権質権の私的実行（流質）による受益者変更登記（以下、「私的実行登記」という。）は、実例に乏しく、法務局での実務運用も完全には確立されていないため、現時点では、対象不動産の管轄法務局各局またはその支局・出張所（以下、まとめて「法務局」という。）にて個別に事前相談・調整を行い、登記申請するという手順を踏んでいる。
　しかし、平成22年11月24日付法務省民二第2949号民事局民事第二課長回答（以下、「平成22年民事局回答」という。）が出されたことにより、私的実行登記にも方向性が示され始めた。
　とはいえ、この回答だけではまだ十分とはいえず、今後、事例が積み重ねられ、私的実行登記の運用方針が確立されることが期待される。

（平成22年11月24日付法務省民二第2949号民事局民事第二課長回答）
　弁護士法第23条の2に基づく照会（質権の実行による信託受益権の移転に伴う受益者の変更の登記手続）についての回答

（照会要旨）
　流質特約に基づく信託受益権の任意売却及び代物弁済の事案において、信託受益者変更登記をする際に、受益者変更について旧受益者が承諾していることを証する書面（旧受益者の捺印が必要）及び登記申請時から3か月以内に取得された旧受益者の印鑑登録証明書を提出する必要は無いとの理解ですが、その理解で正しいでしょうか。

（回答）
　平成21年9月1日付照会番号21-1367をもって照会のありました標記の件については、登記原因証明情報として、質権設定契約書、質権実行通知書等が提供されている場合には、別途、旧受益者が承諾していることを証する書面

等の提供は要しないものと考えます。

(2) 私的実行登記の背景

① 一般的な受益者変更登記の実務運用と私的実行

不動産登記法上、受益者変更登記は、信託受託者の単独申請と規定されている（不登法103条）が、実務では、信託受益権移転の信憑性を担保する観点から、受益権売買による受益者変更登記に譲渡人の関与を必要とする運用がなされている[4]。譲渡人の関与とは、具体的に、信託受益権の譲渡証明書または譲渡があったことを証する書面に旧受益者が実印を押印し、その実印の印鑑証明書を提出することである。これは、信託の終了により受益者が所有者となることができるという信託受益権の性質上、信託受益権の譲渡人が所有権の売主に準ずる立場にあると解されているためである。

これまでの私的実行の現場では、質権が実行された以上はやむを得ないとして、通常の信託受益権売買による受益者変更登記と同様、旧受益者が任意に信託受益権の譲渡証明書または譲渡があったことを証する書面に押印し、印鑑証明書を提出することで、受益者変更登記が行われてきた[5]。

しかし、不動産信託受益権質権の私的実行は、被担保債権の債務不履行を受けた信託受益権質権者が、信託受益権を自ら取得または任意の方法で第三者に処分するものである。そのため、質権者と旧受益者との対立が先鋭化しているケース、また、何らかの事情により、登記申請に旧受益者の協力が得られないケースがあった場合に、上記のような登記実務上の取扱いが障壁になり、私的実行を断念せざるを得なくなることがかねてから問題視されていた。

② 私的実行登記の検討

被担保債権が商行為によって生じた債権である場合には、質権設定契約において流質特約を規定した上で、質権者が当該信託受益権を取得し（帰属清

---

[4] 信託登記実務研究会編『信託登記の実務』101頁
[5] 佐藤亮「不動産ノンリコース・ローンにおける担保権実行の実務」『銀行法務21 2010年6月号』

算型)、または任意の方法で処分する（処分清算型）ことが可能である[6]。そして、実体法上、質権の実行は、質権設定者（旧受益者）の協力を要しないものであるため、不動産信託受益権質権の実行においても、信託受益権質権者は旧受益者の協力なくして信託受益権を自己に帰属させ、または、任意の方法で処分することが可能である。

そもそも不動産登記の機能は、不動産の権利関係の現状及び権利変動の過程を公示することにあるため、信託受益権質権者が不動産信託受益権質権を実行し、信託受益権が移転した場合、これを登記に反映することは、不動産登記法の当然の要請である。

そこで、平成22年民事局回答が出された。これは近年、実務界で信託受益権の私的実行を検討せざるを得ないケースが増加したこと、一部の法務局及びその支局・出張所において私的実行登記が受理された事例が相次いだ[7]ことを受けてのものであると推測される。

平成22年民事局回答により、私的実行登記の申請においては、登記原因証明情報として質権設定契約書及び質権実行通知書等を提供すれば、登記申請に際してあらためて旧受益者が関与する必要がない旨が明示された。これにより、実体法上可能な質権実行手続の実現を不動産登記の実務運用が阻害するという矛盾が解消された。

ただし、旧受益者の印鑑証明書については、申請前3ヵ月内のものを提出する必要はないとはいえ、登記原因証明情報として提供される質権設定契約書の真正を担保するために、依然添付は必要であると考えられる点に注意が必要である。

(3) 私的実行登記の申請方法

① 申請に当たっての心構え

私的実行登記の申請構造は、信託受託者の単独申請である。ただし、登記申請には、質権者・新受益者も関与する。一方、旧受益者は登記申請に関与

---

[6] 井上聡・水野大「第2章第4　信託受益権」鎌田薫編『債権・動産・知財担保利用の実務』143頁。
[7] 田村剛史「不動産信託受益権の質権実行登記」『事業再生と債権管理2010年秋号』

しない。すなわち、登記上不利益をこうむる者が登記申請に関与しないということであるため、法務局の審査はより厳正かつ慎重なものになる。

　この点、不動産登記は、すでに効力を発生した権利変動につき法定の公示を申請する行為である[8]ので、登記申請された際、却下事由がなければ登記上不利益を被る当事者（私的実行登記においては、旧受益者）に異議の機会なく登記が行われてしまう。したがって、法務局が登記を受理するためには、旧受益者が質権実行に異議を述べる余地がないこと、また、信託目録に記載されていない（登記簿上どこにも出てこない）質権者が、信託受益権を取得または処分する正当な権限をもっていることについて確証を十分に得られる情報を提供する必要があると考えられる。

　法務局は、あくまで質権者が信託受益権を取得または処分する適正な**権限**を有しているかどうかを書面審査するにすぎず、私的実行が適正な**手続**をもって行われたかどうかを審査するものではない。したがって、通常の所有権移転登記などと同じように、実体的な手続に不正や瑕疵があると取消しや無効となる可能性もある。

　おそらく法務局からは、金銭消費貸借契約の成立から質権実行に至るまでの経緯を示すすべての書類の添付が求められるであろう。これは、後日のトラブルを避けるためにも当然のことであり、私的実行登記に携わる質権者・弁護士・司法書士等は、その要請に真摯に対応・協力すべきである。

② 要　件
私的実行登記の要件は、下記のとおりである。

> ・当該信託受益権質権設定契約の被担保債権が、商行為による債権であること。
> ・当該信託受益権質権設定契約に、流質特約の規定があること。
> ・当該信託受益権質権設定契約が、対抗力を具備したものであること。
> ・当該信託受益権質権設定契約書に、信託受益権質権設定者の実印が押印さ

8　最判43・3・民集22巻3号540頁

れていること。
・信託受益権質権設定者（旧受益者）の質権設定当時の印鑑証明書があること。
・当該信託受益権質権設定契約の被担保債権の期限の利益が喪失していること。
・質権実行通知等で質権実行の事実が確認できること。
・質権実行にあたり、受託者の承諾を得られること。（争いあり）

③ 登記原因

　流質特約に基づく質権実行は、その形式につき代物弁済予約の予約完結権行使の1つと解されるため[9]、帰属清算型の私的実行においては「〇年〇月〇日代物弁済」が相当と考えられる。また、処分清算型においては、「〇年〇月〇日売買」と考えられる。

　なお、登記原因を、民法351条または354条の規定に照らし、「〇年〇月〇日質権実行」とする一部法務局の回答もあるが、ⅰ当該条文は、動産質の実行を規定したものであり、債権質の実行を規定した条文ではない点、ⅱその表記では、登記上、処分型の私的実行登記との判別ができなくなってしまうため、不動産の権利変動の過程を公示する意味では不十分ではないか、という点に疑問が残る。

9　林良平編『注釈民法（8）物権（3）』285頁

④ 添付書類

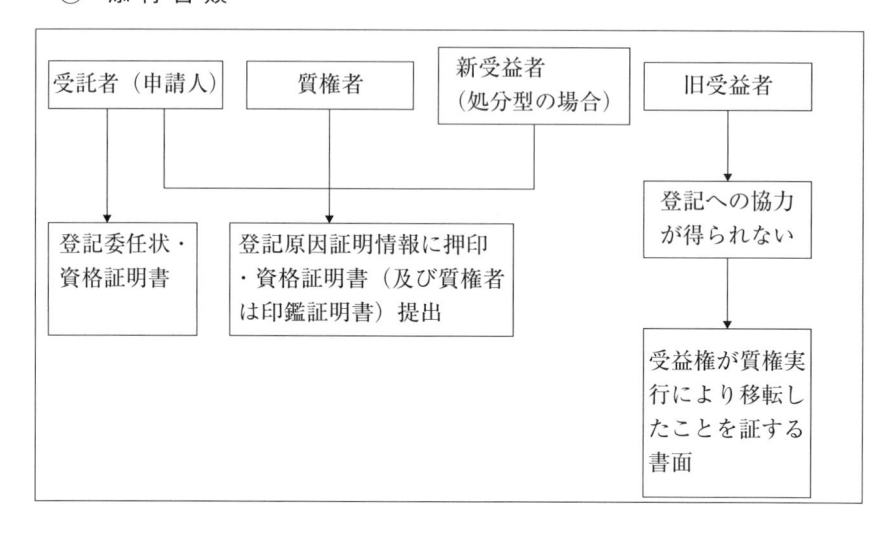

```
┌─────────────────────────────────────────────────────────────┐
│  受託者（申請人）   質権者    新受益者         旧受益者      │
│       │              │      (処分型の場合)       │           │
│       │              │          │                │           │
│       ▼              ▼                       登記への協力    │
│  登記委任状・   登記原因証明情報に押印       が得られない    │
│  資格証明書    ・資格証明書（及び質権者           │           │
│                は印鑑証明書）提出                ▼           │
│                                             受益権が質権実   │
│                                             行により移転し   │
│                                             たことを証する   │
│                                             書面             │
└─────────────────────────────────────────────────────────────┘
```

A　登記原因証明情報（不登法61条）

　登記の内容の正確性の確保という観点から、権利に関する登記については、原則として登記原因証明情報を提供しなければならない。

　私的実行登記の登記原因証明情報は、ⅰ信託受益権質権の被担保債権発生、ⅱ信託受益権質権設定契約締結、ⅲ流質特約の存在、ⅳ期限の利益喪失、ⅴ質権実行に基づく信託受益権の移転、ⅵ信託受益権移転に関する受託者の承諾を証明するもの（争いあり）を提供する。信託受託者・質権者・新受益者（処分清算型での受益権譲受人）は、上記ⅰ～ⅵの事実等を簡潔に記載した法務局提出用の登記原因証明情報に押印したものを作成し、質権者の印鑑証明書・資格証明書、及び処分清算型の場合は新受益者の資格証明書を添付する。

　私的実行登記では信託受益権を失う立場である旧受益者が関与しないため、上記ⅰ～ⅴを客観的に証明できる書類を登記原因証明情報の一部として添付する。具体的な書類として考えられるものは、次表に挙げておく。

登記原因証明情報の一部として考えられる書類

証明する内容	具体的な書類名	注 意 点
信託受益権質権の被担保債権発生	金銭消費貸借契約証書	被担保債権が商行為による債権であること
信託受益権質権設定契約締結及び流質特約の存在	信託受益権質権設定契約書及び質権設定に関する受託者の承諾書	当該信託受益権質権設定契約書には、流質特約が規定されていなければならず、旧受益者の実印が押印されていることを要する。さらに、当該信託受益権質権設定契約が対抗力を有していることを証するため、信託受託者の承諾書（確定日付つき）を要する。当該契約書の真正を担保するため、押印当時の代表者が確認できる資格証明書、押印された印鑑につき受益者の印鑑証明書（期限なし）を添付する。
期限の利益喪失※問題点あり。後記参照のこと。	会社登記事項証明書等	破産・民事再生等の記載があるもの
	期限の利益喪失または弁済期徒過を通知した内容証明郵便（配達証明書付）	期限の利益喪失または弁済期徒過を通知が要件になっている場合に必要と思われる。
質権実行の事実	質権実行通知書	質権設定契約書上、質権実行通知の到達が質権実行の効力発生要件なら配達証明書も添付する必要があると考えられる。
その他	その他、法務局が「登記の原因となる事実又は法律行為」を確認するために必要な書面として上記以外の書面が求められることがある。これらは、事案や法務局ごとによって異なるため、法務局との打ち合わせを要する。	

B 受託者の委任状・資格証明書

　代理人によって登記を申請するときは、その代理人の権限を証する書面として、申請人たる受託者の委任状を添付する（不登令7条1項2号）。
　申請人が法人であるときは、当該法人の代表者の資格証明書を添付する（不登令7条1項1号）。

(4) 今後の課題

① 旧受益者の印鑑証明書の原本還付請求の可否

　私的実行登記の際に提出する旧受益者の印鑑証明書の原本還付請求の可否は、当該印鑑証明書の添付の法的根拠をどう解するかによって、結論が分かれる。

> ⅰ「登記原因について承諾を要する第三者の承諾書（不登令7条1項5号ハ）」に添付する印鑑証明書（不登令19条2項）と解する場合
> ⅱ「登記上の利害関係を有する第三者の承諾書（不登法66条、不登令別表25）」に添付する印鑑証明書（不登令19条2項）と解する場合
> ⅲ実務上、質権設定契約書の真正担保のため要求されるにすぎないと解される場合

　ⅰ・ⅱの見解では、質権設定契約書に添付した印鑑証明書は、原本還付請求ができないことになる（不登規則55条1項ただし書）。一方、ⅲの見解では、相続登記の遺産分割協議書や、敷地権付区分建物の所有権保存登記において、所有権取得情報（不登令別表29イ）に添付する印鑑証明書と同様に、原本還付請求が可能と考えられる。

　過去の事例では、登記申請を受理した法務局のほとんどが、旧受益者の印鑑証明書の法的根拠をⅰまたはⅱと解していたため、原本還付請求が認められないことが多かった。

　この点、信託受益権質権設定時、質権設定契約書等の真正担保として信託受益権質権設定者の印鑑証明書を徴求するのが商慣行であるが、その通数については1契約につき1通というのが通常であるため、仮に当該印鑑証明書の原本還付が請求できないとすると、信託受益権質権の対象不動産の管轄法務局が複数の場合、その管轄分通数が確保できないから私的実行登記ができないという不都合が生じてしまうおそれがあり、質権者にとってはかなり切実な問題であった。

　しかし、平成22年民事局回答において、従前求められてきた旧受益者の印

鑑証明書が、登記原因証明情報を補完するために任意に提供を受ける情報としての位置づけしか有していない[10]とされたことにより、信託受益権質権設定契約書の真正担保として添付する受益者の印鑑証明書の法的根拠は、上記ⅲと解されることが明示された。したがって今後は、原本還付請求が可能と考えられる（実際、平成22年民事局回答が出された後の私的実行登記事例では、一部の法務局で印鑑証明書の原本還付請求が認められた。）。

② 期限の利益喪失の証明

金銭消費貸借契約の期限の利益喪失事由は、債務者（SPC）の破産・民事再生、返済期限の徒過などが挙げられる。

期限の利益喪失事由がアセット・マネージャーやスポンサーの破産手続開始決定や民事再生手続開始決定であれば、該当する会社の登記事項証明書により容易に、客観的に証明可能である。また、返済期限の徒過の場合は、返済期限を金銭消費貸借契約書等で客観的に証明し、登記原因証明情報に返済期限を経過した事実を記載すれば足りると考えられる。ところが、過去の事例では、登記申請を受理した法務局の一部に、返済期限の徒過の場合は、単に返済期限を徒過した事実を登記原因証明情報に記載するのみでは足りないという見解があり、そのため、催告をした内容証明郵便とその配達証明や、場合によっては債務者の債務承認書等の提出が求められたことがあった。これについては、期限の利益喪失の証明として、債務承認書等の旧受益者の押印が必要な書類が求められるとすると、結局、私的実行登記に旧受益者の承諾書が必要であるのと同じことになってしまう点が問題となっていた。

上記のような法務局の取扱いは、法的実行においては、民事執行法上、債務者（SPC）に異議の機会が規定されているのに対し、私的実行においては、不動産登記法上、債務者に異議の機会が規定されていない（そもそも、異議の余地があるものを登記することを予定していない）ことから、事後のトラブルを回避するために、債務者が期限の利益を喪失していることにつき債務者に異議がないことの証明を求めたものと考えられる。

---

10 民事月報Vol.65.1（平成23.1）205頁参照。

平成22年民事局回答以降、債務承認書の提出まで求められるケースは少なくなってきたものの、期限の利益喪失の証明は、法務局との調整がむずかしい点である。この点については、旧受益者と質権者との利益衡量も必要であり、今後の実務運用で明らかにされるべきである。

3　不動産信託受益権質権の法的実行

【ケーススタディ編】
＜不動産信託受益権質権の法的実行により回収したケース＞

> 基礎データ
> スキーム：TMK（信託受益権）
> 運用資産：ショッピングビル（大阪府）
> ローン（社債）金額：30億円
> 条件：2年タームローン（アモチなし）

(1)　経　緯

　レンダーX社は、アセット・マネージャーのA社より、TMKを使った開発案件に関する融資の打診を受け、ノンリコース・ローンを提供した。

　本案件は、大阪市内中心部から一本入った場所において、4階建てのショッピングビルを建築するものである。TMKが土地の信託受益権を取得し、ゼネコンG社に建物建築を発注した上、建物竣工後に建物の追加信託を行う予定であった。

　しかし、リーマンショック後、A社の経営状態が悪化すると、予定建物の着工もされないまま、本案件の開発プロジェクトは停止するに至った。

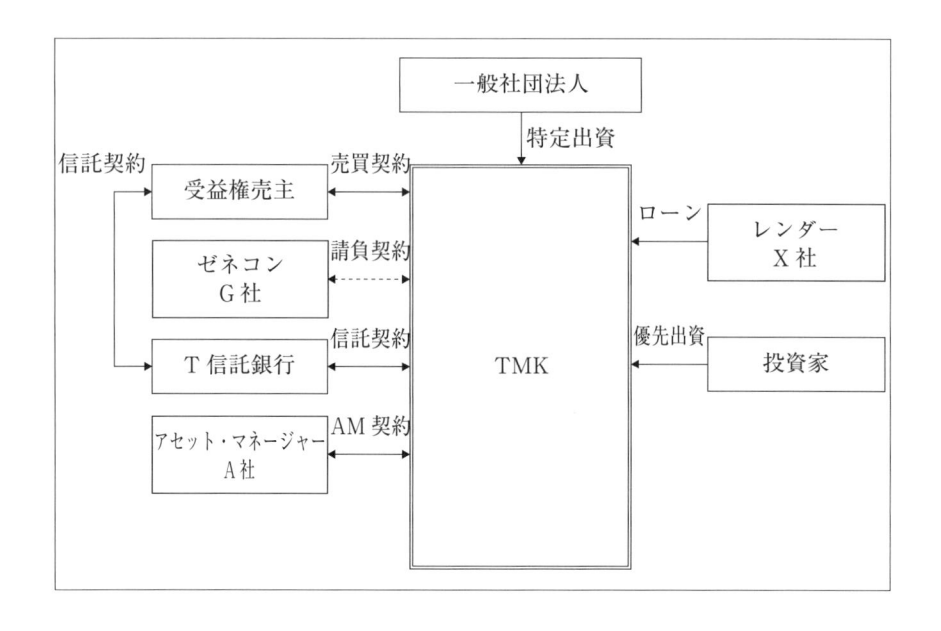

```
                          ┌──────────────┐
                          │  一般社団法人  │
                          └──────┬───────┘
                                 │特定出資
         信託契約   ┌────────┐ 売買契約  ┌──────┐              ┌──────────┐
        ────────→ │受益権売主│ ────→   │      │   ローン      │ レンダー  │
                  └────────┘           │      │ ←────────    │   X社    │
                  ┌────────┐ 請負契約  │      │              └──────────┘
                  │ ゼネコン │ ────→   │      │
                  │  G 社  │           │ TMK  │
                  └────────┘           │      │              ┌──────────┐
                  ┌────────┐ 信託契約  │      │   優先出資    │          │
                  │T信託銀行│ ────→   │      │ ←────────    │  投資家  │
                  └────────┘           │      │              └──────────┘
                  ┌──────────────┐ AM契約│      │
                  │アセット・マネージャー│──→ │      │
                  │     A社     │     └──────┘
                  └──────────────┘
```

(2) 質権の法的実行へ

① ローンデフォルト

　本案件は、開発案件であったことから、ローン契約上、マイルストーン条項（一定の期限までに、特定の行為を完了することを義務付ける規定）が定められていた。そして、開発プロジェクトの停止に伴い、当然のことながら建築確認の取得や請負契約の締結も進捗しなくなっていたことから、マイルストーン条項に違反し、ローンのデフォルト事由が発生していた。

金銭消費貸借契約第〇条

　借入人は、貸付人に対し、次に掲げる事項を誓約する。

・・・

（〇）　マイルストーン

　借入人は、以下の各期限までに、それぞれに定める事項を行った上、貸付人に対して書面により報告する。

　　① 既存建物の解体　　XX年X月末日まで

---

②　本件建物の建築確認の取得　　XX年X月末日まで
③　本件建物の建築に係る請負契約の締結　　XX年X月末日まで
④　本件建物の上棟　　XX年X月末日まで
⑤　・・・

　X社は、A社に対し、プロジェクトの再開または代替案の提示を強く求めた。しかし、A社は、経営状態の悪化により混乱した様子で事態が打開されることは一向になかった。

②　法的実行の選択
　そこで、X社は、担保実行を含めた対応を検討した。
　まず、A社に当該信託受益権を任意売買するように持ちかけたものの、A社は、「投資家に対する責任があるため応じることはできない」として、何らの協力も行わない態度をとった。そのため、X社としては、リストラクチャリングを断念せざるを得ず、強制的な手段をとるしかなかった。
　X社は、議論の末不動産信託受益権質権の法的実行を行うとの結論に至った。
　なお、本案件の土地は更地になっていたため、裁判所の行う評価においては、建物が建築される予定の土地として評価されることは期待し難かったが、X社は、かかる点はやむを得ないと考えた。

③　信託受託者との協議
　X社が不動産信託受益権の法的実行に関する手続の第1段階として、差押命令の申立てを行おうと準備を進めていると、現在、土地を受託しているT信託銀行が信託受益権質権設定承諾書の規定に基づいて、T信託銀行の承諾が必要であると主張してきた。

```
                    信託受益権質権設定承諾書
                                              XX年X月XX日
 X株式会社　御中
 ○○特定目的会社　御中
                              東京都○○
                              T信託銀行株式会社
                              代表取締役　　　○○○○

   当行(信託受託者)は、次に掲げる条件の下、○○特定目的会社(質権設
 定者)が末尾記載の不動産信託受益権(信託受益権)につきX株式会社(質
 権者)のため第一順位の質権(本件質権)を設定することに異議なく承諾し
 ます。
                        ・・・
 (○)　質権者は、本件質権の実行にあたり、信託受託者の承諾なしに信託受
       益権の譲渡または競売を行わないものとし、信託受託者は合理的理由な
       く、かかる承諾を留保・拒否しないものとします。
```

　X社は、すぐに検討を開始した。まず、⒤T信託銀行の指摘する規定は、「譲渡」「競売」についての承諾を必要とするものであって、かかる規定によって「差押命令の申立て」や「売却命令の申立て」についてまで承諾が必要とまではされていないものと思われた。また、ⅱそもそも、かかる規定は、私的実行のみを対象として考慮しており、法的実行は、対象としていないとも思われた。

　まず、「差押命令の申立て」に関しては、すぐにT信託銀行が承諾する意思を明確にしたため、X社は、T信託銀行の承諾を受けるべく承諾依頼を出す手続をとった。他方、「売却命令の申立て」に関しては、受益者が誰であるかは信託受託者にとって重要であることを理由に、T信託銀行は、承諾は困難である旨を伝えてきた。

　不動産信託受益権質権の法的実行について信託受託者の承諾を要するか否かについては、双方の立場が異なる以上、争いは避けられない。双方の立場

が異なることを前提に協議を重ねた結果、本案件においてはT信託銀行は、X社が売却命令の申立てを行うことも承諾するに至ったため、X社は、承諾依頼を出す手続をとった。

(3) 法的実行の申立て

不動産信託受益権質権の法的実行については、「その他財産権」（不動産、船舶、動産及び債権以外の財産権）（民執法167条1項）の担保実行（民執法193条）として行われる。

概略としては、まず差押命令申立てを行い、差押命令を受けた後に、または差押命令申立てと同時に、譲渡命令申立てもしくは売却命令申立てにより換価処分を目指すことになる。

X社は、いざ、裁判所に差押命令申立てを行った。あらかじめ、代理人弁護士が裁判所と手続面の協議を進めていたため、申立て後、程なくして裁判所から差押命令が発令されるに至った。

差押命令発令後、しばらくして、X社は、裁判所に対して、売却命令申立てを行った。その後、売却命令が発令され、入札によりX社があらかじめ話をしていた買受人が、本案件の不動産信託受益権を取得するに至った。

本案件では、法的実行について信託受託者の承諾を要するか否かについて議論がされたが、以上のように、X社及びT信託銀行の協議により、結果的に問題が解決された。

一般に、不動産ファイナンス取引において、信託受益権に対する質権設定がなされている場合と、現物不動産に対する抵当権設定がなされている場合とを区別して評価していることは少ないと思われる。しかし、法的実行について信託受託者の承諾が必要となるのであれば、債権者としては両者を同視することはできないだろう。

本案件は、不動産ファイナンス取引のあり方を考えるきっかけとなった。

【解 説 編】

(1) 不動産信託受益権質権の法的実行の概要

　不動産信託受益権質権の法的実行とは、不動産信託受益権質権を実行する場面のうち、裁判所の手続により行われるものをいう。

　不動産信託受益権は、不動産、船舶、動産及び債権以外の財産権であるから、民事執行法上は「その他財産権」(197頁参照)として、これに対する執行手続については、債権執行の例による(民執法193条2項、167条1項。以下、民執法193条の指摘は省略する。)。

　そして、私的実行と同様、信託配当等を直接受領して弁済に充当するものと、さらに不動産信託受益権自体を換価して弁済に充当するものと予定されているが、後者については、不動産信託受益権に特有の問題について、実務上の対応が定まっていない点が多い。

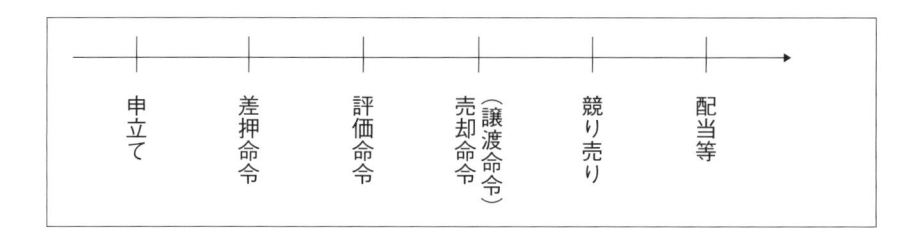

```
申立て ── 差押命令 ── 評価命令 ── 売却命令(譲渡命令) ── 競り売り ── 配当等
```

(2) 差押命令の申立て

① 申立書

　差押命令の申立ては、申立書を執行裁判所に提出して行う必要がある(民執規則1条)。

　申立てにあたっては、差押え対象財産である不動産信託受益権を、信託契約の内容(当事者、日付)及び信託不動産の表示により特定することになる。この点、申立書の別紙として、不動産信託受益権目録や物件(不動産)目録を添付して特定することが有益である。

不動産信託受益権差押命令申立書

平成○○年○○月○○日

東京地方裁判所民事第21部　御中

　　　　　　　　　申立債権者代理人弁護士　　○　　○　　○　　○
　　　　　　　　　電　話　　03（○○○○）○○○○
　　　　　　　　　ＦＡＸ　　03（○○○○）○○○○

　　　　　　　　当事者　　　　　　　　別紙目録のとおり
　　　　　　　　担保権
　　　　　　　　被担保債権　　　｝　　別紙目録のとおり
　　　　　　　　請求債権
　　　　　　　　差押債権（不動産信託受益権）　別紙目録のとおり

　債権者は、債務者に対し、別紙請求債権目録記載の債権を有するが、債務者がその支払いをしないので、別紙担保権目録記載の質権に基づき、別紙不動産信託受益権目録記載の信託受益権の差押命令を求める。

添　付　書　類

1　不動産信託契約書
2　質権設定契約書
3　質権設定承諾書
4　資格証明書
5　委任状

当事者目録

〒○○○-○○○○　東京都○○区○○町○丁目○番地○号
　　　　　　　　　債　権　者　　○○株式会社
　　　　　　　　　代表者代表取締役　　○○　○○

〒○○○-○○○○　東京都港区西新橋○丁目○番地○号
　　　　　　　　　（送達場所）○○法律事務所
　　　　　　　　　電　話　03（○○○○）○○○○
　　　　　　　　　ＦＡＸ　03（○○○○）○○○○
　　　　　　　　　債権者代理人弁護士　　○○　○○

〒○○○-○○○○　東京都○○区○○町○丁目○番地○号
　　　　　　　　　債　務　者　　　○○合同会社
　　　　　　　　　代表者取締役　　　○○　○○

〒○○○-○○○○　東京都○○区○○町○丁目○番○号
　　　　　　　　　第三債務者　　　○○信託銀行株式会社
　　　　　　　　　代表者代表取締役　　○○　○○

担保権・被担保債権・請求債権目録

1　担保権
　別紙不動産信託受益権目録記載の不動産信託受益権について
　⑴　平成○○年○○月○○日設定の質権
　⑵　対抗要件
　　　平成○○年○○月○○日付確定日付のある第三債務者の承諾

2　被担保債権及び請求債権
　⑴　元金　　金○○円
　　ただし、債権者が債務者に対し、平成○○年○○月○○日、両者間の同

年○○月○○日付金銭消費貸借契約に基づき証書貸付の方法で貸し付けた貸付金○○円の残元金
(2) 利息　　金○○円

　　ただし、上記（1）記載の残元金に対する平成○○年○○月○○日から平成○○年○○月○○日まで年○○％の割合による利息金
(3) 損害金　　金○○円

　　ただし、上記（1）記載の残元金に対する平成○○年○○月○○日から平成○○年○○月○○日まで年○○％による遅延損害金

なお、債務者は、債権者に対し、平成○○年○○月○○日までに、上記(1)記載の金銭消費貸借契約第○○条に基づく金○○円を弁済しなかった。これにより、債務者につき約定の期限の利益喪失事由が発生し、債権者は、平成○○年○○月○○日、債務者に対し、上記(1)記載の金銭消費貸借契約第○○条に基づき、債務者が同契約に基づき負担する一切の債務につき期限の利益を喪失させる旨通知し、同月○○日、債務者に当該通知が到達したため、約定により、債務者は、同日をもって期限の利益を喪失した。

不動産信託受益権目録

　債務者を受益者、第三債務者を受託者、信託不動産を別紙物件目録記載の不動産とする平成○○年○○月○○日付け不動産信託契約に基づき、債務者が第三債務者に対して有する不動産信託受益権

物　件　目　録

1　所　　在　　港区虎ノ門○丁目
　　地　　番　　○○番
　　地　　目　　宅地
　　地　　積　　○○平方メートル

2　所　　在　　港区虎ノ門○丁目
　　家屋番号　　○番○

```
種    類    共同住宅・駐車場・店舗
構    造    鉄筋コンクリート造陸屋根地下1階付き2階建て
床 面 積    1階    ○○.○○平方メートル
            2階    ○○.○○平方メートル
            地下1階  ○○.○○平方メートル
```

② 管轄裁判所

債権執行の例によって、債務者の普通裁判籍の所在地を管轄する地方裁判所が執行裁判所となる（民執法167条1項・144条1項）。すなわち、債務者であるSPCの本店所在地を管轄する地方裁判所が執行裁判所となるのであって、不動産競売と異なり、信託財産である不動産の所在地を管轄する地方裁判所ではないことに注意を要する。

なお、「その他財産権」の執行のうち、「権利の移転について登記等を要するもの」については、民事執行法167条2項により、その登記等の地の裁判所が管轄するものとされる。しかし、信託の登記は、登記された財産が信託財産に属することの対抗要件に過ぎず（信託法14条）、当該不動産信託受益権に係る受益者変更登記は、不動産信託受益権の処分に関する効力要件でも対抗要件でもないためこれに該当しない。

③ 必要書類・費用等

差押命令の申立てに際し、質権者は、資格証明書等、民事執行手続一般に要求される書類のほか「担保権の存在を証する文書」[11]を提出する必要があり（民執法193条第1項）、不動産信託受益権質権の実行の場合、質権設定契約書や質権設定承諾書がこれに該当する。

なお、申立てに際しては、このような法定の添付文書のほか、裁判所から、後述する不動産信託受益権の評価手続に関する資料として、ⅰ信託契約書、ⅱ信託不動産の登記事項証明書、ⅲ信託目録、ⅳ固定資産評価証明書、

---

11 担保権の存在を証する文書は、公文書である必要はないが、執行裁判所において担保権の存在が証明されると判断できるだけのものでなければならない（浦野雄幸編『基本法コンメンタール民事執行法［第六版］』550頁）。

ⓥ被担保債権の金銭消費貸借契約書等の資料の提出を求められることがある。

　また、差押命令申立てに際して必要な費用は、貼用印紙代及び郵券代であるが、後述の譲渡命令・売却命令に際して実施される評価手続において、評価に要する費用（鑑定費用）の予納を命じられる（民執法14条参照。予納金の金額は、対象となる信託不動産の規模や裁判所の運用によって異なるが、不動産競売の場合と同程度の金額とされる。）。

(3) 差押命令の発令

① 差押命令の効力

　不動産信託受益権の差押命令が発令されると、債務者（SPC）と第三債務者（信託受託者）に差押命令正本が送達され、後者に送達が行われた時点で差押えの効力が生じる（民執法167条第1項、145条4項）。

　不動産信託受益権に対する差押命令の効力が生じると、各当事者は、それぞれ、以下のような地位におかれることになる。

　A　申立債権者（質権者）

　債務者（SPC）に対して差押命令が送達された日から1週間を経過したときから、複合的な内容を有する不動産信託受益権のうち金銭給付を目的とする部分（信託配当金請求権等）について、取立てをすることが可能となる（民執法167条1項、155条1項）。

　ただし、私的実行におけるものと同様、通常は、不動産ノンリコース・ローンにおける諸契約において、質権者は指定する口座に振り込まれた信託配当から期限の到来した自己の債権の弁済を受けられる仕組みとなっているため、取立権そのものには実益はなかろう。

　B　債務者（SPC）

　差し押えられた不動産信託受益権について譲渡・質入れ等の処分を行うことのほか、第三債務者（信託受託者）に対し、信託配当及び信託元本等の交付等の請求を行うことが禁じられる。

C　第三債務者（信託受託者）

差し押さえられた不動産信託受益権について、債務者による配当金及び信託元本の交付等の請求に応じることを禁止される。

平成〇〇年（ナ）第〇〇号

不動産信託受益権差押命令

　　当　事　者　　別紙当事者目録記載のとおり
　　担　保　権　　別紙担保権目録記載のとおり
　　被担保債権　　別紙被担保債権目録記載のとおり
　　請求債権　　　別紙請求債権目録記載のとおり

1　債権者の申立により、上記請求債権の弁済に充てるため、別紙担保権目録記載の担保権に基づき、債務者が第三債務者に対して有する別紙不動産信託受益権目録記載の不動産信託受益権を差し押さえる。
2　債務者は、前項により差し押さえられた不動産信託受益権について、譲渡、質入れ、配当金及び信託元本の交付等の請求その他一切の処分をしてはならない。
3　第三債務者は、第1項により差し押さえられた不動産信託受益権について、債務者に対し、配当金及び信託元本の交付等の請求その他の権利行使に応じてはならない。

　　平成〇〇年〇〇月〇〇日
　　〇〇地方裁判所　民事第〇〇部
　　　裁　判　官　　　〇　　〇　　〇　　〇

---

②　関連契約上の差押えに関する規定の問題点

A　問題点の所在

不動産信託受益権の差押えに関しては、信託契約に解除事由として規定されているケースや、信託受託者による質権設定の承諾に際して不動産信託受益権の法的実行の申立てに信託受託者の承諾を要する旨が定められているケース（双方の合意による場合のほか、第三債務者（信託受託者）による質権設

定についての承諾に、かかる条件が付されている場合も基本的に同様である。）が見られる。

　これらの条項が、不動産信託受益権の差押えにどのような効力を有するのか。

　B　考え方
　この点、法的実行による不動産信託受益権の移転については、信託受託者の承諾を要しないことからすると、これらの条項はその趣旨に反するものであり、無効という結論に馴染む。

　信託受託者の承諾を要するとする立場であっても、信託受託者が、資金調達スキームに参加することを了解した上で受託し、質権設定を承諾したことに鑑みると、その質権が実行され、または質権の実行として差押えがされたというだけで信託契約の解除を主張することは、禁反言の法理に反するものといえよう。

　したがって、まず、不動産信託受益権の差押えが信託契約の解除事由として規定されているケースにおいて、信託受託者が、質権者または質権の法的実行による不動産信託受益権の取得者との関係で、不動産信託受益権の差押えを原因として信託契約の解除を主張することは許されないと解するべきであろう。

　次に、信託受託者による質権設定の承諾に際して不動産信託受益権の法的実行の申立てに信託受託者の承諾を要する旨が定められているケースにおいて、質権者が承諾を得ずに法的実行を申し立てたとしても、信託受託者がその違反を理由に信託契約の解除を主張することは許されないと解するが、他方、もし当該無断の申立てによって信託受託者が損害を被ることがあれば、その損害を避けるべき義務を尽くしたか否か、質権者に対する損害賠償請求の問題は生じ得る。

　なお、さらに当該条項において信託受託者の承諾のない限り法的実行を申し立てないとする質権者の意思が明確に表現されている場合には、これを不執行特約の一種と評価することができることもありえよう（ただし、質権者

が自ら質物について不執行特約をするという特殊な場面であるため、かかる評価は限定的なものと解さざるをえない。）。もっとも、不執行特約に関する不服申立ては、執行抗告・執行異議の方法によることができず、請求異議の訴えによることになる上（最決平成18年9月11日民集60巻7号2622頁）、請求異議の訴えにおいて、信託受託者には当事者適格ないし訴えの利益が当然に認められるものではないことから、当該条項に違反して申し立てられた法的実行を不許ならしめる効果までは期待し難いものと解される。

C 結論

　結局、この点は、流質による不動産信託受益権の移転について信託受託者の承諾を要するか否か、私的実行について述べたのと同様、信託受益権が反社会的勢力や資力を欠く者に移転してしまうことのリスクをどのように理解し、かつ、そのリスクをどのように回避するのが必要かつ十分なのか、という問題に収斂する。

　とりわけ、法的実行の場合は、後述のとおり信託受託者の関与なく換価手続が行われることもあり得る一方で、裁判所は、買受人の属性をチェックしない（この点については、今後の議論がまたれる。）ため、私的実行の場合よりも信託受託者としては大きな関心事となるが、なおも、信託受託者が承諾しない限り債権回収を図れないことになってしまう質権者の不利益と比較すると、信託受益権の移転後に信託指図を拒絶し、または受益者の不適格属性を理由に信託契約を解除することによって回避することがふさわしいのではないかと思われる。

(4) 換価手続（譲渡命令・売却命令）

　不動産信託受益権は、単純な金銭債権ではなく、信託元本交付請求権等をその内容とする権利であることから、取立てや転付命令（民執法167条1項、159条1項）によって、その価値の全部を現実化することはできない。
　そこで、民事執行法上の特別の換価手続である譲渡命令または売却命令による換価により価値を現実化する必要がある（民執法167条1項、161条1項）。

なお、以下は、筆者らが実際に裁判所と協議をしながら申し立てた際の経験に基づき記述しているが、いまだ裁判所の運用として確立されているものは存在しないため、今後、運用が確立されるにあたり、その取扱いが異なることのあり得ることを申し添える。

① 発令要件等

被差押債権が、条件付もしくは期限付であるとき、または反対給付にかかることその他の事由によりその「取立てが困難であるとき」は、執行裁判所は、差押債権者の申立てにより、その債権を執行裁判所が定めた価額で支払に代えて差押債権者に譲渡する命令（譲渡命令）、取立てに代えて執行裁判所の定める方法により、その債権の売却を執行官に命ずる命令（売却命令）を発することができる（民執法161条1項）。

ここにいう「取立てが困難であるとき」の意義については、従来は大きく論議されてはいないところであるが、差押債権者が被差押債権の取立てあるいは第三債務者の供託による配当の実施によって直ちにかつ確実に執行債権の満足を得ることができず、添付命令による換価も許されないかまたは相当でないとの事由が存在することであると考えられる。

実務上、電話加入権や無体財産権のような換価を要する権利について、本条が適用され譲渡命令・売却命令（後述）による換価がなされていることに照らし、不動産信託受益権についても同様、本条の適用が認められるものと解される。

② 申立てから発令まで

譲渡命令・売却命令の申立ては、民事執行規則1条にいうところの「民事執行の申立て」ではないので、書面によらなければならないという法令上の制限はないが、実務上は、明確を期すため、例外なく書面によってされている。なお、申立て自体について時期的な制限があるわけではないので、差押命令の申立てと同時に申立てがされることもある。

譲渡命令・売却命令のいずれによるべきかは、これら特別の換価命令が差押債権者の申立てにより発令される（民執法161条1項）以上、具体的換価方

法についても差押債権者が選択して申し立てるべきであるが、差押債権者が方法を選択しないで裁判所の裁量に任せて申立てをした場合は、執行裁判所は、二次的に選択する権限を有している（東京地裁債権執行等手続研究会編著「債権執行の諸問題」185頁）。

また、譲渡命令・売却命令は、債務者の審尋が発令要件であるため（民事執行法161条2項）、通常は書面による審尋がされる。

③ 評価及び換価
A 評価命令

執行裁判所は、譲渡命令・売却命令を発する場合、必要があると認めるときは、評価人を選任し、権利の評価を命ずることができる（民執法規則139条1項）。「必要と認めるときは」と定められているように、法的には評価は、譲渡命令・売却命令による換価に関する必要的手続ではないが、不動産鑑定士を評価人と定めて評価命令を発令する運用になるものと考えられる。

もっとも、売却命令に関しては、動産執行の売却方法（執行官による競り売り）による換価がされ、後述のとおり売却基準価額（不動産執行の場合について民執法60条1項参照）は、設定されない運用が想定されるため、無剰余（民執規則141条参照）の判断に必要な限度で不動産信託受益権の換価見込額を把握できれば足り、不動産鑑定士による評価は、必須でないとも考えられる。裁判所が無剰余か否かを判断できる程度の資料、具体的には固定資産評価証明書などの提出がなされれば、不動産鑑定士による評価を行わないとの取扱いも十分あり得よう。

B 換価手続

譲渡命令による場合は、不動産信託受益権が、裁判所が定めた価額により、申立債権者たる質権者に譲渡される。

他方、売却命令による場合、命令の主文は、「動産執行の売却手続により売却することを命じる」とされ、動産執行の手続に従って換価される。不動産信託受益権の売却命令に関しても、同様の命令主文に基づき、動産執行の売却方法（執行官による競り売り）による換価がなされる運用が想定される。

ここでも、同一の不動産信託受益権の上に存在する複数の担保権が、一の質権に基づく流質により消滅するのか否かが問題となる。そして、一の質権に基づく流質により、当該質権に劣後する担保権は、買受人に対抗し得ない担保権の性質上当然に消滅する。これに対し、当該質権に優先する担保権は、民事執行法上、不動産執行の場合のように消除主義（民執法59条1項参照）を定める規定がなく、引受主義による取扱いがされるものと解され（『注釈民事執行法』7巻78頁（注11））、換価手続の完了により消滅することなく買受人が負担することになる[12]。

C　換価及び評価の手続に関わる今後の課題

　不動産信託受益権に対する売却命令が発令される場合、動産執行に準じ、競り売り等による換価がなされる運用が想定されるのは、前述のとおりである。

　この点、競り売りの手続に関しては、動産等の財産の換価を念頭においた制度であるため、当然のことではあるが、不動産競売手続の場合の所謂「三点セット」、すなわち、①執行官により作成される現況調査報告書（民執法57条1項、民執規則29条1項参照）、②裁判所の選任する評価人（不動産鑑定士）により作成される評価書（民執法58条1項、民執規則30条1項参照）及び③裁判所書記官により作成される物件明細書（民執法62条1項参照）の作成・公開等や期間入札手続が一切定められていない。

　しかしながら、実際の経済取引上は不動産信託受益権が（現物）不動産と同視され同様に取り扱われていることに鑑みると、不動産信託受益権を動産の場合と同様に、競り売りの手続により換価するのでは、その経済的価値を現実化するための手続としては不十分であるし、不動産信託受益権を少なくとも合理的といえる売却代金で換価することによりローン債権の回収を極大

12　なお、「その他財産権」のうち権利の移転について登記等を要するその他財産権については、民事執行規則147条が準用され、消除主義による取扱いがされる（民事執行規則149条の2）。また、「その他財産権」の1つである電話加入権についても、最高裁昭和40・7・14判決民集19巻5号1263頁が、他の担保権は換価手続により消滅し、当該担保権者は売得金から優先弁済を受けるべき旨を判示したことから、同判決の趣旨に従い消除主義による取扱いがされている（民執規則147条1項4号、148条参照）。

化したいという質権者（レンダー）のニーズに応えることはできないと考えられる。

　質権者（レンダー）の権利行使を十全にするためには、不動産信託受益権の実質を考慮し、可能な限り不動産競売手続に近い方法で換価する運用がなされることが期待されるところである。

　また、不動産信託受益権を含む「その他財産権」の評価手続においては、評価人に、不動産の評価手続において認められるような不動産への立入権限や質問権限（民執法58条4項、57条2項参照）を認める直接の根拠となる規定が存在しない。この点が、よりよい評価を実現する上で障害となることも考えられるので、今後において制度上の手当てがなされることが望まれる。

(5)　信託受益権質権の実行手続の選択

　私的実行における流質と、法的実行における換価手続のメリット、デメリットを比較すると、以下のとおり整理することができる。

　私的実行における流質では、入札手続を行う場合でも数ヵ月で配当まで完了することが見込め、時間の短縮を図れる上、スケジュール自体、質権者がある程度コントロールできる。換価の代金も、市場価格に近いものが期待できる一方、その決定については質権者が全面的にリスクを負担することになる。

　これに対し、法的実行における換価手続では、手続の確実性が担保されている一方で、期間が相当長期に及ぶ。また、上記のとおり売却の具体的な方法が一般的な取引水準に及ばず、質権者が期待するような金額では売却されないことも考えられる。

	私的実行	法的実行
所要期間	1～3ヵ月	10～12ヵ月
価額の妥当性	争いにならないようにする必要がある。	争いになりにくい。
信託受託者の承諾	不要か	不要
受益者変更登記におけるSPCの捺印	不要	不要
費用	入札事務費用 信託報酬 弁護士費用（ドキュメンテーション） 登記費用	裁判所予納金 弁護士費用（申立て） 登記費用

　以上を踏まえ、信託受益権質権の実行手続の選択は、以下のように考える。

　まず、質権設定者（SPC）サイドが信託受益権の任意売却に同意し、売買契約書の作成・締結や登記必要書類作成等の信託受益権の売却手続を主体的に行う場合は、任意売却による。

　そうでない場合は、信託受託者や受益者変更登記を担当する司法書士と協議をして、当該事案において質権設定者（SPC）サイドの協力が必要か否か、必要とした場合にはその具体的な内容を詰める。その上で、質権設定者（SPC）サイドの協力が不要であったり、協力が必要であるものの、質権設定者（SPC）サイドが質権者による強制的な信託受益権の換価を容認し、やむを得ないとしながらも協力に応じたりする場合には、強制売却や流質を選択する。

　法的実行による換価を選択するのは、質権設定者（SPC）サイドが必要な協力に応じない（応じることができない）場合に限られよう。

4 一般担保の実行

【ケーススタディ編】

＜一般担保の実行により不動産を競売したケース＞

> **基礎データ**
> スキーム：TMK（現物不動産）
> 運用資産：賃貸用マンション（東京都）
> ローン（社債）金額：ローン68億円／社債1億円
> 条件：4年タームローン（アモチなし）

(1) 経　緯

　一般担保による不動産の競売については、前例がなく、そもそも実行することができないと記述する書籍も存在し、現実にはむずかしいのではないかという意見が多かった。裁判所は、実際に申立てをしない限り、手続に入るのか、入ったとしてどのように進められるのか明確な指針を示してはくれない。

　TMKスキームにおける特定社債権者は、一般担保という「担保」を有しながら、もし確定判決を得て強制競売を申し立てるしかないのであれば、競売に要する費用と時間に加え、確定判決を得るまでに更に費用と時間（最低でも2ヵ月程度）を要することになる。この結論は、TMKスキームの取扱いも多いレンダーX社にとって、とても納得できるものではなかった。

　スポンサー兼アセット・マネージャーのS社や、その関連会社が一斉に破綻した本件では、X社と複数のエクイティ投資家たちとの協議が紛糾・停滞し、S社が破綻した後数ヵ月たっても、新たなアセット・マネージャーの就任もままならない状況であった。物件は、竣工間もない賃貸マンションであったが、特定資産の管理処分を受託するアセット・マネージャーがいなけ

れば、任意売却もできない。

　この事態を打開するため、競売により物件を取得し、混乱状態を収束させ、バリューアップを図った上で転売するには、一般担保による競売申立てしかなかった。X社は自ら前例をつくる覚悟で、申立てに向けた裁判所との本格的な協議を開始した。

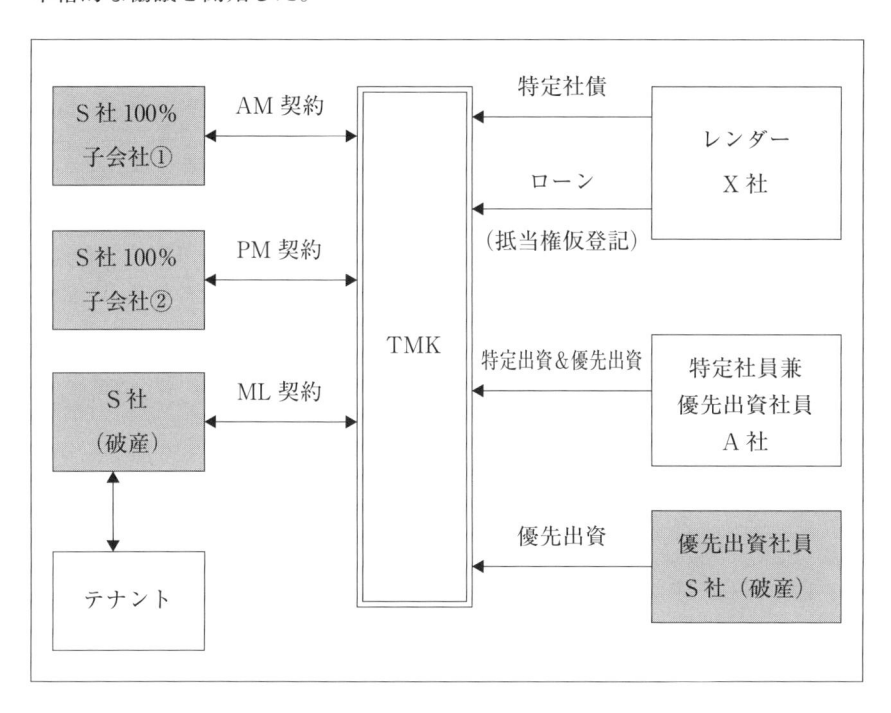

```
┌─────────────────────────────────────────────────────────────┐
│                                   特定社債                   │
│  ┌─────────┐   AM契約  ┌─────┐ ←──────── ┌─────────┐      │
│  │S社100%   │ ←──────→ │     │            │レンダー  │      │
│  │子会社①  │          │     │   ローン    │ X社      │      │
│  └─────────┘          │     │ ←────────  └─────────┘      │
│                        │     │ (抵当権仮登記)                │
│  ┌─────────┐   PM契約  │     │                              │
│  │S社100%   │ ←──────→ │     │                              │
│  │子会社②  │          │ TMK │                              │
│  └─────────┘          │     │  特定出資&優先出資 ┌─────────┐│
│                        │     │ ←──────────────  │特定社員兼││
│  ┌─────────┐   ML契約  │     │                  │優先出資社員││
│  │S社       │ ←──────→ │     │                  │ A社      ││
│  │(破産)    │          │     │                  └─────────┘│
│  └─────────┘          │     │                              │
│      ↕                 │     │    優先出資      ┌─────────┐│
│  ┌─────────┐          │     │ ←──────────────  │優先出資社員││
│  │テナント  │          │     │                  │S社(破産) ││
│  └─────────┘          └─────┘                  └─────────┘│
└─────────────────────────────────────────────────────────────┘
```

(2) 裁判所との協議

　担当した弁護士事務所の周到な準備もあり、裁判所との協議は予想以上にスムーズに進んだ。一般担保に一般の先取特権の規定を適用することが認められ、民事執行法181条1項4号「その存在を証する文書」としては、特定社債総額引受契約書、特定社債要項などを準備した。

　段取りは迅速にまとまった。しかし、先例のないことから、売却完了までどの程度の時間を要するものか分からない。不安を抱えながらもX社は、裁判所との協議開始から約2ヵ月後に申立てに踏み切り、申立ての6日後に競

売開始決定がなされた。

　競売申立てには不動産の公課証明書の提出を要し、通常の抵当権に基づく不動産競売については、不動産登記事項証明書と競売申立書ドラフトを都税事務所に提出することによって公課証明書を取得するが、登記がされていない一般担保の場合、公課証明書をどのように取得するかも問題となった。

　この点、都税事務所及び裁判所と協議をした結果、公課証明書は追って提出する前提で競売申立てを行い、申立書の控えに受付印を押捺してもらったうえ、受付印付きの申立書の控えを都税事務所に提出することで公課証明書を発行してもらい、裁判所に公課証明書を追完するという手段をとった。

(3) 抵当権による競売申立てとの比較検討

　本件では、X社はローン（特定借入れ）も併用していた。そのため、X社としては、あえて上記のようなハードルを抱えた一般担保による競売申立てに及ばない選択肢もあった。しかし、そうしなかったのは、社内で以下のような議論があったからである。

　まず、一般担保は別除権ではないため、手続中にTMKについて破産手続開始を申し立られた場合には、競売を全うすることができないおそれも否めない。しかし、ストラクチャード・ファイナンスにおいて、倒産不申立誓約書を取得していない大口債権者が存在することは、そもそも許容されておらず、リスクは限定的である。また、想定外の小口債権者が現れた場合にも、TMKが弁済してしまうことで排除することが可能と判断された。

　これに対しローンの抵当権は、仮登記に止まったため、抵当権による競売申立てを選択すると、本登記のための登録免許税（債権額×0.4%）が必要となる。加えて、差押登記のための登録免許税自体も、特定社債の発行額に比してローン実行額のほうがはるかに大きかった。したがって、一般担保による競売を選択したことにより大幅に登録免許税を節約できた。

ただし、抵当権については、仮登記のままでは配当を受けられない。物件の売却後、ローンへの配当金はいったん供託されることになるため、X社は、あらかじめ裁判所に本登記を経ないでも供託金を受領することのできる方法を確認しておいた。具体的には、本登記に関するTMKの承諾書及び代表者の印鑑証明書（3ヵ月以内）が必要とされ、X社は、実際にこれらの書類を提示して、供託金を受領することができた。

(4) 一般担保による賃料差押え

競売開始決定後も順調に競売手続は進んでいったが、売却まではしばらく時間がかかることが見込まれた。他方で、マスター・レッシーであるS社の破綻によりテナントに混乱が生じ、賃料の未収が頻発する状態になっており、X社としては、売却までこれを容認することはできなかった。

そこで、賃料を直接取り立てて回収の一助とするべく、X社は、S社の破産管財人との間でML契約を合意解約した上、一般担保によるテナントの賃料の差押えを検討した。

なお、X社には、アセット・マネージャーの不在による物件の荒廃を抑える目的においても、担保不動産収益執行を申し立てる選択肢もあった。しかし、リーシング途上でマスター・レッシーの破綻を向かえた本物件では、管理人等の費用が賃料収入に見合わないおそれがあることから見合わされた。

(5) まとめ

競売手続は、粛々と進行し、最終的に、X社の関連会社が物件を競落した。

申立てから競落後の所有権移転までは、以下のとおり約11ヵ月、さらにX社が弁済金を受領するまで約13ヵ月を要し、任意売却と比較すれば相当の時間と費用を要したことは否めない。

しかし、「実行することができない」ともされていた一般担保を本邦で初めて実行した実績を残せたX社としては、TMKスキームへの自信を深めることができ、時間と費用も無駄ではなかった。

2008年11月
　・競売申立て＆開始決定
2008年12月
　・債　権　届
2009年1月下旬〜
　・執行官による現況調査
2009年4月末
　・裁判所による3点セット作成完了（物件明細書、評価書、現況調査報告書）
2009年7月末〜8月
　・入札〜確定
2009年9月
　・代　金　納　付
2009年9月末〜
　・買受人への所有権移転登記
2009年12月末
　・配当期日、弁済金交付（供託されたローンの弁済金はさらに追加で日数を要した。）

【解説編】

(1) 一般担保の特徴

① 一般担保とは

　TMKスキームにおいては、TMKが保有する特定資産（資産流動化法2条1項）のみを裏付けとして特定社債が発行される。

　特定社債権者としては、有事の際には特定資産から優先的に弁済を受けられることが確保されていることが重要となるため、TMKの特定資産につき抵当権や質権などの担保権の設定を受けられることが望ましいが、特定社債に物的担保を付するためには、担保付社債信託法に従い、担保権を信託財産とし、社債権者を受益者とする信託を行わなければならない（資産流動化法130条、担保付社債信託法2条1項）。これは、不特定多数の社債権者間を転々流通することが想定される社債ごとに物的担保を付することは、事実上不可能または困難であることを前提としたものである。

　しかし、TMKスキームにおける特定社債が多数の特定社債権者に発行され、転々流通されることは行われておらず、一方で、信託契約を締結して担保を付することは手間や費用がかかるため、実際に担保付社債信託法を用いて特定社債に物的担保を付する例は少ない[13]。

　この点、資産流動化法128条1項は、資産流動化計画に別段の定めをしない限り、TMKの特定社債権者にTMKの総財産に対する優先弁済権を法定しており、特定社債権者は担保付社債信託法を用いずにTMKの総財産の上に担保を有することとした。このように、一定の債務について債務者の総財産の上に債権者に対する優先弁済権を認めるものを「一般担保」という[14]。

　なお、担保付社債信託法を用いて物的担保が付けられた社債が、講学上、「担保付社債」とされるのであって、一般担保付社債は、「担保付社債」では

---

[13] 人的担保には担保付社債信託法の適用がないため、①社債権者が自ら社債を保証し、②当該保証に係る（事前）求償権を被担保債権として抵当権や質権などの担保権の設定を受けることが行われることがあるが、我が国の民法の解釈上、債権者が自己の債権を保証することは困難であり、保全・執行実務においても認められていない。

ない[15]。

② 一般担保と一般先取特権の関係

　資産流動化法128条2項の「前項の先取特権の順位は、民法の規定による一般の先取特権に次ぐものとする。」という文言から一般担保は、民法306条の一般先取特権そのものではない。

　しかし、一般担保は、ⅰ資産流動化計画において別段の定めがない限り資産流動化法の規定に基づいて発生する法定担保権であること、ⅱ債務者の特定の財産に限定することなく、その総財産の上に優先弁済権を有する担保であること、ⅲ資産流動化法128条2項には「前項の先取特権」と明記されていることからして先取特権の一種であること、という特徴を有する。

　これらの特徴は、民法306条の一般先取特権と共通しているため、一般担保は、一般先取特権の一類型であると考えられる[16]。

14　資産流動化法の他に、一般電気事業者たる会社の社債についての一般担保（電気事業法37条）、日本電信電話株式会社ならびに東日本電信電話株式会社及び西日本電信電話株式会社の社債についての一般担保（日本電信電話株式会社等に関する法律9条）、北海道旅客鉄道株式会社、四国旅客鉄道株式会社及び九州旅客鉄道株式会社ならびに日本貨物鉄道株式会社の社債についての一般担保（旅客鉄道株式会社及び日本貨物鉄道株式会社に関する法律4条）、東日本高速道路株式会社、首都高速道路株式会社、中日本高速道路株式会社、西日本高速道路株式会社、阪神高速道路株式会社及び本州四国連絡高速道路株式会社の社債についての一般担保（高速道路株式会社8条）、日本郵政株式会社の社債についての一般担保（日本郵政株式会社法7条）などがある。

　近時、福島第一原子力発電所の事故により、にわかに電力債の一般担保が脚光を集めているが、同事故の被害者の損害賠償請求権は担保権がなく、後述のとおり電力債の一般担保に劣後する関係にある。

15　江頭憲治郎『会社法』（第四版）666頁

16　我妻榮他『コンメンタール民法　総則・物権・債権』（第2版追補版）509頁は、電力会社、日本電子電話株式会社、高速道路株式会社の社債などのための「一般担保」を、「民法以外の先取特権」のうちの「一般の先取特権」に区分している。

＜担保権の体系＞

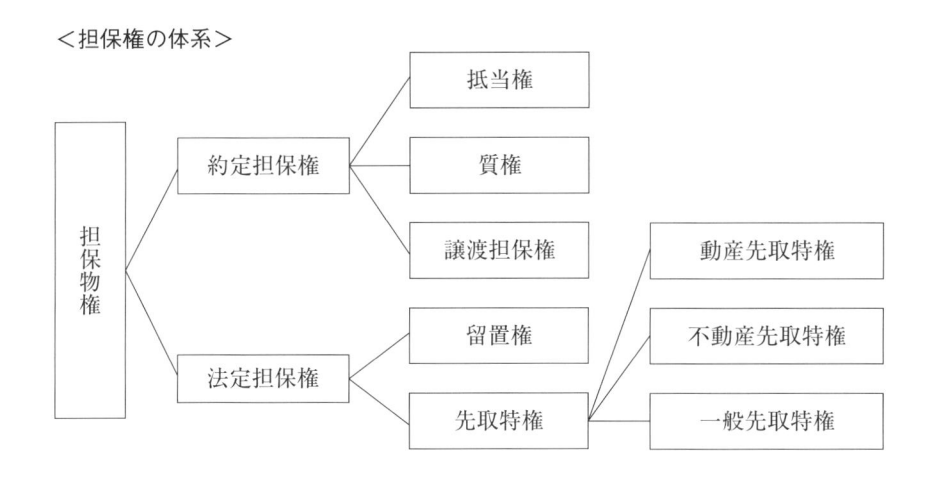

```
                        ┌─ 抵当権
            ┌─ 約定担保権 ─┼─ 質権
            │            └─ 譲渡担保権
担保物権 ─┤                              ┌─ 動産先取特権
            │            ┌─ 留置権        │
            └─ 法定担保権 ─┤              ├─ 不動産先取特権
                         └─ 先取特権 ─────┤
                                         └─ 一般先取特権
```

③　他の債権との優劣

　TMKに十分な資力があり、期限の到来した債務を弁済し続ける限り、他の債権との優劣は問題にならない。他の債権との優劣が問題になる場面としては、ある資産について差押えが競合した場合における配当の順序、一般担保のある債権の弁済につき詐害行為取消権（民法424条）または各種倒産法に基づく否認権が行使された場合における「偏頗弁済」該当性の有無、及び債務者（TMK）が倒産した場合における破産配当、再生計画に基づく弁済等の取扱いが挙げられる。

　後者については、次項の④にて後述するので、ここでは、前2者を念頭に対象となる資産ごとに論じる。

　なお、本項において、「一般担保の登記」とは、「一般担保保存仮登記及び差押登記」を含む概念としている。

A　現物不動産

　TMKが保有し、一般担保の目的となっている現物不動産については、無担保債権との関係では一般担保が優先するが（民法336条本文）、担保権（抵当権、不動産質権、先取特権等）との関係では、一般担保の登記との登記の先後によって優劣が決せられる（民法177条）。これは、限定的ながらも不動産

4　一般担保の実行　191

に係る一般担保については、公示の原則が採用されているからである（民法336条ただし書）。

租税債権との関係では、一般担保の登記と法定納期限等（国税徴収法15条1項）との先後による（国税徴収法20条1項4号、地方税法14条の14第1項4号）。

なお、他の「債権」ではないものの、両立し得ない物権変動を争う関係にある他の権利として、当該不動産の賃借権との関係についても問題になるが、上記と同様の議論が妥当するものと考えられ、一般担保の登記と賃借権の登記（または借地借家法上の対抗要件）の先後によって優劣が決せられるものと解する。

この点、一般担保権者は、TMKに対し物権的ないし物権変動的登記請求権として、一般担保（一般先取特権）保存登記を求めることができるものと考えられる（故に、後述の債権その他財産権の場合と異なり、一般担保の優劣が登記の先後によって決せられることが正当化される。）。ただし、その費用については、登記によって利益を得る者が負担する原則に従い、TMKが負担するものとする特約のない限り登記を求めた一般担保権者が負担する。

　B　不動産信託受益権、賃料債権（債権その他財産権）

TMKが保有し、一般担保の目的となっている賃料債権や不動産信託受益権について、無担保債権との関係では一般担保が優先するが（民法336条本文）、担保権（質権、先取特権等）との関係は、一般担保を公示する手段がないことから問題となる。

1つには、一般担保を公示する手段がない以上は、もはや公示制度の存在を前提とせず、一般担保と他の担保権の成立の先後によって優劣を定めるべきとする考え方である[17]。後述の民法362条2項については、一般担保を公示する手段がないにもかかわらず、権利質と一般担保の優劣を動産質と一般担保の優先と同じに扱うのは、「その性質に反する」とする。

17　中島玉吉『民法釈義巻之二物件編下』836頁、柚木馨他『法律学全集19　担保物権法』（第三版）74頁。なお、一般担保では問題とならないが、同書は、共益費用の先取特権はその利益を受けた権利質権者に対して優先の効力を有すると解している。

もう1つには、一般担保を公示する手段がない場合にも、公示制度の存在を前提とし、より親和性のある民法の他の規定を適用ないし類推適用するべきとする考え方であり、ⅰ質権との関係では、権利質は動産質に準じることから（民法362条2項）、民法334条、329条2項により、常に質権が一般担保に優先するとする考え方である[18]。この考え方では、ⅱ先取特権との関係では、資産流動化法128条2項により、同じく常に先取特権が一般担保に優先し、ⅲ他の一般担保との関係では、同順位となるとの結論を導きやすい。
　租税債権との関係では、租税債権が優先する（国税徴収法8条、地方税法14条）。

④　倒産手続における取扱い
　A　優先的破産債権該当性
　TMKにつき破産手続開始の決定があった場合、一般担保は、優先的破産債権（一般の先取特権その他一般の優先権がある破産債権）に該当するため、破産配当時においては他の破産債権に優先する（破産法98条）。
　また、TMKにつき再生手続開始の決定があった場合、一般担保は、一般優先債権に該当するため、再生手続によらずに随時弁済を受けることができ、担保権実行を含む権利行使が可能である（民事再生法122条）[19]。
　なお、破産手続や再生手続においても、前述の資産流動化法128条2項により、一般担保の順位は、民法の一般の先取特権に次ぐことになる。

　B　別除権の有無
　別除権とは、破産手続開始の時において、破産財団に属する財産につき特別の先取特権、質権または抵当権を有する者がこれらの権利の目的である財産について破産法65条1項の規定により行使することができる権利をいう（破産法2条9項）。
　資産流動化法上の一般担保は、前述のとおり一般の先取特権の一類型と解

18　林良平編『註釈民法（8）』212〜213頁
19　伊藤眞『破産法・民事再生法』（第2版）662頁

されるため、別除権とはならない。TMKにつき破産手続開始の決定があった場合には、一般担保の実行は、することができず（破産法42条1項）、また、破産財団に属する財産に対して一般担保の実行がすでにされているとしても、破産財団に対してはその効力を失う（同条2項）。すなわち、特定社債権者は、自らの判断で一般担保の実行による競売を申し立てることができず、優先的破産債権として、破産管財人が物件を処分し、その換価代金から配当を受けるのを待つことになる。

このような事態を回避すべく、特定社債権者は、質権・抵当権付きローンのレンダーよりも一層、あらかじめ、TMKに対して債権を有することのあるスキームの各関係者から「倒産不申立ての誓約書」を漏れなく徴求し、TMKが破産してしまいにくい手立てを採るべきである。

なお、民事再生法39条、53条にも類似の規定があるが、担保権実行を含む権利行使が可能であるのは、上記のとおりである。

(2) 一般担保の実行

① 一般担保の実行の可否

特定社債権者がデフォルトした特定社債につきTMKの資産を換価して償還を受けようとする手段としては、TMK（実質的には、特定資産の管理、処分業務を委託されたアセット・マネージャー）に資産を任意売却してもらい、その売却代金から償還を受ける方法と、裁判所の換価手続においてその弁済金交付・配当を受ける方法とがある。

アセット・マネージャーが健在であれば、そのアセット・マネージャーが主導して任意売却をしてもらうことができる。しかしながら、アセット・マネージャーが任意売却に協力してくれないケースもある。また、TMKは、「信託受益権を除く特定資産の管理及び処分に係る業務を行わせるため、これを信託会社等に信託しなければならない」（資産流動化法200条1項）と規定されているため、アセット・マネージャーが破綻しているケースにおいては、TMK自身によって任意売却を行うことができない。

これらのケースでは、特定社債権者としては、任意売却ではなく、裁判所の換価手続による必要性が生じるところ、現行の民事執行法上、一般担保の

実行について直接に規定された条項は存在しないため、一般担保が現行の民事執行法において実行できるか否かが問題となる。

この点、一般担保は「一般の先取特権」（民執法181条1項4号など）に該当せず、一般担保は、民事執行法に基づく実行ができないとする見解[20]もある。これは、資産流動化法上、一般担保は「民法の規定による一般の先取特権に次ぐもの」（法128条2項）とされている以上は、「"民法の規定による"一般の先取特権」とは別の権利であるとか、民法306条の表題が「一般の先取特権」であるのに対して、法128条の表題が「一般担保」であるといった形式的な解釈に基づいていると考えられる。

しかし、一般担保は、一般の先取特権に係る民事執行手続に従って実行できると解する。

なぜならば、第1に、民事執行法の条文上の根拠として、民事執行法上の「一般の先取特権」（民執法51条1項、87条1項1号・4号、105条1項、181条1項4号、193条1項・2項等）に一般担保も含まれると解する。これは、上記のように一般担保は一般の先取特権の一類型であると考えられること[21]、及び民事執行法の各条項において「"民法の規定による"一般の先取特権」（資産流動化法128条2項参照）と限定されているわけではないことから、文理上も自然な解釈といえる。

第2に、実質的にも、前述のとおり、裁判所の換価手続によらざるを得ないケースにおいて、一般担保が現行民事執行法に従って実行できないとなれば、特定社債権者は、たとえば特定社債償還請求訴訟を提起して確定判決を得た上で、強制執行手続を行うなどの手段を用いる以外には償還を受ける術がなくなる。一般担保は画餅に帰し、特定社債権者に過大な負担を強いた

---

20 たとえば、加藤一郎他『担保法体系』第2巻359-360頁には、「一般担保制度による先取特権については、その実行上の手続に関する規定が欠けているといわざるを得ない。（中略）現状では、一般担保制度による先取特権者は自ら実行することは不可能であるといわざるを得ない。」との記述がある。
21 前掲我妻榮他『コンメンタール民法　総則・物権・債権』（第2版追補版）509頁において、「一般担保」を、「民法以外の先取特権」のうちの「一般の先取特権」に区分しているところ、これ自体は民事実体法の解釈ではあるが、民事執行法の「一般の先取特権」の解釈にも参考になる。

上、他の債権に対する優先性も適用されないことになるが、かかる解釈を行うとすると、TMKの資金調達も躊躇われ、ひいては資産流動化法の目的（資産流動化法1条）を没却することにもなりかねない。

したがって、一般担保は、一般の先取特権に係る民事執行手続に従って実行することは可能であるものと解する。

現実に、筆者らは、申立債権者代理人として、東京地方裁判所において一般担保に基づく担保不動産競売を申し立てた実例を有する。当該ケースにおいて、裁判所は、一般担保について、民事執行法の規定の欠缺をまったく問題とすることなく、「一般の先取特権」の規定を適用（あるいは準用）して競売手続を進行させた。

② 各資産ごとの一般担保の実行の方法

A 現物不動産

TMKが保有し、一般担保の目的となっている現物不動産については、担保不動産競売を申し立てることができる。

手続の詳細は、次項のとおり。

B 不動産信託受益権

TMKが保有し、一般担保の目的となっている不動産信託受益権については、差押え及び譲渡命令・売却命令等を申し立てることができる。

手続の詳細は、不動産信託受益権質権の法的実行と同じである。ただし、不動産信託受益権質権と異なり、一般担保の発生時に信託受託者の「承諾」を観念することができないため、一般担保の実行に信託受託者の承諾を要する旨が一般担保の発生の条件とされることもない。

C 賃料債権、その他預金債権等

TMKが保有し、一般担保の目的となっている賃料債権については、差押え及び転付命令等を申し立てることができる。

なお、かかる申立ては個別の債権に対するものであるため、賃料債務を負担するテナントを個別に表示しなければならない。特定社債権者において

PMレポート等により報告を受けていることもあるが、そうでない場合は、現地調査等によりテナントを特定するか、当該賃料債権のもとになる現物不動産についてのものとして、担保不動産収益執行（民執法180条）を申し立てることもできる。

　担保不動産収益執行のメリットは、個々のテナントの特定が不要であることのほか、TMKとテナントの間にマスター・レッシーがいるものの、当該マスター・レッシーが破綻してしまっている場合にも、裁判所の選任する管理人において契約関係を整理することができる点がある。

　TMKが保有し、一般担保の目的となっている預金債権その他の債権についても、差押え及び転付命令等を申し立てることができるのは共通であり、通常、特定社債権者において、預金口座の開設金融機関・支店名その他債権の特定に必要な情報は把握されているであろう。

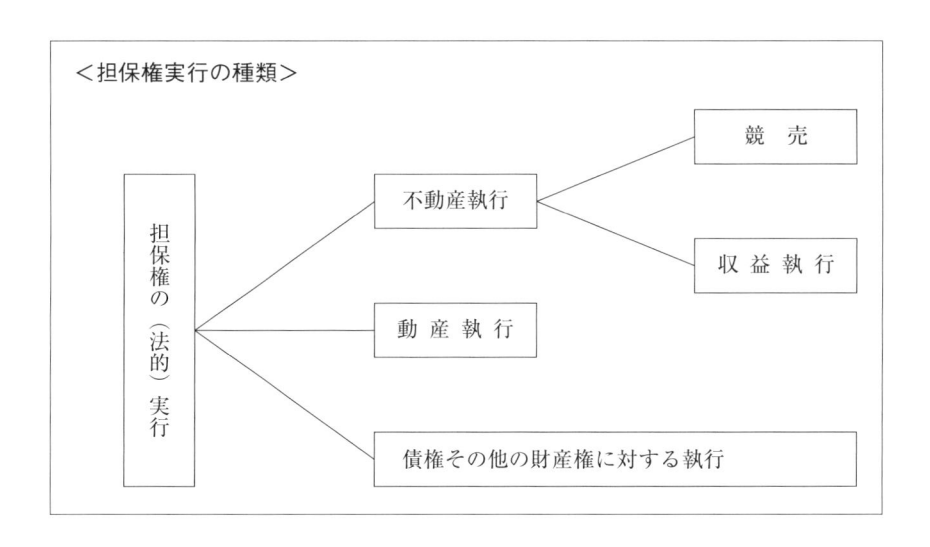

```
＜担保権実行の種類＞

                          ┌─ 競　売
              ┌ 不動産執行 ┤
              │           └─ 収益執行
担保権の（法的）実行 ┼ 動産執行
              │
              └ 債権その他の財産権に対する執行
```

(3) 一般担保の実行としての担保不動産競売の手続

① 一般担保の存在を証する文書

　担保不動産競売を申し立てるには、担保権の存在を証する一定の文書（いわゆる法定文書）の提出が必要となる（民執法181条1項）。一般担保の実行と

して行われる担保不動産競売が抵当権等の実行としての担保不動産競売と異なるのは、一般担保権者が申立ての際に添付しなければならない、この法定文書である。

すなわち、担保不動産競売の申立ての場合は、原則として、ⓘ担保権の存在を証する確定判決等の謄本、ⓘⓘ担保権の存在を証する公正証書、またはⓘⓘⓘ担保権の登記（仮登記を除く。）に関する登記事項証明書を提出しなければならず、その例外として、ⓘⓥ一般の先取特権にあっては、その存在を証する文書を提出すれば足りるものとされている（民執法181条1項）。たとえば、抵当権の実行として担保不動産競売を申し立てる場合は、抵当権の登記がされた登記事項証明書を法定文書として提出する。

ところが、一般担保については、ⓘ及びⓘⓘはもとより、ⓘⓘⓘ本登記がされていることもまずない（むしろ、担保権の本登記のために必要な登録免許税を節約できることが、TMKを用いる資金需要者側の最大のメリットの1つとされている。）。しかし、先に述べたとおり、一般担保は、民事執行法181条1項4号の「一般の先取特権」に該当すると解されるため、ⓘ、ⓘⓘまたはⓘⓘⓘの文書を提出しなくても、ⓘⓥ「一般担保の存在を証する文書」を提出して不動産競売を申し立てることになる。

一般担保が実行された実例そのものがきわめて乏しいため、実務的な取扱いが定まっているとは言い難いが、「一般担保の存在を証する文書」とは、「自らが特定社債権者であること」を疎明するに足りる程度の文書であり、具体的には、以下の文書が考えられる。

・特定社債の内容を記載した特定社債要項
・特定社債権者が特定社債を買い受けたことを証する特定社債総額引受契約書
・特定社債権者が特定社債発行額に相当する金員を払い込んだことを証する資料

この他、TMKが特定社債につき振替制度を採用している場合、「一般担保の存在を証する文書」として、振替口座記録事項証明書の提出を必要とするかが問題となる。社振法86条（特定社債につき社振法118条により準用される。

以下、社振法118条の記載を省略）は、特定社債権者が特定社債権者集会の招集の請求をする場合など特定社債権者がその権利を行使する際には、口座管理機関または振替機関から証明書の交付を受け、それを供託して権利行使することを定めているが、他方で、特定社債の償還や利払いを受ける際については、規定を設けておらず、通常は、口座管理機関及び振替機関を通じて情報がTMKに通知され、TMKはそれに基づいて償還や利払いをすることになる。一般担保に基づく担保不動産競売については、社振法86条に規定された権利行使の場面とは異なり、償還や利払いの場面の延長といえる。

また、過去のある時点（具体的には、特定社債が発行された時点）において、特定社債権者が特定社債を買い受けたことを疎明しさえすれば、その後特定社債権者でなくなった旨の反論がなされない限り、競売申立て時点においても「自らが特定目的会社の特定社債権者であること」は、疎明できているといえる。

したがって、必ずしも口座管理機関または振替機関から証明書は、担保不動産競売申立ての際の必須書類とはいえないと考える。とはいえ、裁判所によっては、振替口座記録事項証明書の交付が要求されることもあり得るから、当該証明書を手配するための労力、時間、費用などを勘案しながら、裁判所と協議を行う必要がある。

② その他の必要書類

一般担保に基づく担保不動産競売の申立てにあたり、担保不動産競売申立書（申立書本文、当事者目録、担保権・被担保債権目録、物件目録）（民事執行規則1条、170条）と「一般担保の存在を証する文書」のほか、民事執行手続一般に必要な書類や、不動産評価に必要な書類として、以下の書類を提出する必要がある（民執規則1条、170条、173条）。

・公課証明書（民執法23条5号）
・不動産登記法14条1項の地図の写し等又は公図写し（民執規則23条の2第1号）
・不動産の所在地に至るまでの通常の経路及び方法を記載した図面（民執規則23条の2第3号）
・特定社債権者の資格証明書
・TMKの商業登記事項証明書
・代理人弁護士への委任状

このうち公課証明書には、注意が必要である。

すなわち、抵当権に基づく担保不動産競売の場合は、申立てに先立って、申立書ドラフト（申立て前のもの）と不動産登記事項証明を提出して公課証明書の取得を申請するが、一般担保については登記されていることがきわめて少なく、不動産登記事項証明を提出したところで当該不動産が所在する市町村（東京23区では都税事務所。以下同じ。）において、一般担保の存在を確認することができないため公課証明書が事前に発行されないことが多い。

この場合、申立てをした後、申立ての際に受付印を押印してもらった申立書の控えを市町村に提示することによって、公課証明書の発行をしてもらう必要がある。なお、裁判所においても市町村においても、必ずしも一般担保の実行実務が確立していないため、手続を少しでも円滑に進めるために、裁判所には、申立ての時点で公課証明書を提出することができず、追完することになることを、市町村には裁判所の受付印の付いた申立書の控えを持参して後日公課証明書の申請を行うことを、それぞれ事前に伝えておくのがよい。

③ 申立てにかかる費用

一般担保の実行としての担保不動産競売申立て・発令時にかかる費用は、他の担保権の場合と同様である。

・印紙代：担保権1個につき4,000円（一般担保については特定社債の額にかかわらず、一個の特定社債について担保権一個と算定されると考えられる。）
・予納金：執行官や評価人（不動産鑑定士）による調査等に必要な費用を予納するものであり、請求債権額により定まる。
東京地方裁判所民事執行センターでは、以下のとおり定められている。

  20百万円未満…600,000円
  20百万円以上50百万円未満…1,000,000円
  50百万円以上100百万円未満…1,500,000円
  100百万円以上…2,000,000円

・登録免許税（差押登記）：請求債権額の1,000分の4
・その他、郵券等雑費
・代理人に委任する場合、弁護士報酬

　このうち登録免許税については、一般担保を実行することにより節約につながるケースも多いと思われる。

　すなわち、特定社債権者は、特定社債のみならず、特定借入れに係る貸付けも一緒に実行しているケースがあるが、特定社債の残高の方が圧倒的に小さいことが多い。この場合、特定社債に係る一般担保を実行するのと、特定借入れに係る抵当権を実行するのとで、登録免許税が数千万円も異なってくるケースもあるから、事前に費用を試算する必要がある。

④　民法335条1項との関係

　民法335条1項では、「一般の先取特権者は、まず不動産以外の財産から弁済を受け、なお不足があるのでなければ、不動産から弁済を受けることができない」と規定されている。そのため、一般担保の実行として担保不動産競売を申し立てる際には、「不動産以外の財産から弁済を受け、なお不足がある」ことが必要となるが、申立ての際にこれを疎明する必要があるのかが問題となる。

　この点、そもそも民事執行法181条1項では、181条1項各号の文書（いわ

ゆる法定文書）が提出されたときに不動産担保権の実行を開始すると規定されており、民法335条1項の規定は問題とされていない。「不動産以外の財産から不足なく弁済を受けられること」がTMKが主張すべき異義事由であって、仮に当該事由が認められれば当該申立ては、不適法となると考えられる。

筆者らが一般担保の実行として担保不動産競売を申し立てた際、裁判所から指摘を受けることはなかったが、裁判所も「不動産以外の財産から不足なく弁済を受けられること」が債務者が主張すべき異義事由と捉えているのかは明らかでない。

⑤ 申立て後の事件進行

競売開始決定後は、一般担保の実行としての担保不動産競売も抵当権の実行としての担保不動産競売と変わらず、不動産執行手続に従って進行する。

具体的には、対象不動産の差押え（民執法45条）、執行官による現況調査（民執法57条）、評価人による評価（民執法58条）、物件明細書の作成（民執法62条）、売却実施処分・配当が行われる。

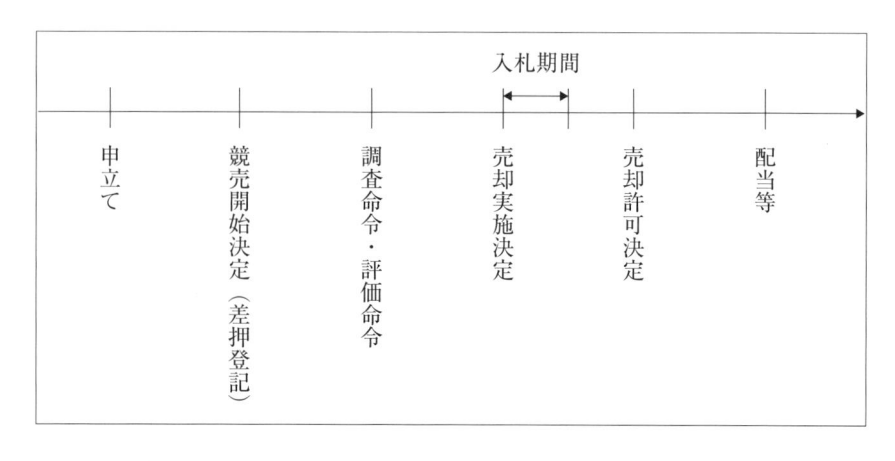

```
申立て ─ 競売開始決定（差押登記） ─ 調査命令・評価命令 ─ 売却実施決定 ─[入札期間]─ 売却許可決定 ─ 配当等
```

TMKが保有し、一般担保の目的となる不動産は、大規模な賃貸物件であるケースが多い。この場合、多数の占有者がいるなどの理由により、現況調査や物件明細書の作成に時間がかかる場合がある。

売却代金は、配当表に従い配当される。配当期日において全債権者間に合意が成立した場合を除き、原則として、法令の定める優先順位に従い配当がなされる（民事執行法188条、85条1項、2項）。当該順位については、前述のとおりである。

　なお、一般担保権者が自ら担保不動産競売を申し立てた場合ではなく、他の債権者が申し立てた不動産競売（特定借入れに係る抵当権の実行としての担保不動産競売を含む。）において、一般担保に基づき配当を受けるためには、一般担保権者は、配当要求の終期までに配当要求を行い（民執法51条）、配当要求権者として配当受領資格を取得する必要がある（同法87条1項2号）。配当要求の際、「一般担保の存在を証する文書」を示して、一般担保を有することを証明する必要がある。

　注意点として、一般担保保存の（仮）登記がされていない場合、執行裁判所には、一般担保権者の存在を知る機会がないため特定借入れに係る抵当権を有さず、一般担保のみを有しているときには、執行裁判所が一般担保権者に対して何らかの連絡をしてくることはない。通常は、TMKについて不動産競売の申立てがあれば、TMKの取締役あるいはアセット・マネージャーから特定社債権者に何らかの連絡はあると思われるものの、特定社債権者自身も定期的に不動産登記を確認するなど、平時から物件の動向には十分注意を払う必要がある。

担保不動産競売申立書

平成〇〇年〇〇月〇〇日

東京地方裁判所民事第21部　御中

　　　　　　　　申立債権者代理人弁護士　〇　〇　〇　〇
　　　　　　　　電　話　03（〇〇〇〇）〇〇〇〇
　　　　　　　　ＦＡＸ　03（〇〇〇〇）〇〇〇〇

　　　　　　　　当事者　　　別紙目録のとおり
　　　　　　　　担保権

4　一般担保の実行

　　　　　　　被担保債権　｝　別紙目録のとおり
　　　　　　　請求債権
　　　　　　　目的不動産　｝　別紙目録のとおり

　債権者は、債務者に対し、別紙請求債権目録記載の債権を有するが、債務者がその支払をしないので、別紙担保権目録記載の担保権に基づき、別紙物件目録記載の不動産の競売を求める。

　　　　　　　　　　　添　付　書　類[22, 23]
　　　　1　不動産登記事項証明書　　　　　　　　2通
　　　　2　公課証明書[24]　　　　　　　　　　　1通
　　　　3　資格証明書　　　　　　　　　　　　 2通
　　　　4　委任状　　　　　　　　　　　　　　 1通
　　　　5　公図　　　　　　　　　　　　　　　 1通
　　　　6　現地案内図　　　　　　　　　　　　 1通
　　　　7　建物所在図　　　　　　　　　　　　 1通
　　　　8　建物間取図　　　　　　　　　　　　 1通
　　　　9　○○特定目的会社第1回一般担保付
　　　　　　特定社債（適格機関投資家限定）
　　　　　　特定社債要項　　　　　　　　　　 1通
　　　 10　第1回特定社債総額引受契約書　　　 1通
　　　 11　発行代理人直接申請依頼書　　　　　1通
　　　 12　振込請求書・預金口座振替による
　　　　　　振込受付書（兼振込手数料受取書）　1通
　　　 13　社債払込金計算書兼通知書　　　　　1通

22　「一般担保の存在を証する文書」として、第9項以下を挙げている。
23　振替口座記録事項証明書については、申立ての際に執行裁判所と協議していただきたい。
24　実務上は、公課証明書は申立て時に添付できないことが多いと思われるが、その場合は、申立受理後に公課証明書を追完する。

当事者目録

〒000-0000　東京都千代田区丸の内○丁目○番○号
　　　　　　申立債権者　　　　株式会社○○銀行
　　　　　　代表者代表取締役　　○○○○

（送達場所）
〒000-0000　東京都港区西新橋○丁目○番○号　○○ビル
　　　　　　○○法律事務所
　　　　　　電　話　03（○○○○）○○○○
　　　　　　ＦＡＸ　03（○○○○）○○○○
　　　　　　上記代理人弁護士　　○○○○

〒000-0000　東京都港区虎ノ門○丁目○番○号
　　　　　　債務者兼所有者　　○○特定目的会社
　　　　　　代表者取締役　　　○○○○

担保権・被担保債権・請求債権目録

1　担　保　権

　資産の流動化に関する法律第128条に基づき、特定目的会社の特定社債権者である債権者が、当該特定目的会社である債務者兼所有者（以下「債務者」という。）の財産について有する一般担保権。

2　被担保債権及び請求債権
(1)　元金○億円

　ただし、債権者が債務者に対して有する下記社債権に関する社債元金償還請求権。

記

①名　　　　称　　○○特定目的会社第1回一般担保付特定社債（適格機関投資家限定）（以下「本特定社債」という。）

②社 債 総 額　　金○億円（本特定社債に関する社債要項（以下「本特定社債要項」という。）第○項）

③各社債の金額　　金○億円の１種とし、分割または併合をしない。（本特定社債要項第○項）

④社債券の形式　　社債、株式等の振替に関する法律（以下「社振法」という。）第118条により準用される同法第66条第２号の規定に基づき、債務者の本特定社債にかかる発行決議において社振法の規定の適用を受けることとする旨を定めた特定社債であり、社振法第118条により準用される同法第67条第１項の規定に基づき、本特定社債について特定社債券を発行することができない。（本特定社債要項第○項）

⑤利　　　　率　　年○．○％（なお、１年を365日とする日割計算）。（本特定社債要項第○項本文）

⑥払 込 価 額　　額面100円につき金100円（本特定社債要項第○項）

⑦償 還 価 額　　額面100円につき金100円（本特定社債要項第○項）

⑧払 込 期 日　　平成○○年○月○○日（本特定社債要項第○項）

⑨償 還 方 法　　債務者が財務代理人（株式会社○○銀行。定義集○○）に対して最終元本償還期日（平成○○年○月○日）の○営業日前までに書面による通知を行った上で、最終元本償還期日において一括してその元本全額を償還される。（本特定社債要項第○項）

⑩最 終 元 本　　平成○○年○月○日（本特定社債要項第○項）
　償 還 期 日

⑪利息支払期日　　第１回の支払日は平成○○年○月○日とし、第２回以降の支払日は前回の支払日の直後の各年３月、６月、９月及び12月の各○日とし、最終元本償還期日を最終回とする。（本特定社債要項第○項）

⑫遅 延 利 率　　年14％（年365日の日割計算）（定義集○項）

(2)　利息金○○万円

ただし、本特定社債要項により、平成〇〇年〇月〇日から同月〇日までの間、支払うべき利息金

(3) 損　害　金
　　上記(1)の元金〇億円及び(2)の利息〇〇万円に対する平成〇〇年〇月〇日から支払済みに至るまで、年14％（年365日の日割計算）による遅延損害金（1円未満の端数は切り捨てる）

物 件 目 録

1　所　　　在　　港区赤坂〇丁目
　　地　　　番　　〇番
　　地　　　目　　宅地
　　地　　　積　　〇〇平方メートル
2　所　　　在　　港区赤坂〇丁目〇番地〇
　　家 屋 番 号　　〇番〇
　　種　　　類　　共同住宅
　　構　　　造　　鉄筋コンクリート造陸屋3階建
　　床 面 積　　1階　〇〇平方メートル
　　　　　　　　　2階　〇〇平方メートル
　　　　　　　　　3階　〇〇平方メートル
　　　　　　　　　4階　〇〇平方メートル
　　　　　　　　　5階　〇〇平方メートル
　　　　　　　　　6階　〇〇平方メートル
　　　　　　　　　7階　〇〇平方メートル
　　　　　　　　　8階　〇〇平方メートル
　　　　　　　　　9階　〇〇平方メートル
　　　　　　　　　10階　〇〇平方メートル
　　　　　　　　　11階　〇〇平方メートル

第4章
不動産ノンリコース・ローンの債権譲渡、その他

　前章では、不動産ファイナンスの裏付け資産を担保権実行により換価処分するケースについて見た。通常、すべての裏付け資産の担保権実行により完済に至るときもそうでないときも、レンダーの債権回収は終了する。

　しかし、不動産ファイナンスの回収は、裏付け資産の担保権実行に限られない。

　1つに、SPCを用いたストラクチャード・ファイナンスに特徴的な担保であるSPC社員持分質権を実行することがある。レンダーがSPCを第三者に取得させたり、ときに自らの子会社にしたりするのであるから、裏付け資産の担保権実行にはない配慮が求められるが、他方、裏付け資産の担保権実行では、回収が思い通りにならないときには、大きな切り札となる。

　2つに、他の中小企業向けのコーポレート・ローンや住宅ローンにおけるものと同様に、ノンリコース・ローン債権を譲渡して、ノンリコース・ローン債権について担保権を実行するのに代わる満足を得るものである。ここでは、とりわけ対象となるノンリコース・ローン債

権が特定社債であるときに、通常のローン債権の譲渡と異なる取扱いが必要となる。

　3つに、スポンサーレターである。ノンリコース（Non-Recourse：不遡及）・ローンは、文言どおり、SPCの責任財産以外にはレンダーが責任を追及することができないように設計されているが、スポンサーレターに定められた事由が生じたときには、レンダーは、スポンサーレターを差し入れたスポンサーに対し、当該事由によって被った損失の補償を求めるのである。

1　SPC社員持分質権の実行

【ケーススタディ編】

［ケース ❶］

＜GK社員持分質権を実行して物件を一時的に取得し、バリューアップを図ったケース＞

> **基礎データ**
> スキーム：GK-TK（現物不動産）
> 運用資産：商業兼オフィスビル（福岡県）
> ローン（社債）金額：15億円
> 条件：4年タームローン（アモチなし）

(1) 経　緯

レンダーX社は、15階建て新築商業兼オフィスビル（現物不動産）の購入資金として15億円のノンリコース・ローンを提供した。

対象物件は、リーシング前の空きビルであるうえにオフィスとしての立地も弱かったが、付近で大規模な再開発事業が行われており、周辺地域のオフィス需要は、高まると判断し、実行に至った。出口は、リーシング完了後にスポンサーS社組成のファンドへの売却を想定した。

しかし、再開発事業がゼネコンの破綻により中断してしまった。周辺地域のオフィス需要が高まるとの目論見が外れ、リーシングは大苦戦が続いた。売却活動もままならないまま、満期を迎えたが、その時点で入居していたのは、1階店舗部分のラーメン屋のみであった。

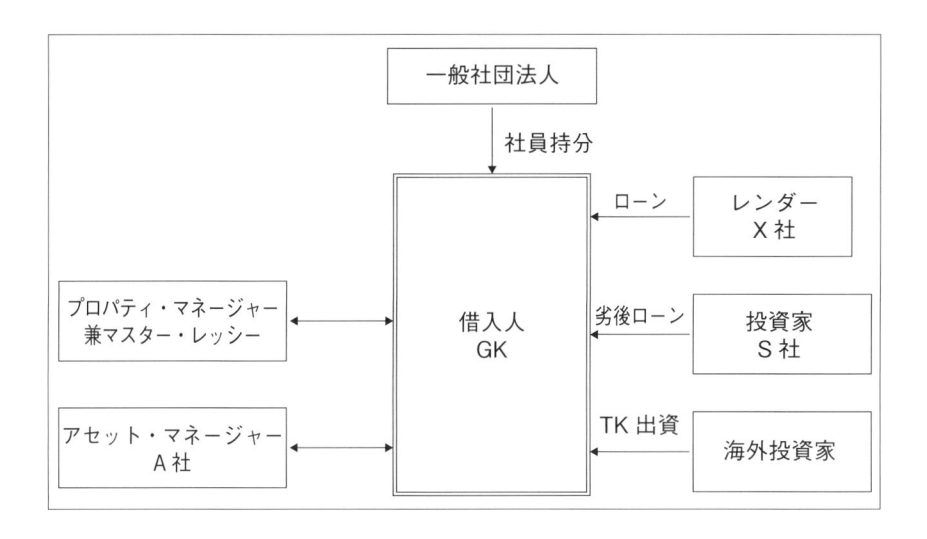

```
          ┌──────────────┐
          │  一般社団法人  │
          └──────┬───────┘
                 │社員持分
    ┌────────────▼────────────┐
    │                          │   ローン    ┌────────┐
    │                          │◄───────────│ レンダー │
    │                          │            │  X 社   │
┌──────────────┐              │            └────────┘
│プロパティ・マネージャー│◄────►│   借入人    │   劣後ローン ┌────────┐
│兼マスター・レッシー  │      │    GK      │◄───────────│ 投資家  │
└──────────────┘              │            │            │  S 社   │
┌──────────────┐              │            │            └────────┘
│アセット・マネージャー │◄────►│            │   TK 出資   ┌────────────┐
│    A 社       │              │            │◄───────────│  海外投資家  │
└──────────────┘              └────────────┘            └────────────┘
```

(2) 隠れ債務

　現状の稼働率のままでは、抵当権実行等の方法により物件を処分しても、期待する金額の買主は現れないと見込まれたことから、X社は、一時的に物件を保有することを検討する。

　もっとも、現物不動産である本件の場合、物件取得には、税金等のコストがかさむため回避したいところであった。また、不動産信託受益権の場合と異なり、現物不動産が移転すると、PM契約など物周りの契約関係が切断されてしまう（ただし、対抗要件を備えたML契約は承継される。）が、現状こそいまだ十分なものではなかったものの、プロパティ・マネージャー（兼マスター・レッシー）P社による誠実なリーシング活動には今後の成果を期待していたため、物件取得後も物件周りの当事者はそのままにしておきたいという希望もあった。

　そこで、X社は、抵当権実行等の方法により物件を取得するのに代えて、GK社員持分を取得し、物件の所有権を移転させないまま実質的に同じ効果を得る方針を定めた。

　もっとも、GK社員持分の取得には、クリアしなければならない障害がある。

1つに、「隠れ債務」の存在が懸念された。通常、不動産ノンリコース・ローンであれば、レンダーの知らないままGKが債務を負うことがないように規定されており、「隠れ債務」などないはずである。

ところが、これまでに徴求していたレポートや、ローン契約に基づき改めて徴求したレポートを揃えて、いざ会計士・税理士チームにデュー・ディリジェンスを依頼してみると、決して大きくはないが、隠れ債務があることが判明したのである。

少額の債務といえども、X社にとって無視できる問題ではない。X社は、アセット・マネージャーA社をして直ちに当該債務の履行をさせるとともに、万一、さらなる隠れ債務が判明したときは、スポンサーレターに基づきS社が負担するものであることを確約させた。

スポンサーレター第○条
　次の各号に掲げる事由が生じた場合、スポンサーは、貸付人に対し、貸付人が被った損失を補償する。
　　　　　　　　　　・・・
（○）　アセット・マネージャーの故意又は重大な過失により、借入人が損失を被ったとき

---

(3)　劣後ローンの取扱い

次に、クリアしなければならない障害として、劣後ローンがあった。

ほぼ、空きビルである本件において、現状のままでは、X社のローンさえも毀損しかねない状況にあり、劣後ローンに価値がないことは明らかである。

しかし、当然のことながら、GK社員持分質権を実行すると、X社の子会社となるGKがS社に対して劣後ローンを負担することになる。むろん、X社としては、S社との間でS社の権利行使を制限する旨を合意していたが、X社のローンが完済されてしまうと、そのような制限も十分に機能しなくなってしまう。

そのため、X社は、劣後ローンについて設定を受けていた質権を、GK社員持分質権とともに実行することにした。本件において劣後ローンは、エクイティとして位置づけられていたのであり、質権者の承諾なしに質権設定者が質物である債権に基づいて第三債務者の破産手続開始を申し立てることができないとする判例[1]を踏まえて、「念のために」と弁護士に勧められて設定を受けた劣後ローン質権がはからずも、役にたつことになる。

X社の担当者が方針を伝えると、S社の責任者は、苦い表情を浮かべつつ、質権実行の手続上必要な協力はするが、その代わりに、S社が抱える投資家への説明のため劣後ローンが無価値であることがわかるような手続は、踏んでほしいと要望してきた。X社としても、将来劣後ローンの価値をめぐって紛争になる可能性を絶てるのであれば、願ってもいないことである。

そこで、X社は、A社にX社のローン残額を最低売却価額と定めて物件の入札を行う機会を与えることにした。X社のローン残額を上回る価額での入札者がいないことにより、劣後ローンも無価値であることが担保されるからである。

入札要項配布から2ヵ月後、入札者は現れなかった。

(4) GK社員持分質権の実行

そして、X社は、劣後ローン質権とともに、ようやくGK社員持分質権を実行する。

本件のGK社員持分質権設定契約上、質権の実行は、法的実行に限らず、私的実行によることもできる旨が定められていた（同様の規定は、劣後ローン質権設定契約にも定められていた。）。

---

[1] 最決平成11年4月16日民集53巻4号740頁

> **社員持分質権設定契約書第○条**
> 1. 本債務について弁済期が到来したときは、貸付人は、あらかじめ借入人及び質権設定者に対して通知した上（かかる通知には、取得の価格、時期等が記載される。）、一般に相当かつ合理的と認められる価格、時期等により、本社員持分を取得することができる。

　そして、X社は、GKとGKの親法人である一般社団法人に内容証明郵便で質権を実行する旨を通知した上で質権を実行し、劣後ローンとともにGK社員持分を取得した。

　GK社員持分の取得に伴い、社員変更の手続として登記と定款の変更が必要であったが、S社はA社を通じて一般社団法人の理事の所属する会計事務所に指示をして、これらの手続を行わせた。

　P社のリーシング活動も効を奏し、ラーメン屋しかなかった店舗部分にはオシャレなカフェも入居し、オフィス部分にもマンション販売事務所が入居し・・と、リーシングも少しずつ成果を出し、着々とバリューアップが図られている今日この頃である。

質権実行事前通知書

平成○年○月○日

東京都千代田区○○
一般社団法人○○
理事　○○　様

株式会社X
東京都港区○○
○○法律事務所

上記代理人弁護士　　○○

　株式会社Xは、下記記載1の質権設定契約第○条第1項に基づき、下記記載2の社員持分（以下「本社員持分」といいます。）に設定された質権を実行

し、下記記載3の価格、時期にて本社員持分を取得しますので、あらかじめその旨を通知します。

・・・

[ケース ❷]

<GK社員持分質権を実行して、借地上の建物の再開発を行ったケース>

> 基礎データ
> スキーム：GK-TK（現物不動産）
> 運用資産：オフィスビル（愛知県）
> ローン（社債）金額：10億円
> 条件：2年タームローン（アモチなし）

(1) 経　緯

レンダーX社は、老朽化した借地上建物の購入資金についてローンを提供した。

当初のプランでは、プロジェクト・マネージャーを兼ねたスポンサーS社が、借地上に存在していた老朽化した建物からテナントを退去させるべく尽力し、退去させることができれば、X社が建替え資金を含めリファイナンスをし、退去させることができなければ、そのまま第三者に売却する予定であった。

ところが、最後に残ったテナントT社との退去交渉が予想以上に難航する。のみならず、当該物件は、基準法上も違法であることが判明した。

X社としては、上記プランのうち後者、すなわち、そのまま第三者に売却するにしても、かかる状態は大きな障害になるため、S社にその治癒を求めていた。

S社が、組成したTK出資者である海外ファンドは、治癒のための追加出資をすることができない、それどころか既存のTK出資持分を放棄してスキームから離脱したいとの意向を表明するなかで、X社のローンの弁済期日が到来した。

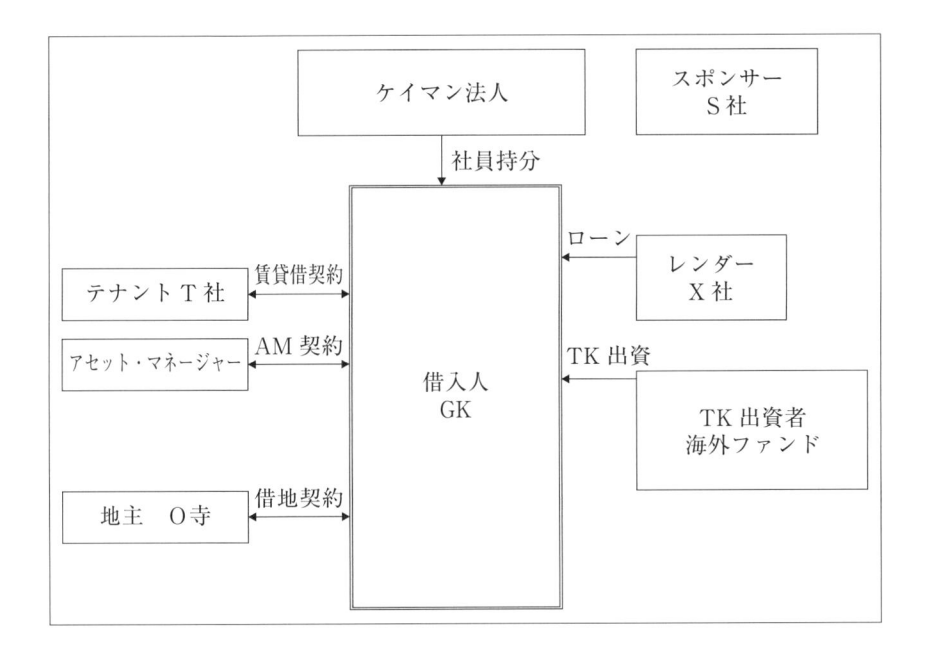

```
         ┌─────────────────┐      ┌─────────────┐
         │   ケイマン法人    │      │ スポンサー   │
         │                 │      │   S社       │
         └────────┬────────┘      └─────────────┘
                  │ 社員持分
                  ▼
┌──────────┐ 賃貸借契約 ┌─────────┐  ローン  ┌─────────┐
│テナントT社│──────────│         │◀────────│レンダー │
└──────────┘           │         │          │  X社    │
┌──────────┐  AM契約   │         │          └─────────┘
│アセット・ │──────────│ 借入人  │  TK出資  ┌─────────┐
│マネージャー│          │  GK     │◀────────│TK出資者 │
└──────────┘           │         │          │海外ファンド│
┌──────────┐ 借地契約   │         │          └─────────┘
│ 地主 O寺 │──────────│         │
└──────────┘           └─────────┘
```

(2) 現状有姿での売却の検討

　X社は、S社に協力を求め、物件の売却を試みようともしたが、テナントの退去交渉が失敗し、かつ遵法性にも欠ける老朽化した建物では案の定、引き合いはまったくなかった。

　そのため、X社は、関連の不動産会社D社またはD社が組成したSPC（不動産特定共同事業法の適用を避けるため、D社の子会社とする。）（以下、「D社の組成したSPC等」という。）に物件を取得させ、改めてテナントの退去交渉をしつつ、瑕疵を治癒し、または物件の建替えを目指すという新たなプランの検討に着手した。

　ここで想定されるリスクとしては、①物件の取得に伴う借地権の移転について、地主が承諾しないリスク、②テナントがなおも退去に応じないリスク、③耐震性及び遵法性のリスクが挙げられた。

① 地主リスク

借地権の移転については地主の承諾が必要であり、本件の土地賃貸借契約書にも、その旨が定められていた。そして、S社が本件のスキームを組成した際、GKから地主O寺に多額の承諾料が支払われていた。

> **土地賃貸借契約書　第○条**
> 　借主は、貸主の承諾を得ることなく、本件土地の借地権について、譲渡、担保設定その他の処分をしてはならない。

X社の検討する新たなプランは、いったんD社の組成したSPC等に物件を取得させてから第三者に売却するというものであり、2度にわたる借地権の移転について、それぞれ承諾料を支払わなければならないのは避けたかった。

そこで、X社は、D社の組成したSPC等に物件を取得させるのに代えて、D社の組成したSPC等に本件のGKの社員持分を取得させる方法を考える。

X社の担当者は、弁護士から聞いていた賃借人の構成員や機関に変動が生じても法人格の同一性が失われるものではなく、賃借権の譲渡には当たらないという判例[2]を示しながら、地主であるO寺を訪ねて事情を説明し、新たなプランについての理解と協力を求めた。

O寺からは、X社がD社の組成したSPC等に本件のGKの社員持分を取得させることについては、O寺の承諾は不要であることの確認を得ることができた一方で、建替えや建替え後の物件を第三者に売却することについては、O寺の承諾（に伴う承諾料の支払）が必要であるとして、以後、D社とO寺との間で、当該承諾に伴う承諾料の金額が話し合われることになった。

② テナントリスク

S社による退去交渉は、建物が老朽化しているから退去せよとの一点張りで、一方的かつ強硬であったことからT社の態度は、硬直化していた。

---

[2] 最判平成8年10月14日民集50巻9号2431頁

そこで、X社の担当者は、事前にT社の担当者に接触し、建物が老朽化していることによりT社が被害を受ける可能性を改めて丁寧に説明することに加え、そのころにはO寺との間で建替えの承諾に伴う承諾料の金額がおおむね合意されつつあったことから、建替え後の物件への入居を認め、その際の賃料等の条件においても優遇し、また、開発期間中の休業補償をすることなどの提案をすることができた。

　度重なる交渉の結果、X社は、D社の組成したSPC等に本件のGKの社員持分を取得させた後、速やかにT社が退去することの内諾を得ることに成功した。

③　耐震性及び遵法性リスク

　遵法性にも欠ける老朽化した建物を、間接的であるとはいえ取得することについては、X社の内部でも意見が分かれていた。

　万一の事故があったとき、刑事責任に発展する可能性もあり、X社やD社、それらの役職員自体は法的責任までは問われなかったとしても、社会的責任を問われる可能性は否めない。また、耐震性についても強く懸念されていた。

　しかし、上記のとおり、D社の組成したSPC等に本件のGKの社員持分を取得させた後、速やかに建替えを実行することができる目途が立ったのを踏まえ、X社の内部の意見は統一された。X社は、追加の融資を行って解体資金を手当てした上で、D社が直ちに解体工事に着手することになる。

(3)　GK社員持分質権の実行

　X社は、GK社員持分質権を実行するのに先立ち、D社をして、S社の海外ファンドから既存のTK出資持分を備忘価格で譲り受けさせた。現状有姿での引合いがなかったことからも伺えるように、TK出資持分にその経済的価値はなく、むしろS社は、当該海外ファンドの有するTK出資持分を手放したがっていた。

　そして、X社は、GK社員持分に設定されていた質権を実行し、D社に取得させた。なお、GK社員持分質権設定契約上、X社は、その処分にかかる取

得金から諸費用を控除した残額をローンに係る債務の弁済に充当するものであるが、TK出資持分と同様、GK社員持分にもその経済的価値はなく備忘価格を弁済に充当したのみである。

> **社員持分質権設定契約書第○条**
> 2．前項のほか、本債務について弁済期が到来したときは、貸付人は、あらかじめ借入人及び質権設定者に対して通知した上（かかる通知には、処分の価格、時期等が記載される。）、一般に相当かつ合理的と認められる価格、時期等により、本社員持分を第三者に処分させることもできる。
> 3．前2項の場合、貸付人は、取得価格又は処分価格から諸費用を控除した残額について、本件ローン契約の定めに従い本債務の弁済に充当する。

　質権実行後、D社がアセット・マネージャーとなり、GKとの間でAM契約を締結した。なお、既存のアセット・マネージャーとは、AM契約を解約することで合意した。

　そして、X社は、GKに解体資金と建替え資金を追加で融資し、解体工事・建築工事が発注された。今後、D社が、建築工事の進捗に応じて、T社以外のテナントのリーシング活動を開始する。

【解説編】

(1) SPC社員持分質権を実行する場面

　不動産ノンリコース・ローンのストラクチャーにおいて、レンダーはローン債権を担保するための一手段として、SPC社員持分（GKであれば社員持分、YKであれば株式、TMKであれば特定出資）に質権設定を受けることも多い。この場合、ローン債権の弁済期が到来すれば、裏付け資産の換価処分のみならず、当該質権を実行してSPC社員持分を取得することも、債権の回収の選択肢になる。

　もっとも、SPC社員持分を取得する場合、SPCの社員が変更されるだけで、レンダーやSPCに対する投資家、その他の債権者との関係を含めたSPCの権利関係には変更が生じず、すべてSPCの下にそのまま維持される（ただし、レンダーのローン債権の弁済に充当された範囲内において、SPC社員持分を有していた親法人が代位し、求償権が発生する。）。

　そのため、SPC社員持分自体の価値に着目して質権を実行するよりも、裏付け資産の換価処分によることが不可能または著しく困難であったり、可能であっても所期の目的を達し得なかったりといった例外的な場面における最終的な手段として位置付けられよう。具体的には、裏付け資産が借地権付建物であって、いわゆる代諾許可の裁判を受けない限り有効に売却することができない場合、必要な契約関係や裏付け資産に関する知的財産権（意匠権、商標権）等を承継させることができない場合などが考えられる。

(2) SPC社員持分質権の実行手続

　以下、SPC社員持分質権の実行手続を検討する。
　なお、SPC社員持分も、不動産信託受益権と同様、民事執行法では「その他の財産権」に該当し、その実行手続は、不動産信託受益権質権の実行手続に準じることから、第3章も参照されたい。

① 私的実行
A 直接取立て

レンダーは、SPC社員持分の質権に基づき、利益配当請求権等について直接取り立てることが考えられる（民法366条）。この取立権は、将来の利益配当請求権、持分払戻請求権、残余財産分配請求権にも及ぶものと解される。

もっとも、不動産ノンリコース・ローンのストラクチャーにおいては、SPC社員持分への利益配当・残余財産分配は生じず、また、持分の払戻しはできないように設計されており、直接取立てが行われるケースは想定しがたい。

B 流質

SPC社員持分質権の設定契約では、通常流質特約が定められており、レンダーは、当該特約に基づき法的手続によらずSPC社員持分を自ら取得し（帰属型）、または法律に定める方法によらないで第三者に処分してその代金を弁済に充てる（処分型）ことができる。

帰属型・処分型のいずれの場合も、価額は、適正な時価をもってであることが求められ、適正な時価を下回ると、SPCの社員（親法人）からその差額について清算金の支払を求められることも理論上はあり得ないものではない。

もっとも、レンダーのローン債権について支払期限を徒過しても返済できず、実質的にSPCが債務超過にある場合、SPC社員持分の適正な時価は、備忘価額と評価しうるであろう。したがって、不動産信託受益権質権の私的実行の場合のような適正な時価を担保するための手続は、通常は要しない。

② 法的実行

SPC社員持分質権の法的実行は、「その他の財産権」として債権執行の例による（民事執行法193条2項、167条）。

なお、法的実行における申立ての相手方は、質権を設定したSPCの社員（親法人）であり、当該手続上は「債務者」とされ、SPCは「第三債務者」となるので留意されたい。

A　管　轄

その他財産権の執行については、「債務者」の普通裁判籍の所在地を管轄する地方裁判所が執行裁判所として管轄する（民執法193条2項、144条1項、167条4項）。

具体的には、親法人の本店所在地を管轄する地方裁判所に申し立てることになる。

B　添付書類

申立ての際、「担保権の存在を証する文書」を提出する必要がある（民執法193条1項）。SPC社員持分については、権利の移転について登記等を要する旨の定めはなく、民事執行法181条の適用はない。

「担保権の存在を証する文書」としては、質権設定契約書等が該当する。

その他、レンダーの資格証明書、親法人・SPCの商業登記事項証明書、SPCの定款等の提出が求められる。

C　差押手続

執行裁判所は、差押命令において、親法人に対し、取立てその他の処分（具体的にはSPC社員持分の譲渡、質入れ、利益金の配当請求、持分の払戻しの請求その他の処分）を禁止し、かつSPCに対し差し押さえられたSPC社員持分について、親法人に対する利益金の配当及び持分権の払戻しの各行為を禁止する。

差押えの効力は、差押命令が「第三債務者」に送達された時に発生する（民執法167条1項、145条3項）。本件において、SPC社員持分に対する差押えの効力発生時期は、差押命令がSPCに送達された時である。

差押えによって、親法人は、SPC社員持分の処分ができなくなる。

D　取立て・換価手続

(a)　取立て

親法人に対して差押命令が送達された日から1週間を経過したとき以降、レンダーは、差押えの効力の及ぶ利益配当請求権、持分払戻請求権、残余財

産分配請求権について、具体的な権利として発生したときに直接取り立てることができる（民執法167条、155条）。

もっとも、私的実行における直接取立てと同様、不動産ノンリコース・ローンのストラクチャーにおいて、かかる取立てのみを目的として差押えが申し立てられるケースは想定しがたい。

(b) 譲渡命令・売却命令

裁判所によるSPC社員持分の換価手続としては、ⅰ譲渡命令、ⅱ売却命令がある。

ⅰは、裁判所の定めた価額でレンダーまたは特定の第三者に譲渡することを命ずるものであり、ⅱは、裁判所の定める方法により債権の売却を執行官に命ずるものである（民執法167条、161条１項）。

いずれの場合も「債務者」を審尋しなければならないとされており（民事執行法161条２項）、親法人に対して書面による審尋が行われることが予定される。また、東京地裁民事執行センターでは、株式についてこれら命令（上記ⅰ、ⅱ）を発生するに際しては、公認会計士を評価人として選任し、評価を行う（民執規則139条）取扱いであり[3]、合同会社の社員持分、特定目的会社の特定出資についても同様と考えられる。

E　法的実行によることの是非

法的実行については以上のような流れで手続が進められるが、前述のとおり、SPC社員持分質権の実行においては、適正な時価が争われる事態は考えがたい。

法的実行は、時間を要するのみならず、SPC社員持分の評価に係る費用も生じることから、適正な時価を担保するだけのために法的実行が選択されることはあるまい。

3　東京地方裁判所民事執行センター実務研究会編『民事執行の実務－債権執行編（下）』〔第２版〕238頁

③　業務執行社員及び職務執行者の各変更登記について

　GKにおいては、業務執行社員の氏名または名称、代表社員が法人であるときは、職務執行者の氏名及び住所は登記事項となっており（会社法914条6号、8号）、私的実行、法的実行を問わずGK社員持分が移転され、これに伴い業務執行社員が変更された場合、業務執行社員及び譲受人が法人であるときは、職務執行者の各変更登記が必要となる。

　変更登記手続は、GKの新業務執行社員が、合同会社を代表して申請する。

　この点、GK社員持分の譲渡に伴う業務執行社員及び職務執行者の変更登記手続に要する書面は、以下のとおりである。

ⅰ　GK社員持分の譲渡を証する書面（譲渡証明書及び退社する社員の印鑑証明書）
ⅱ　他の社員の同意書
ⅲ　定款
ⅳ　代表社員の就任承諾書
ⅴ　代表社員の登記事項証明書
ⅵ　職務執行者の選任に関する書面
ⅶ　職務執行者の就任承諾書

　このうち、私的実行に伴う変更登記手続おいて、ⅰに相当する書面としていかなるものがふさわしいのか、実務上、確定した取扱いはないが（実体的には、親法人としては質権実行に関して利害を有さないため、筆者が関与した案件でも、いずれも親法人の協力を得て行われている。）、不動産信託受益権の私的実行に伴う受益者変更登記手続におけるもの（第3章）と同じ議論が妥当するもの、すなわち、GK社員持分質権設定契約書及び同契約書の作成時に親法人から徴求した印鑑証明書を添付すればよいものと考えられる。

　法的実行に伴う変更登記手続においては、嘱託登記については根拠規定がないので受理できないとのことであり[4]、当事者の申請により行われる。その際、ⅰに相当する書面として執行裁判所の譲渡命令書等を添付する。

4　法務局の窓口で照会した際の回答

(3) 特別法上の手続

以上のように質権を実行してSPC社員持分を取得する場合(任意売却によってSPC社員持分を取得する場合も同様である。)、これに伴い、各法令に従って、以下の手続が必要となることがある。

レンダーは、以下の手続との関係も考慮して、SPC社員持分を自ら取得するのか(帰属型)、第三者に処分するのか(清算型)を選択することが必要である。

以下、SPC社員持分を取得するレンダーまたは第三者を「取得者」という。

① 独占禁止法

A　株式取得の事前届出制度(独禁法10条2項)

平成22年1月から施行されている改正法により、会社の株式取得について、事前届出制度が導入されている。

この点、事前届出が必要となるのは、SPCの議決権の総数に占める、取得するSPC社員持分に係る議決権の数の割合(議決権保有割合)が、新たに20%または50%を超えることとなる場合であるが、SPC社員持分を取得するときは、一度にその全部を取得することが想定され、漸増的に取得することはないであろう。

なお、独禁法10条2項には「株式の取得」と記載されているが、同法9条1項により、ここにいう「株式」には社員の持分を含むと定められているので、GKの社員持分やTMKの特定出資を取得する場合も、当該事前届出制度が適用される。

(a) 届出要件

取得者が以下の⒤の要件に該当し、かつ、SPCが以下の⒤⒤の要件に該当する場合、公正取引委員会へ事前の届出が必要となる(独禁法10条2項、5項、独禁法施行令16条、企業結合届出規則2条)。

レンダーが自らSPC社員持分を取得する場合、多くは⒤の要件に該当するものと思われる。⒤⒤の要件についても、SPCが複数の物件を保有していた

ケースでは、しばしば該当することがある。
  ⅰ 取得者及び取得者の属する企業結合集団に属する当該取得者以外の会社等の国内売上高の合計額が200億円を超える場合。
  ⅱ SPCの国内売上高の合計額が50億円を超える場合。

(b) 届出に必要な書類

届出に必要な書類は、以下のとおりである。
  ⅰ 株式取得に関する計画届出書（企業結合届出規則様式第4号）
    記載要領については、公正取引委員会のホームページ[5]のうち企業結合の各種記載要領を参照されたい。
  ⅱ 添付書類
・SPC社員持分の取得に関する契約書の写しまたは意思決定を証するに足りる書類
    私的実行による場合は質権設定契約書（同承諾書）及び質権実行通知書等、任売による場合は譲渡契約書等がこれに相当する。
・取得者の最近一事業年度の事業報告、貸借対照表及び損益計算書
・SPC社員持分の取得に関し株主総会の決議または総社員の同意があったときは、その決議または同意の記録の写し
・取得者の属する企業結合集団の最終親会社により作成された有価証券報告書その他当該取得者が属する企業結合集団の財産及び損益の状況を示すために必要かつ適当なもの

B 届出後の手続（独禁法10条8項、9項）

取得者は、その受理の日から30日を経過するまでは、SPC社員持分を取得してはならない（取得禁止期間）。ただし、公正取引委員会がその必要があると認める場合には、取得禁止期間を短縮することができることになっている。

取得禁止期間の短縮の申出があった場合、公正取引委員会は、以下の2つ

---

5 http://www.jftc.go.jp/

の要件を満たすときは、株式取得禁止期間を短縮することとしている。個別事案における判断とならざるを得ないが、SPC社員持分の取得の場面では、かかる要件を満たすことも考えられよう。

ⅰ 当該事案が、独禁法上問題がないことが明らかな場合
ⅱ 取得禁止期間を短縮することについて合理的な理由があると認められる場合

これに対し、取得禁止期間内に公正取引委員会が審査に必要な報告、情報または資料の提出を求めた場合には、届出受理後120日を経過した日と、公正取引委員会が提出を要請した追加報告等を受理した日から90日を経過した日のいずれか遅い日までの期間を審査期間として、その間取得者は、SPC社員持分を取得することができないことになる。

C 取得者が銀行の場合（独禁法11条1項）

銀行業または保険業を営む会社は、他の国内の会社の議決権をその総株主の議決権の5％を超えて有することとなる場合には、その議決権を取得し、または保有してはならない。

したがって、取得者が銀行または保険会社の場合は、原則として、SPC社員持分を（5％を超えて）取得することが禁止されるが、質権実行に基づく場合については、独禁法11条1項1号により、例外として容認されている。

ただし、取得者は、あらかじめ公正取引委員会の認可を受けた場合を除き、取得した日から1年以内にこれを処分しなければならない（同条2項）。

銀行または保険会社であるレンダーが自らSPC社員持分を取得する場合、レンダーは、その後の処分について目処を立てておく必要がある。

② 銀行法・保険業法

銀行またはその子会社は、原則として、国内の会社（銀行法16条の2第1項第1号から第6号まで、第11号及び第13号に掲げる会社を除く。）の議決権については、合算して、その基準議決権数（当該国内の会社の総株主の議決権の5％）を超える議決権を取得し、または保有してはならない（銀行法16条の3第1項）。保険会社についても、同様の規制がある（保険業法106条1項）。

その結果、取得者が銀行もしくはその子会社、または保険会社の場合は、原則として、SPC社員持分を（5％を超えて）取得することが禁止されるが、質権実行に基づく場合については、銀行法16条の3第2項または保険業法106条3項により、例外として容認されている。

　ただし、取得者は、あらかじめ内閣総理大臣の承認を受けた場合を除き、取得した日から1年以内にこれを処分しなければならない（各同項ただし書）。

　銀行または保険会社であるレンダーが自らSPC社員持分を取得する場合、レンダーがその後の処分について目処を立てておく必要があるのは、独禁法の制限を受けるのと同じである。

　また、銀行については銀行法12条の4、保険会社については保険業法100条の4により、それぞれ持分会社の業務執行社員になることができないことから、これらの金融機関は、SPC社員持分のうちGK社員持分を（単独では）取得することができない。

③　外為法
A　株式・持分の取得等に関する報告書

　外国投資家である取得者が本邦にあるSPCのSPC社員持分を取得する場合、当該対内直接投資等の内容、実行の時期等を財務大臣及び事業所管大臣に（後述のとおり日銀を通じて）報告しなければならない（外為法55条の5第1項、直投令3条2項、直投命令3条3項、5項）。

　この点、報告が必要となるのは、SPCへの出資比率が10％以上になる場合に限られるが、SPC社員持分を取得するときは、一度にその全部を取得することが想定されることは前述と同様である。

　なお、次の要件を備えている場合は、事前届出の対象となるが、本稿では当該届出に係る手続については割愛する（外為法27条1項）。
① SPCの定款上の事業目的のすべてが、「対内直接投資等に関する命令第三条第三項の規定に基づき財務大臣および事業所管大臣が定める業種を定める件」（平成20年内閣府、総務省、財務省、文部科学省、厚生労働省、農林水産省、経済産業省、国土交通省、環境省　告示第1号）別表第三に掲載されている業種（同告示別表第一に掲載されている業種を除く。）に該当すること。

不動産ノンリコース・ローンにおけるSPCは、通常、これに該当する。
ⅱ 外国投資家である取得者の国または地域が、直投命令別表第一に掲載されている国または地域に該当する（居住者外国投資家を含む）こと。

B 報告書に記載する事項（直投令別紙様式11）
主な記載事項は以下のとおりである[6]（外為法55条の5、直投令6条の3第3項、直投命令6条の2第1号）。
ⅰ 取得者（海外投資家）の名称、主たる事務所の所在地、事業の内容、資本金及び代表者の氏名
ⅱ SPC社員持分の取得に係る事業目的
ⅲ SPC社員持分の取得金額及び実行の日

C 報告の時期
SPC社員持分を取得した日の属する月の翌月15日までに報告する。

D 提出先
報告書の提出先は、日本銀行国際局外為法手続担当（50番窓口、郵送可）である。

④ 金融商品取引法
金商法上、上場会社の株券等について、新たに発行済株式総数の5％超を取得した場合、大量保有報告書の提出を義務付けられるところ（金商法27条の23）、不動産ノンリコース・ローンのストラクチャーにおけるSPCがこれらに該当することは通常考えにくいので、本稿では割愛する。

(4) SPCの清算

不動産ノンリコース・ローンのストラクチャーにおいて不要となったSPC

---

[6] 直投令6条の3第3項4号に掲げられる「その他主務省令で定める事項」については、現時点において該当する主務省令の定めはない。

は、そのまま放置しておいたところで、その社員（取得者）がSPCの責任を負担することになるものではない（会社法580条2項、104条、資産流動化法27条）。

しかし、取得者の「子会社」となったSPCの収支や資産・負債の状況が取得者の連結決算に影響を与えたり、取締役[7]に法律上、事実上の負担が生じたりする等の問題が考えられるので、遅滞なく清算手続を進める必要がある。他方で、取得者の「子会社」となったSPCの清算手続が、負債の額によっては取得者またはその関連会社の株式等が上場する金融商品取引所の開示基準に該当してしまうこともあるため、SPC社員持分を取得するにあたっては、あらかじめ、最終的な清算手続のあり方まで検討しておく必要がある。SPCを清算する場合の手続としては、清算、特別清算、破産手続が考えられる。それぞれの手続における、SPCを清算させる上での特徴を表にまとめると、以下のようになる。

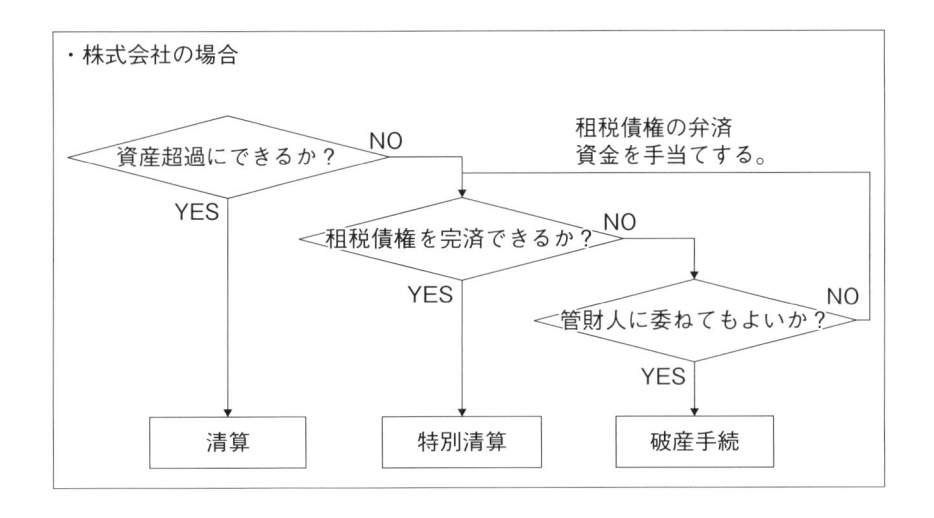

・株式会社の場合

```
資産超過にできるか？ ──NO──┐  租税債権の弁済資金を手当てする。
     │YES                  │
     │              租税債権を完済できるか？ ──NO──┐
     │                    │YES                    │
     │                    │              管財人に委ねてもよいか？ ──NO──┐
     │                    │                      │YES                  │
     ↓                    ↓                      ↓                    ↓
   清算                特別清算                 破産手続
```

---

7 レンダーがSPC社員持分を取得した後においては、従前からの独立取締役からレンダーの従業員等に変更することも行われている。

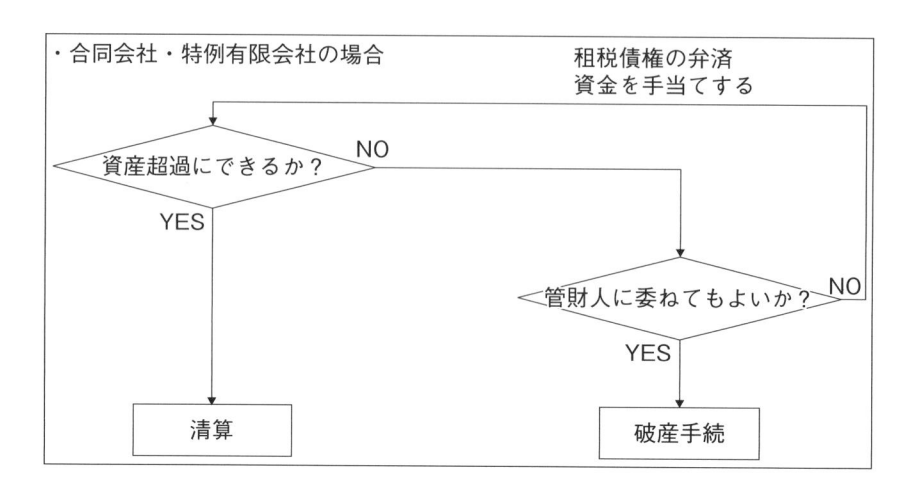

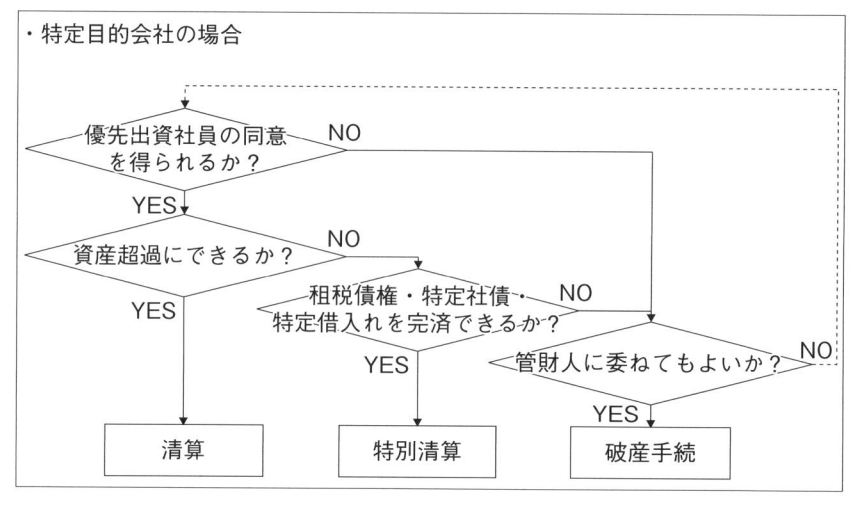

```
・合同会社・特例有限会社の場合                    租税債権の弁済
                                              資金を手当てする

        ┌─────────────┐     NO
        │資産超過にできるか?├─────────┐
        └─────────────┘          │
              │YES                ▼
              │              ┌──────────────┐  NO
              │              │管財人に委ねてもよいか?├──
              │              └──────────────┘
              │                    │YES
              ▼                    ▼
           ┌────┐              ┌──────┐
           │清算│              │破産手続│
           └────┘              └──────┘
```

```
・特定目的会社の場合

        ┌─────────────┐     NO
        │優先出資社員の同意 ├─────────────────────────┐
        │を得られるか?    │                          │
        └─────────────┘                          │
              │YES                                 │
              ▼                                    │
        ┌─────────────┐     NO                    │
        │資産超過にできるか?├──────┐                 │
        └─────────────┘        │                 │
              │YES              ▼                 │
              │         ┌──────────────┐  NO      │
              │         │租税債権・特定社債・├────────┤
              │         │特定借入れを完済できるか?│     │
              │         └──────────────┘         │
              │                │YES              ▼
              │                │          ┌──────────────┐ NO
              │                │          │管財人に委ねてもよいか?├──
              │                │          └──────────────┘
              │                │                │YES
              ▼                ▼                ▼
           ┌────┐          ┌──────┐         ┌──────┐
           │清算│          │特別清算│         │破産手続│
           └────┘          └──────┘         └──────┘
```

　概観すると、まず、債務超過にあるSPCについては、普通清算を選択することができない。

　次に、SPCが債務超過にある場合、特別清算と破産手続のいずれかを選択することになる。この点、特別清算は、清算手続の完了に一定の要件が課されることになるものの（全債権者との和解または協定の成立）、かかる要件を満たすことができるのであれば、比較的柔軟に手続を進めることができる。これに対し、破産手続は、強力に清算手続を進められるものの、裁判所が選

任した破産管財人が既存の取締役や親会社の意向にまったく影響されることなく清算（管財）業務にあたることになる。

なお、TMKについては、解散の決議をするには特定社債及び特定借入れが完済されていることが必要であり（資産流動化法161条2項）、かつ、当該決議には優先出資社員に議決権が認められていることから（同法161条1項）、破産手続を選択せざるを得ないことが多いものと思われる。

	（普通）清算	特別清算	破産手続
対象となるSPC	解散したGK、KK、YK、TMK	解散したKK、TMK	GK、KK、YK、TMK
開始原因・要件	特別清算の原因のないこと	①清算の遂行に著しい支障を来すべき事情があること ②債務超過の疑いがあること	支払不能または債務超過
成立要件	特になし	和解型：全債権者との個別の和解 協定型：①債権者集会に出席した議決権者の過半数の同意＋②議決権の総額の2／3以上の議決権を有する者の同意＋③裁判所の認可	特になし
業務遂行機関	清算人：取締役（定款に定めがある場合、株主総会等の決議によって選任された者がある場合は、当該者）	清算人：通常は、清算人であった者が引き続き清算人となる。 なお、弁護士が自ら清算人に就任し、または清算人代理として清算業務を遂行することが多い。	破産管財人：裁判所が選任する。
租税債権の扱い	全額弁済により消滅	全額弁済により消滅 （消滅させることができないと、破産手続に移行する。）	財団の状況によって全額または一部が弁済され、残存しても手続は終了する（同時廃止・異時廃止を含む。）。
所要期間	3〜4ヵ月程度	和解型：3〜4ヵ月程度 協定型：4〜5ヵ月程度	破産開始決定から第1回債権者集会まで約3ヵ月程度
手続費用		和解型：8,880円 協定型：5万0,610円	21万8457円（少額管財事件として扱われた場合）以上
その他の費用	清算人に対する報酬 その他実費（公告、登記等）	清算人または清算人代理に対する弁護士報酬 その他実費（公告、登記等）	申立代理人に対する弁護士報酬

2　不動産ノンリコース・ローンの債権譲渡

【ケーススタディ編】

＜シニアローンを譲渡して早期に回収を図ったケース＞

> 基礎データ
> スキーム：GK-TK（受益権）
> 運用資産：賃貸用マンション10棟（東京都ほか）
> ローン（社債）金額：シニアローン　50億円、メザニンローン　5億円
> 条件：4年タームローン（アモチなし）

(1) 経　緯

本ケースは、シニアローン・レンダーX社がシニアローン50億円、メザニンローン・レンダーM社がメザニンローン5億円をそれぞれ実行した後、シニアローンについてX社からCMBSレンダーに譲渡されて証券化されたが、リーマンショック後の金融危機の影響を受け、突如、アセット・マネージャー兼スポンサーA社が破綻したことにより各ローンがデフォルトしたものである。

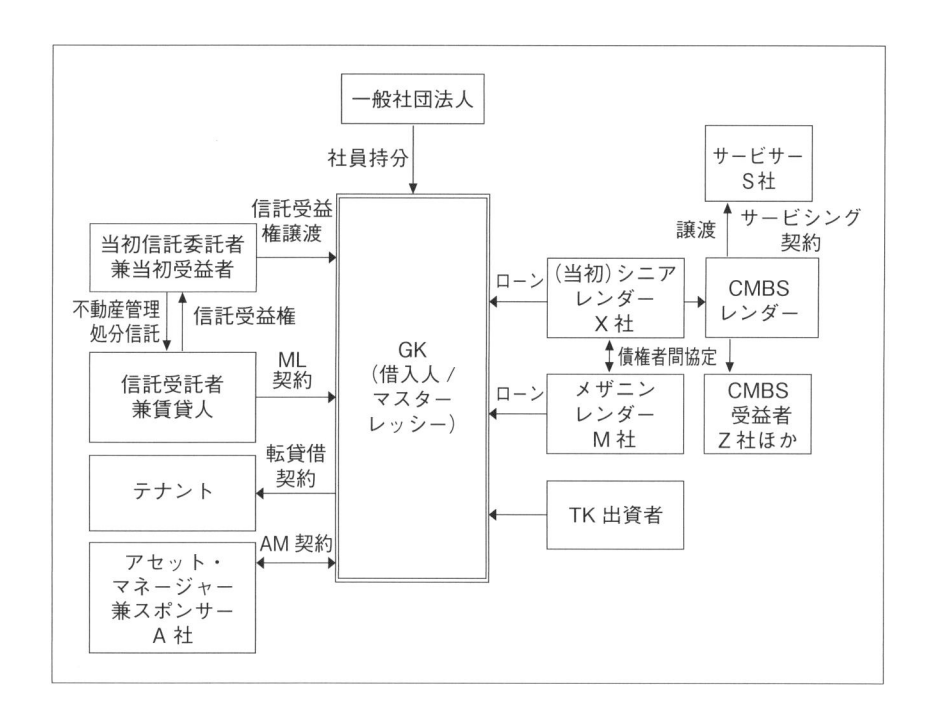

```
                          ┌──────────┐
                          │一般社団法人│
                          └────┬─────┘
                           社員持分
        信託受益                                        ┌──────────┐
        権譲渡                                          │サービサー│
┌──────────┐                                            │  S 社    │
│当初信託委託者├──────────┐                             └────▲─────┘
│兼当初受益者 │           │                              譲渡│ サービシング
└────┬─▲────┘           │    ┌─────────────┐              │   契約
     │ │               │    │(当初)シニア │  ┌──────────┐
 不動産管理│信託受益権    │ ローン│レンダー   ├──┤  CMBS    │
 処分信託 │              │◄──►│  X 社      │  │ レンダー  │
┌────▼─┴────┐           │    └──────┬──────┘  └──────────┘
│信託受託者 │  ML契約   │ GK       │債権者間協定
│兼賃貸人   ├───────────┤(借入人/   │         ┌──────────┐
└───────────┘           │マスター   │         │  CMBS    │
                        │レッシー)  │ ローン  │受益者    │
┌──────────┐ 転貸借     │          ◄────────►│ Z 社ほか │
│ テナント  ├ 契約       │          │         └──────────┘
└──────────┘           │           │
                        │           │         ┌──────────┐
┌──────────┐ AM契約     │           ├─────────┤ TK出資者 │
│アセット・ ├───────────┤           │         └──────────┘
│マネージャー│          │           │
│兼スポンサー│          └───────────┘
│  A 社    │
└──────────┘
```

(2) メザニンローン・レンダー、最下位CMBS受益者の権利

　ローンが優先劣後構造に分割され、その優先部分がCMBS化されているケースでは、一般に、シニアローン・レンダーとメザニンローン・レンダーの間で、ローンデフォルト後一定期間は、シニアローンが毀損されないことを条件に、メザニンローン・レンダーが優先的に担保権の実行等の権限を行使することができることが定められている。また、CMBS受益者の間でも、ローンデフォルト後一定期間は、上位の受益権が毀損されないことを条件に、下位の受益権を有する受益者が優先的に担保権の実行等の権限の行使に係る指図権を行使することができることが定められている。これらに加え、ローンデフォルト後一定期間は、メザニンローン・レンダーや下位の受益者がシニアローンを買い取ることができることが定められていることもある。

　この点、本ケースの債権者間協定には、デフォルト後3ヵ月間、M社が優

先的に物件の売却活動をし、またはシニアローンを買い取ることができる旨が規定されていた。

> **債権者間協定第○条（B号貸付人による売却期間及び買取期間）**
> 1　借入人がA号ローン債務について期限を徒過し又は期限の利益を喪失した場合、借入人がA号ローン債務について期限を徒過し又は期限の利益を喪失してから90日間（以下「B号貸付人売却期間」という。）に限り、B号貸付人は、あらかじめA号貸付人の書面による承諾（ただし、A号貸付人は、合理的な理由なくかかる承諾を留保、遅延又は拒絶してはならない。）を得た上で、A号貸付人に優先して、売却先、売却時期及び売却価格（以下「売却条件」という。）を定めて、各本信託受益権を売却し、又は各本物件を売却するよう信託受託者に対して指図することができる。
> 　　ただし、売却が行われる場合の売却価格は、当該売却時点におけるA号ローン債務の残額以上とする。
> 2　B号貸付人売却期間に限り、B号貸付人は、以下に定める手続により、A号ローン債権を一括して買い取ることができる。
> 　　ただし、買取りが行われる場合の買取価格は、当該買取り時点におけるA号ローン債務の残額以上とする。
> 　　　　　　　　　　　　　　　　（以下省略）

また、本ケースのCMBS信託契約書には、デフォルト後3ヵ月間、最下位の受益権を有するCMBS受益者であるZ社が優先的に担保権の実行等の権限行使に関する指図をし、またはシニアローンを買い取ることができる旨が規定されていた。

> **CMBS信託契約書第○条（最下位受益者の担保処分指図権等）**
> 1　借入人が本件ローン債務について期限を徒過し又は期限の利益を喪失した場合、CMBS信託受託者は、その時点において存在する最下位の受益権を有する受益者（以下「最下位受益者」という。）に対し、担保権の実行等の権限行使に係る指図を求めるものとする。

CMBS信託受託者が最下位受益者に対して指図を求める通知を送付した日から90日間（以下「最下位受益者指図期間」という。）に限り、CMBS信託受託者は、あらかじめその時点において存在する上位の受益者（上位の受益者が複数存在する場合は、その中で最下位の受益者とし、当該受益者が複数存在する場合は、その元本金額の過半数を有する受益者とする。）の書面による承諾（ただし、当該承諾を求められた受益者は、合理的な理由なくかかる承諾を留保、遅延又は拒絶してはならない。）を得た上で、最下位受益者（当該受益者が複数存在する場合は、その元本金額の過半数を有する受益者）の指図に従い担保権の実行等の権限を行使する。

　　ただし、最下位受益者指図期間が経過した後においては、CMBS信託受託者は、最上位の受益権を有する受益者（当該受益者が複数存在する場合は、その元本金額の過半数を有する受益者）の指図に従い担保権の実行等の権限を行使する。

2　最下位受益者指図期間に限り、最下位受益者は、以下に定める手続により、当該本件ローン債権を買い取ることができる。

　　ただし、買取りが行われる場合の買取価格は、当該買取り時点における当該本件ローン債務の残額以上とする。

　　　　　　　　　　（以下省略）

　M社は、10物件すべてを3ヵ月以内にシニアローン・レンダーの承諾を得て売却するのは事実上困難であることはあらかじめ分かっていたため、デフォルト前から売却活動の準備をしていた。しかし、デフォルト直後から、売却活動を始めたものの、金融危機後の経済状況の中で3ヵ月で購入先を見つけることはできなかった。

　また、M社は、同時に、シニアローンの買取りについても検討をしたが、本件にさらに新たな資金を投入することになるシニアローンの買取りについては、その資金調達や出口の検討もする必要があり、3ヵ月で判断をすることはできなかった。

　一方、Z社も、シニアローンの買取りの検討を行ったが、やはり3ヵ月で判断をすることはできなかった。

(3) 債権譲渡の検討

こうしてM社とZ社の優先期間が満了したのに伴い、S社は、回収戦略方針の策定に着手したが、ここで、S社は、改めてM社よりシニアローンの買取りの意向を示される。

S社としては、早期にM社がシニアローンを買い取るというのであれば、CMBS受益者の利益に資するのではないかということで、S社の検討が始まった。

① 担保権の実行との比較

通常、債権譲渡については、債権を譲り受ける投資家が求める利回り水準が高く、譲渡価格の算定においては高い割引率が要求され、担保処分に比べ回収額が低くなること多い。

しかし、本ケースでは、M社から提示された譲渡価格は、シニアローン残元本全額の回収が見込まれ、回収金額面では、CMBS受益者の満足が得られる条件であった。

また、これから10件もあるすべての裏付け資産について担保権を実行するには、そう短期間に完了されるとは期待できず、早期回収という観点でもCMBS受益者の満足が得られるものといえた。

② 関連契約上の制限

CMBSにおいては、関連契約上、債権譲渡が、⒤上記のような下位の受益権を有するCMBS受益者によるシニアローン買取オプション行使の場合、ⅱシニアローンの残高が一定金額以下になった場合のCMBS信託委託者等によるクリーンアップオプション行使の場合などに限られていることがある。

そのため、関連契約上そのような制約がないか、S社の担当者は、関連契約を改めて見直したが、本ケースでは上記の場合のほかにCMBS受益者の承認を得た回収戦略方針に基づく場合においても、債権譲渡が認められていた。

そこで、S社は、M社からシニアローンの買取りにつき具体的な引合いが

あったため、回収戦略方針としてM社への債権譲渡による回収について、CMBS受益者の承認を得ることにした。

③　法令上の制限

サービサーが債権譲渡を行おうとする場合、債権の譲受人と面談して、その⒤属性、⒤⒤購入目的、⒤⒤⒤回収・再譲渡の予定の有無、⒤ⅴ弁護士法73条の認識の有無等を確認し、サービサー法19条2項及び貸金業法24条3項により、債権の譲受けが制限される者に該当しないか判断する。

S社の担当者がM社の担当者と面談してヒアリングをしたところ、M社は、新たにSPCを新設してシニアローンを買い取らせつつ、当該SPCがシニアローンを買い取るのと同日付けで、当該新設SPCの承諾を得た上、メザニンローン・レンダーとしての立場で担保権実行に代わる処分として裏付け資産を第三者に売却させることにより、シニアローンとメザニンローンの回収を完了させる予定とのことであった。

S社の担当者がこのヒアリングの結果を社内のコンプライアンス担当部署に報告したところ、無事に承認を得ることができた。

(4)　債権譲渡の実行

そして、S社は、債権譲渡の実行に向け具体的な準備を開始する。

この点、S社は、債権譲渡契約書に上記法令上の制限への手当てとして、次の規定を設けた。

債権譲渡契約第○条（表明及び保証）

譲受人は、譲渡人に対し、本契約締結日及び実行日において、次の各号に定める事項が真実かつ正確であることを表明し、かつ保証する。

①　債権譲受人は、その有する金銭債権その他の資産に関し、当該債権の債務者その他の関係当事者を威迫し、又はその私生活若しくは業務の平穏を害するような行為に一切従事していないこと。

②　債権譲受人は、債権管理回収業に関する特別措置法第19条第2項所定の「譲受け制限者」に該当する可能性のある者ではないこと。

2　不動産ノンリコース・ローンの債権譲渡

> **債権譲渡契約第○条（遵守事項）**
>   譲受人は、以下の事項を遵守する。
>   ① 譲渡人から本件譲受債権を譲り受けた後、本件譲受債権に係る債権回収を適法に行うこと。
>   ② 債権譲渡人から本件譲受債権を譲り受けた後、弁護士法第73条に違反するおそれのある行為を行わないこと。

こうして、S社は、シニアローンの債権譲渡を実行し、これによりシニアローン残元本全額が回収された。

債権譲渡承諾依頼書兼承諾書

平成○年○月○日

東京都千代田区○○
合同会社○○　御中

　　　　　　　　　　東京都港区○○
　　　　　　　　　　○○信託銀行株式会社
　　　　　　　　　　代表取締役　○○

　　　　　　　　　　東京都港区○○
　　　　　　　　　　△△合同会社
　　　　　　　　　　取締役　○○

　信託受託者○○信託銀行株式会社は、△△合同会社に対し、平成○年○月○日をもって、下記記載1の債権及び下記記載2の契約上の地位を譲り渡しますので、承諾されたく依頼します。

・・・

以上

―――――――――――――――――――――――――――――――

平成○年○月○日

東京都港区○○

○○信託銀行株式会社　御中

東京都港区○○

△△合同会社　御中

　　　　　　　　　　東京都千代田区○○

　　　　　　　　　　合同会社○○

　　　　　　　　　　代表社員　一般社団法人○○

　　　　　　　　　　職務執行者　○○

　上記について、本書をもって承諾します。

　　　　　　　　　　　　　　　　　　　　　　以上

＜確定日付欄＞

【解説編】

(1) 不動産ノンリコース・ローンの譲渡適性

　不良債権（Non-performing Loan）を処理するには、一般に、自ら回収を図ることのほか、第三者に譲渡することもある。NPLを譲り受けた第三者としては、譲渡価格以上の収入を得るべく自ら回収を図り、またはある程度回収をした上で再び第三者に譲渡する。今や、中小企業向けのコーポレート・ローンや住宅ローンのNPLが譲渡され、NPL投資の対象となることは、特別なことではない。

　不動産ノンリコース・ローンについても、以下のとおり解決されなければならないテーマはあるものの、債権譲渡は可能である。

　そして、デフォルト後の処理において、第三者への譲渡という方法が選択される事例がみられるようになってきた。筆者の個人的な見聞では、譲渡人であるレンダーとの間で譲渡代金の「目線」が合わず、成約に至ることはまだ少ないようであるが、不動産ノンリコース・ローンに対するNPL投資をしたいという投資家の潜在的需要は大きい。今後、成長が期待される分野であり、また、セカンダリーマーケットが成長されることにより、ひいてはプライマリーマーケットのさらなる発展も期待されるところである。

　以下では、NPLとなってしまった不動産ノンリコース・ローンを譲渡する上で問題になる点を踏まえ、そのあり方について検討する。

(2) 適格機関投資家・機関投資家以外の者への譲渡の可否

　不動産ノンリコース・ローンには、いわゆるGK-TKスキームにおけるローン債権のほか、いわゆるTMKスキームにおける特定社債及び特定借入れに係るローン債権がある。そして、特定社債及び特定借入れに係るローン債権については、それぞれ社債買受契約・社債要項及び金銭消費貸借契約において、金融商品取引法上の適格機関投資家（同法2条3項1号、定義府令10条）であり、かつ、租税特別措置法上の機関投資家（同法67条の14第1項1号ロ(2)、同法施行規則22条の18の4第1項）または特定債権流動化特定目的会社

（同法施行令39条の32第2項）以外の者への譲渡を禁止する特約が定められているのがほとんどである。

　これは、特定社債については、租税特別措置法における導管性の要件を満たすため、特定社債は50名以上の者を相手方として有価証券の取得勧誘を行うのでもない限り（租税特別措置法67条の14第1項1号ロ(1)、金融商品取引法2条3項1号、同法施行令1条の5）、機関投資家または特定債権流動化特定目的会社（いずれも適格機関投資家である。）のみによって保有されることが見込まれるもの（租税特別措置法67条の14第1項1号ロ(2)）とせざるをえず（租税特別措置法67条の14第1項1号ロ(3)または(4)については、同項2号ニ、同法施行令39条の32の2第5項（同族会社の排除）の適用があるため、現実的に充足させることができない。）、またこのことにより、いわゆる適格機関投資家向け勧誘（金融商品取引法2条3項2号イ）が行わるからである（同法2条3項2号イ、同法施行令1条の4第3号、定義府令11条2項1号）。

　また、特定借入れに係るローン債権については、資産流動化法上、特定借入れの借入先が適格機関投資家に限定されるとともに（資産流動化法210条2号、同法施行規則93条）、租税特別措置法における導管性の要件を満たすため、特定借入れが機関投資家または特定債権流動化特定目的会社からのものであることが必要であることによる（租税特別措置法67条の14第1項2号ト、同法施行令39条の32の2第8項）[8]。

　かかる特約は、債権譲渡禁止特約（民法466条2項）の一種であると解され、とすると、これに違反して行われた適格機関投資家・機関投資家以外の者への譲渡は無効になる。債権譲渡禁止特約の一種でないと解するとしても譲渡が躊躇される要素となり、NPL投資の対象としてはふさわしくない。

　したがって、上記のような特約のある特定社債または特定借入れに係るローン債権を譲渡するには、譲受人が、金融商品取引法上の適格機関投資家

---

[8]　特定債権流動化特定目的会社（あくまでも、租税特別措置法上の機関投資家ではない。）が租税特別措置法上の機関投資家と等しく取り扱われるようになった平成21年度税制改正前に組成された案件では、特約において、特定債権流動化特定目的会社への譲渡が認められていないこともあろうが、租税特別措置法上の機関投資家以外の者への譲渡が禁止される趣旨が導管性の要件を満たすことにあることに鑑み、かかる譲渡も当該特約に違反するものではないものと解する。

であり、かつ、租税特別措置法上の機関投資家または特定債権流動化特定目的会社であることが必要となる。

(3) NPLの譲受けと弁護士法

弁護士法73条は、「何人も、他人の権利を譲り受けて、訴訟、調停、和解その他の手段によって、その権利の実行をすることを業とすることができない」と定め、これに違反して行われた権利の譲渡の効力については、最高裁の判断こそ示されていないものの、有効という結論をとった裁判例は見当たらない[9]。なお、罰則も定められている（同法77条4号）。

かかる弁護士法73条とNPLの譲受けとの関係については、SPCをして譲り受けさせることで反復継続性を失わせ、「業とする」ものではないため弁護士法73条に違反しないとするアプローチと、一定の要件の下、実質的に同条に違反しないとするアプローチと、2通りの考え方ができる。

このうち後者の考え方についてのリーディングケースとされるのが、最（三小）判平成14年1月22日民集56巻1号123頁である。

ゴルフ会員権の売買等を業とする会社が、利益を得る目的で預託金の額を下回る価格でゴルフ会員権を譲り受け、ゴルフ場経営会社を被告として預託金の返還を求める訴訟を提起するという行為を反復継続の意思の下に行っていたという事案であり、最高裁は、かかるゴルフ会員権の譲受けを弁護士法73条に違反するものとして無効とした原審を破棄し、差し戻した。その理由として、最高裁は、①弁護士でない者が、権利の譲渡を受けることによって、みだりに訴訟を誘発したり、紛議を助長したりするほか、同法72条本文の禁止を潜脱する行為をして、国民の法律生活上の利益に対する弊害が生ずるおそれがなく、②社会的経済的に正当な業務の範囲内にあると認められる場合には、同法73条に違反するものではないと解するのが相当である、という点を挙げている。

その後、SPCがNPLとなったローン債権をバルクセールにより譲り受けた

---

[9] 日本弁護士連合会調査室編著「条解弁護士法」〔第4版〕647頁。同書に掲載されている裁判例のほか、近時のものとして、大阪高判平成14年9月19日判例時報1815号99頁がある。

事案（弁護士を当該SPCのサービサーとしていた模様である。）において、弁護士法73条に違反しないとしたものがある（東京地判平成21年12月25日金商1333号60頁）。

　この点、①の基準に関しては、債権管理回収業に関する特別措置法上の債権回収会社（同法1条3項。以下「債権回収会社」という。）または、弁護士にスペシャル・サービシング業務を委託することにより、担保されることが多いようである。

　一方、②の基準に関して、ローン債権については、NPL処理のために行われる譲渡が正常な経済取引としてすでに社会的に認知されており、日常的にNPL投資が行われていることは冒書のとおりである。しかし、前述のように、不動産ノンリコース・ローンには社債が含まれる。社債についても、ローン債権と同じ議論が妥当するのか、ローン債権との経済的な共通点を強調して実質的に判断するか否かにより、結論が分かれよう。

　確かに、SPCがNPLの譲受人となることには、後述のような各ヴィークルの特性により支障がある面も否めないが、実質的に弁護士法73条に違反しない、とするアプローチのみではなく、「業とする」ものではないとするアプローチを併用することが確実であるものと考えられる。

(4) キャッシュフローの管理

　不動産ノンリコース・ローンでは、通常、レンダーは、単にローン等の債権を保有し、元利金の支払を受けるだけの受動的な立場でない。預金を取り扱う銀行であれば、自行に開設されたボロワー（借入人）SPC名義の預金口座において、そうでなければボロワー（借入人）SPCのために開設した自己名義の預金口座において物件からの収入を受け入れ、キャッシュフローを管理する（実際には、これをサービサーに委託することが多い。）。

　そのため、とりわけシニアローン・レンダーとして不動産ノンリコース・ローンを譲り受けるには、その後におけるキャッシュフローの管理をどうするか、具体的には、物件からの収入を受け入れる預金口座やサービサーに関する引継ぎ等の取扱いを定め、これに伴う手続が不可欠となる。ところが、とりわけ譲受人がSPCであるとすると、かかる手続が譲受けの是非を検討す

る上で負担となる場合がある。

　しかし、NPLになってしまっていれば、最終的な物件の換価処分までの間、不動産信託受益権質権に基づく取立てや一般担保に基づく担保不動産収益執行・賃料差押え（第3章）によっても、譲受人は、直接物件からの収入を把握することができる。すなわち、ボロワー（借入人）SPCのために譲受人名義の預金口座を開設したり、キャッシュフローの管理をサービサーに委託したりせずとも回収を図る上では支障は少ない。

　筆者の個人的な知見では、不動産ノンリコース・ローンの期中管理を受託するサービサーは数社に限られているようであるが、スペシャル・サービシング業務については、むしろより間口が広いものといえよう。

(5)　ヴィークルの選択

　以上のとおり、金融商品取引法上の適格機関投資家であり、かつ租税特別措置法上の機関投資家または特定債権流動化特定目的会社であるSPCに、NPLとなった不動産ノンリコース・ローンを譲り受けさせることがより安定的であるものと考えられる。

　この場合、選択肢となりうるヴィークルとしては、投資法人（租税特別措置法施行規則22条の18の4第1項1号、定義府令10条1項2号）、投資事業有限責任組合（LPS）（租税特別措置法施行規則22条の18の4第1項1号、定義府令10条1項18号）、または特定債権流動化特定目的会社である。特定債権流動化特定目的会社とは、資産流動化計画における特定資産が不動産ノンリコース・ローンのみであり、かつうち特定社債の価額が10億円以上であるとして、金融庁長官に届出を行った（定義府令10条1項23号ハ）TMKをいう（租税特別措置法施行令39条の32の2第2項）。

　なお、GK・KK（YK）についても、金融商品取引法上の適格機関投資家であり、かつ、租税特別措置法上の機関投資家になることはある。しかし、そのためには、届出を行おうとする日の直近の日における当該法人が保有する有価証券の残高が10億円以上であるとして金融庁長官に届出を行い（定義府令10条1項23号イ）、かつ、当該届出を行った以前の直近に提出した有価証券報告書（金融商品取引法24条1項）に記載された当該有価証券報告書に係る

事業年度及び当該事業年度の前事業年度の貸借対照表における有価証券の金額の合計額が100億円以上であることが必要であり（租税特別措置法施行規則22条の18の4第1項3号イ）、SPCにはなじみがたい。

以下に、この三者を比較する。

① 業務を開始するための手続

LPSは、特段の手続を要さず、特定債権流動化特定目的会社は、業務開始届出をすればそれぞれ業務を行いうる（資産流動化法4条1項）。これに対し、投資法人は、登録を受けなければ業務を行うことができず（投信法187条）、前記の趣旨に鑑み不動産ノンリコース・ローンを譲り受ける都度組成するには、負担が大きい。

② 構成員の責任

投資法人及び特定債権流動化特定目的会社の社員が負うのは、有限責任であり、引受価額を限度とする（投信法77条1項、資産流動化法27条1項）。これに対し、LPSにおいては、有限責任組合員（LP）は、出資の価額を限度とする有限責任を負うにとどまるものの（投資事業有限責任組合法9条2項）、無限責任組合員（GP）は、無限責任を負う（同条1項）。

GPが無限責任を負ってしまうことについては、GPに他のSPCを置くことによって解消を図ることが多いが、この場合、業務執行をすべきGP（同法7条1項）であるSPCは、自らスペシャル・サービシング業務を行う能力を有しないことであろうから、LPSは、これを第三者に委託せざるを得ない。そして、LPSが保有する特定社債のスペシャル・サービシング業務を債権回収会社は受託できず、弁護士に委託せざるを得ないことは、後述する。

③ 担保権の登記

現物不動産を引き当てとする不動産ノンリコース・ローンを譲り受ける場合、債権譲渡に伴い移転する抵当権等の担保権について移転登記手続を行う。不動産担保権の実行を申し立てる場合には、当該承継が公文書によって

証されなければならないからである（民事執行法181条3項）。また、不動産信託受益権を引き当てとする不動産ノンリコース・ローンを譲り受ける場合でも、不動産ノンリコース・ローンがデフォルトしている状況下、信託解除の可能性も現実的なものとして想定されるところ、停止条件付抵当権設定契約における停止条件が成就し、レンダーが抵当権設定登記を受けることになる事態も予想される。

そのため、ヴィークルとしては、これらの設定登記、移転登記を受け得るものであることが望ましい。

この点、投資法人及び特定債権流動化特定目的会社は法人であるため、これらの登記を受けることができる。これに対し、LPSは組合であるため、直接にはこれらの登記を受けることができない。代わりに、GPの名義で登記を受け、そのままGPが不動産担保権の実行を申し立てることができるとされる[10]。

ただ、あくまでも実体法上、担保権はLPSに帰属し（GPおよびLPの合有）、便宜上、登記をGPの名義で行うにすぎないのであるから、かかる取扱いが必ずしも問題なしとするものではあるまい。

最（三小）判平成22年6月29日判例タイムズ1326号128頁は、「権利能力のない社団を債務者とする金銭債権を表示した債務名義を有する債権者が、構成員の総有不動産に対して強制執行しようとする場合において、上記不動産につき、当該社団のために第三者が登記名義人とされているときは、上記債権者は、強制執行の申立書に…上記不動産が当該社団の構成員全員の総有に属することを確認する旨の上記債権者と当該社団及び上記登記名義人との間の確定判決その他これに準ずる文書を添付して、当該社団を債務者とする強制執行の申立てをす」ることができると判断する（「その他これに準ずる文書」としては、和解調書、公正証書などが考えられるとする田村睦夫裁判官の補足意見がある。）。当該判例の射程が本文に挙げた場面に妥当するか即断できないが、妥当するとすれば、LPSが、当該担保権がLPSの構成員全員の総有

10　阪本勁夫（東京地裁民事執行実務研究会補訂）『不動産競売申立ての実務と記載例』〔全訂3版〕131頁

に属することを確認する旨のボロワー（借入人）SPCとLPS及びGPとの間の確定判決その他これに準ずる文書を添付して、不動産担保権の実行を申し立てることができると解することもできよう[11]。

④　裏付け資産の取得制限

不動産ノンリコース・ローンは、特定の現物不動産・不動産信託受益権を裏付けとするため、これがNPLとして譲り受けられる場合、当該裏付け資産の取得を意図して行われることもあろう。

この場合、当該裏付け資産について代物弁済を受けることはもとより、現物不動産の競売において差引納付の方法（民事執行法188条、78条4項）によりいわゆる自己競落をしたり、不動産信託受益権の譲渡命令（同法193条、167条1項、161条1項）を受けたりすることができれば、（すでに支払っている不動産ノンリコース・ローンの取得代金に重複して）いったん裁判所に取得代金を納め、配当等を受けるまでの資金運用ロスも避けられる。

この点、投資法人は、現物不動産・不動産信託受益権を取得することができ（投信法193条1項1号、3号、2条5項）、自己競落もこれを阻害する定めは見当たらない。

LPSも同様であるが（投資事業有限責任組合法3条1項10号、同法施行令2条3号）、前述のとおり登記を受けることはできない。なお、不動産信託受益権を取得するには、金融商品取引業者（投資運用業者）との間で投資一任契約を締結するか（金商法2条8項柱書、定義府令16条1項10号）、GPにおいて適格機関投資家等特例業務の届出（金商法63条2項）をするか、いずれかの方法を取れば可能であるが（金商法2条8項15号、28条4項3号）、現物不動

11　なお、最（二小）決平成23年2月9日判例タイムズ1343号108頁は、「権利能力のない社団を債務者とする金銭債権を有する債権者が、構成員の総有不動産に対して仮差押えをする場合において、上記不動産につき、当該社団のために第三者がその登記名義人とされているときは、上記債権者は、…仮差押命令の申立書に、上記不動産が当該社団の構成員全員の総有に属する事実を証する書面を添付して、当該社団を債務者とする仮差押命令の申立てをすることができる」が、「上記書面は、強制執行の場合とは異なり、上記事実を証明するものであれば足り、必ずしも確定判決等であることを要しない」と判断する。

産を取得するには、GPが不動産特定共同事業者（不特法2条5項）としての許可を受けていなければならない（不特法2条3項、3条）。

特定債権流動化特定目的会社は、現物不動産・不動産信託受益権を取得することはできるが（資産流動化法212条参照）、取得することにより前述の特定債権流動化特定目的会社の要件を満たさないことになるため、他に特定社債や特定借入れに係るローン債権を有しているときは、あらかじめ回収ないし譲渡しておく必要がある。また、特定債権流動化特定目的会社は、業務開始届出書を提出する際に「特定資産の譲受けに係る契約又はその予約」に係る契約書の副本または謄本を添付しなければならないところ（資産流動化法4条3項3号、同法施行規則7条1項）、かかる規制は、法的手続により特定資産を取得する場合にも及ぶとされるが[12]、法的手続においては、契約書など作成されない以上、そもそも法的手続により特定資産を取得することができないことになる。

⑤ SPC社員持分の取得制限

ボロワー（借入人）SPCの社員持分質権を実行する場合（本章1（210頁）参照）、多くはボロワー（借入人）SPCのコントロールがその目的であるところ、そのためには第三者に取得させるのではなく、レンダーが自らSPCの社員持分を取得するが多いであろう。

この点、投資法人は、原則としてボロワー（借入人）SPCの全社員持分を取得することができるが（投信法193条1項1号）、ボロワー（借入人）SPCがKK・YKの場合はできない（同法194条、同法施行規則221条）。LPSは、KK・YKの株式のみ、取得することができる（投資事業有限責任組合法3条2号）。特定債権流動化特定目的会社は、ボロワー（借入人）SPCの全社員持分を取得することができない（資産流動化法212条1項4号、2項、同法施行規則96条2号、97条）。

自ら取得することができない場合は、他にSPCを設けてこれに取得させることになる。

12　金融庁より電話にて聴取した回答である。

(6) スペシャル・サービシング業務の委託

　譲り受けた不動産ノンリコース・ローンのスペシャル・サービシング業務は、債権回収会社または弁護士に委託する。

　この点、前述の弁護士法73条との関係を整理する2通りの考え方のうち後者、すなわち、判例の基準に照らして実質的に同条に違反しないとするアプローチをとる場合は前述のとおりであり、また、前者、すなわち、SPCをして譲り受けさせることで「業とする」ものではないとするアプローチをとる場合も、SPCにスペシャル・サービシング業務を行う能力がないからといってアセット・マネージャーなどがこれを行うことはできず、債権回収会社または弁護士に委託せざるを得ない。

　このうち、債権回収会社が受託することができる債権は、サービサー法上の「特定金銭債権」に限られる（同法2条1項）。特定金銭債権は、大きく、①債権の性質により受託が認められるもの（同法2条1項1号から7号の2まで）、②資産の流動化を促進するために受託が認められるもの（8号から14号まで）、③倒産処理を促進するために受託が認められるもの、その他（15号から22号まで）に分類することができるが、特定社債は、①に該当しない。②として、TMKまたはSPCであるKKが特定社債（または特定社債を信託する受

	投資法人	投資事業有限責任組合（LPS）	特定債権流動化特定目的会社
法形式	法人	組合	法人
開始手続	登録	—	届出
構成員の責任	有限責任	GP：無限責任 LP：有限責任	有限責任
担保権の登記 （移転登記）	可	不可（GP名義なら可）	可
全SPC持分の取得	株式：不可 その他：可	株式：可 その他：不可	不可
担保不動産の取得	可	可（登記はGP名義なら可）	可
サービサーの受託	不可	不可	可

益権)を保有する場合(8号、11号から13号まで)に受託しうるのみである[13]。

したがって、特定社債を自ら取得した場合のみならず、前述のとおり、選択肢となりうるヴィークルとして投資法人及びLPSを選択した場合においては、特定社債のスペシャル・サービシング業務を委託することができず、弁護士に委託することになる。他方、特定債権流動化特定目的会社を選択した場合においては、債権回収会社または弁護士のいずれにも委託することができる。

---

13 もっとも、①に該当しない債権を②として受託することについては、法務省より①に該当しないことの潜脱が指摘され(黒川弘務ほか『実務サービサー法225問』・【Q55】への回答〔改訂3版〕93頁など)、本来できるはずのものまでもが萎縮されていることもあるという。他方で、特定社債を①に加えるべく、サービサー法の改正に向けた動きも見られる(CRE Financial Council日本支部「『日本版CMBS2.0』について」)。

3　スポンサーリコース

【解説編】

(1)　スポンサーリコースが問題となる場面

不動産ファイナンスにおいて、レンダーは、基本的に裏付けとなる不動産のマーケットバリューに係るリスクは負担するも、その余のリスクは負担しない。

たとえば、裏付けとなる不動産に「土壌汚染」があった場合を例にする。

基本的に、レンダーは、土壌汚染があるリスクを負担しない。そのため、土壌汚染が存在・発覚するケースに備えて、ドキュメンテーション上、以下の手当てがされる。

① ローン契約において、ボロワー（借入人）であるSPCがレンダーに対して、不動産に土壌汚染のない旨を表明及び保証をする。

② ローン契約において、表明及び保証に係る事実に誤りのあることを期限の利益喪失事由として規定する。

こうすることにより、実際に土壌汚染が顕在化したときには、レンダーは、ローン債務の期限の利益を喪失させて、不動産から回収を図ることができる。

しかし、SPCは、裏付けとなる不動産を保有するために組成されるものであり、他の事業の失敗による影響を避けるため、むしろ当該不動産以外の資産を保有しないことが期待されている。実務上も、SPCは、一定のリザーブ等の預金債権くらいしか保有しない。

ところが、裏付けとなる不動産は、土壌汚染の顕在化によりすでに価値が下落している。当該不動産がローン残額に対して価値が高ければ（LTVが低ければ）、土壌汚染により価値が下落してもなお、当該不動産を換価してローン残額が回収され、結果的にレンダーには損失が「ない」ことになることもあるが、当該不動産がローン残額に対して価値が低ければ（LTVが高けれ

ば）、上記の手当てにかかわらず、当該不動産を換価してもレンダーの損失が「ない」ことにならないこともある。

　そのため、このようにレンダーが負担しないものと定めたリスクが顕在化したときに、SPC以外の第三者に遡及し、当該第三者の資産も引当とすることのできる権利を留めておく必要がある。その第三者にふさわしいのがスポンサーであり、かかる場面こそがスポンサーリコースである。

　ここに、スポンサーとは、SPCを用いた不動産ファイナンスにおいて実質的にストラクチャーを組成し、最終的な利益・損失を収受する者であり、多くは投資家やアセット・マネージャーがその地位を有する。

(2) スポンサーレターの成立

① 成 立 要 件

　上記レンダーのスポンサーに対する遡及権は、レンダーとスポンサーの間における合意によって成立する。

　具体的には、スポンサーがレンダーに対して「スポンサーレター」と題する差入書（狭義のスポンサーレター）を差し入れ、またはレンダー及びスポンサーが「補償合意書」などといった契約を締結することによって成立する。かかる合意がスポンサーレター（広義のスポンサーレター）である。

　スポンサーレターでは、上記のような、レンダーが負担しないものと定めたリスクを列挙し、これらが顕在化したときにスポンサーがレンダーに対してその損失を補償することを約する。これとともに、スポンサーは、実質的にストラクチャーを組成した者でもあるため、SPCがスポンサーの影響を不当に受けることのないようにするべく、レンダーとしては、スポンサーをしてかかる影響を及ぼさないことを約させる。

スポンサーレター

第1条（約束事項）

1．スポンサーは、スポンサーの役員・従業員を借入人に派遣し、もしくはその他の方法で借入人の経営に干渉致しません。

2．スポンサーは、自らが当事者となっている本件関連契約上の義務を遵守

します。
3．スポンサーは、借入人の財産について、自ら又は借入人をして、本件関連契約の規定に違反して隠匿、横領、浪費若しくは不正に流用し、又は重大な過失により誤用せず、かつ、これらを知りながら黙認しません。
4．スポンサーは、自ら又は借入人をして、借入人につき破産手続開始、民事再生手続開始その他の倒産手続（将来制定される当該者に適用ある倒産手続を含む。）の開始を申し立てません。
5．　　・・・・・。

第2条（補償）
　以下の事由により貸付人に費用、損害又は損失（以下「損害等」といいます。）が生じた場合、スポンサーは、貸付人に対し、直ちに当該損害等を補償します。
　(1)　前条各項に違反したとき。
　(2)　本件ローン契約第〇条その他本件関連契約において借入人によりなされた表明及び保証が不正確又は虚偽であるとき。
　(3)　本件ローン契約第〇条に定める貸付け前提条件の一部を貸付人が猶予した場合において、貸付人が定めた期限までに当該猶予された前提条件が充足されなかったとき。
　(4)　・・・・・。

② 金融商品取引法との関係

　スポンサーレターについては、金融商品取引業者であるアセット・マネージャーについて、損失補てん等の禁止（金商法41条の2第5号、42条の2第6号）及び特別利益の提供の禁止（金商法38条7号、業府令117条1項3号）への抵触が問題になる。

　しかし、いずれも金融商品取引業者による不公正な競争を防止する点にその趣旨があるところ、不動産ファイナンスにおいて一般的に行われているスポンサーレターが、金融商品取引業者であるアセット・マネージャーの競争を損なうとは考えがたい。

前者（損失補てん等の禁止）については、「その助言を受けた取引により生じた顧客の損失の全部又は一部を補てんし、又はその助言を受けた取引により生じた顧客の利益に追加するため」ないし「運用財産の運用として行つた取引により生じた権利者の損失の全部若しくは一部を補てんし、又は運用財産の運用として行つた取引により生じた権利者の利益に追加するため」に行う損失補てん等が禁止されるのであって、スポンサーレターについては、顧客ないし権利者（SPC・投資家）ではなく、レンダーが被った損失を補償するのであるから、金融商品取引業者であるアセット・マネージャーにはかかる目的がない（もっとも、アセット・マネージャーがレンダーに対して補償した後、アセット・マネージャーがSPCに対する求償権の行使を宥恕することについては、別途、損失補てん等の禁止が問題になりうることには留意が必要である。）。

後者（特別利益の提供の禁止）についても、形式的にはレンダーも特別利益の提供が禁止される「顧客・・・の指定した者」に該当しうるように思われるが、投資家がアセット・マネージャーないし他の投資家に対してレンダーにスポンサーレターを差し入れるよう求めるのでもなければ、現実にSPCがアセット・マネージャーないし投資家に対してレンダーにスポンサーレターを差し入れるように求めることはなく、実態から乖離している。

③　責任財産限定特約との関係

なお、不動産ノンリコース・ローンとして、ローン契約上、レンダーの債権の引当てとなる責任財産を一定のものに限る旨が定められているとき（責任財産限定特約）には、スポンサーリコースの場面を責任財産限定特約の例外として定めておく必要がある。

しばしば、ローン契約における責任財産限定特約の例外と、スポンサーレターにおけるリコース事由とが一致されていないことを目にするが、将来の紛争に備え、両者はできる限り同一の文言に統一しておくことが望ましい。

ローン契約

第○条（責任財産限定特約）

1．貸付人の借入人に対する本件ローン債権は、次の各号に掲げる借入人の

資産のみを引当とし、他の資産には及ばない。
　(1)　本物件
　(2)　本物件に係る賃料債権
　(3)　・・・・
2．前項にかかわらず、次の各号に掲げる事由が発生したときは、貸付人の借入人に対する本件ローン債権は、スポンサーの資産も引当とし、貸付人は、スポンサーに対し、スポンサーレターに基づき、当該事由により被った費用、損害又は損失の補償を請求することができる。
　(1)　スポンサーレター第1条各項に違反したとき。
　(2)　本契約第○条その他本件関連契約において借入人によりなされた表明及び保証が不正確又は虚偽であるとき。
　(3)　本契約第○条に定める貸付け前提条件の一部を貸付人が猶予した場合において、貸付人が定めた期限までに当該猶予された前提条件が充足されなかったとき。
　(4)　・・・・

(3)　スポンサーへの遡及

①　レンダーに生じた「損失」

　スポンサーレターに基づきスポンサーリコースを求める場面では、1つに、リコース事由への該当性が問題になる。ここでは、文言の具体性や、「重大な過失により」「貸付人の権利に重大な影響のある」といった規範的評価を伴う文言の解釈が争われる。もう1つが、リコース事由に該当するとした場合に、当該リコース事由に該当することによりレンダーに生じた「損失」の範囲が問題になる。

　前述の土壌汚染が顕在化したケースでは、ローン契約上、SPCがレンダーに対して土壌汚染の存在しないことについて表明及び保証をしていれば、前掲スポンサーレター例2条(2)号「本件ローン契約第○条その他本件関連契約において借入人によりなされた表明及び保証が不正確又は虚偽であるとき。」に該当する。実務上は、土壌汚染の程度がいかほどか、なおもリコース事由

の該当性が争われることになろうが、この点は割愛する。

問題は、レンダーに生じる「損失」のとらえ方である。これにはいくつかの構成が考えられ、いずれが正しいというものではない。レンダーにおいて、事案における「スジ」と「スワリ」を見極めて、主張するほかにない。

まず、「土壌汚染がないことを前提に〇〇円と評価をして、これに担保掛け目を乗じた貸付金額でローンを実行したのに、実際には〇〇円しか価値がなかったのだから、これに担保掛け目を乗じた貸付金額との差額」も、リコース事由に該当したことによりレンダーに生じた「損失」である。

他方、土壌汚染対策工事の費用や、「土壌汚染がなければ〇〇円で売却することができたのに、実際には〇〇円でしか売却できなくなったことの差額」そのものは、SPCに生じる損害であってレンダーに生じる損害ではない。土壌汚染が発覚し、SPCにこれらの損害が生じたことにより、元本、利息、遅延損害金を回収することができなくなった場合には、相当額がレンダーに生じた「損失」といえる。

なお、土壌汚染のような物理的瑕疵については適用がない（民法570条ただし書）が、レンダーが担保権を実行した後、権利の瑕疵につき民法568条に基づき損害賠償請求を受けた場合も、レンダーに生じた「損失」といえよう。

② ローン債権の回収との関係

以上のレンダーに生じた「損失」については、レンダーがローン債権につき満足を得ることによっても満足される関係に立つものであれば、レンダーがローン債権につき満足を得る限り、スポンサーリコースを求めることができない。不動産市況が上向きの時代には、スポンサーリコースが問題にならなかったゆえんであり、かかる意味において、スポンサーレターに基づく損失補償義務は、ローン債務と不真正連帯債務の関係にあるものと考えられる。

そのため、SPCの責任財産の換価の有無は、スポンサーの抗弁事由にならない。さらには、ローンをデフォルトさせないまま、スポンサーリコースを求めて「損失」を回復させることもでき、そうすることはスキームの安定を

図る上ではスポンサーと利害が共通するともいえる（その後、裏付け不動産を高値で売却することができれば、余剰分は、スポンサーに還元される。）。

　もっとも、レンダーに生じる「損失」のとらえ方によっては、SPCの責任財産がすべて換価されていないことが、スポンサーの抗弁事由にならないとしても、「損失」額の立証に影響することも考えられる。この点、とりわけSPCを用いた不動産ファイナンスにおける裏付け不動産は、長期保有を目的としないことが多いため、この点が強調されがちな傾向があるが、たとえば、スポンサーがSPCの資金を流用したケースにまで、レンダーがSPCの責任財産をすべて換価させないとスポンサーリコースを求めることができない、と考えるのは少ないものと思われ、とすれば、「損失」額の立証への影響は、感覚的なものに過ぎない。

　しかし、紛争を未然に防ぐ観点からは、スポンサーレターにおいて、たとえば、土壌汚染の顕在化であれば、その回復費用をレンダーに生じた「損失」とみなすことなどの手当ても考えられる。

③　補充性の合意

　なお、ときにスポンサーレターにおいて、レンダーがスポンサーリコースを求めることのできる場合が、「借入人の責任財産によっては補償することができない場合」と定められていたり、「借入人の責任財産がすべて換価され、なおも補償することができない場合」と定められていたりすることがある。

　契約の文言の解釈は、契約当時における当事者の合理的意思により決せられる。そのため、これらの定めが、レンダーがスポンサーリコースを求めることにつき補充性を合意するものであるのか、単に、上記の不真正連帯債務の関係を確認的に記載したものに過ぎないのかは事案次第であり[14]、訴訟実務においては、実行時のドキュメンテーションのドラフトや、ドラフトに関するメール・電話でのやり取りなどを慎重に分析する必要がある。一般論と

14　契約の解釈に関する一般的な解説として、谷口知平ほか編『新版 注釈民法(13)債権(4)』（野村豊弘）31頁参照

しては、補充性の合意は、レンダーにとって負担の大きなものであり、後者の文言であれば格別、前者の文言では補充性の合意とまでは解されないことが多いであろう。

④　スポンサーリコースの手段

スポンサーレターは、物的担保ではないため、スポンサーが任意に補償に応じない場合、レンダーとしては、債務名義としての判決を求めて訴訟を提起し、判決を得た後、スポンサーの個別財産について強制執行を申し立てることになる。訴訟や強制執行に先立ち、スポンサーの個別財産について仮差押えの申立てに及ぶこともある。これらはいずれも、レンダーがスポンサーの個別財産の有無や所在を覚知していないと、行うことができない。財産開示手続（民事執行法196条以下）に実効性は期待できない[15]。

また、いわゆるリーマンショックの前後を通じて、多くのスポンサーの破綻が生じたが、スポンサーが法的倒産手続下にあるときは、レンダーは、スポンサーレターに基づく損失補償請求権について債権届をし、当該手続における債権の確定手続を経て、配当・弁済を受ける。上記のとおり、スポンサーレターは、物的担保ではなく、法的倒産手続ではスポンサーレターに基づく損失補償請求権は、無担保の一般債権として取り扱われ、相当程度の債権カットを受ける。

すなわち、前述のように、スポンサーレターには、不動産ファイナンスにおいてレンダーが負担しないと定めたリスクについて、これを担保する機能がある。スポンサーレターが機能しないことには、あるリスクについてレンダーが負担しないと定めたところで画に描いた餅である。

しかるに、リスクが顕在化するのは、不動産のマーケットバリューに係るリスクに限られない。その余のリスクも不動産のマーケットバリューに係るリスクと同じように慎重に吟味される必要があり、スポンサーの与信も十分に検討される必要がある。

15　財産開示手続の現状については、今井和男「財産開示制度導入の経過と現状」自由と正義61巻7号42頁、福崎剛志「財産開示手続をいかに改革すべきか」同47頁。

『不動産ファイナンスの再生・回収実務』

| 2012年 8月17日　第1刷発行 |
| 2020年10月19日　第2刷発行 |

編著者　虎門中央法律事務所
　　　　　弁護士　今井　和男
　　　　　弁護士　佐藤　　亮
発行者　竹崎　　巌
印刷所　三松堂株式会社

〒160-8519　東京都新宿区南元町19
発　行　所　一般社団法人 金融財政事情研究会
　編集部　TEL 03(3355)1721　FAX 03(3355)3763
販　　売　株式会社きんざい
　販売受付　TEL 03(3358)2891　FAX 03(3358)0037
　　　　　　URL https://www.kinzai.jp/

・本書の内容の一部あるいは全部を無断で，複写・複製・転訳すること，および磁気または光記録媒体，コンピュータネットワーク上等へ入力することは，法律で認められた場合を除き，著作権の権利の侵害となります。
・落丁・乱丁本はお取替えいたします。定価はカバーに表示してあります。

ISBN978-4-322-12152-0